A GAROTA COM TATUAGEM DE DRAGÃO E A FILOSOFIA

Este livro não foi aprovado, licenciado, ou patrocinado por nenhuma pessoa ou entidade envolvida na criação ou produção da trilogia Millennium ou nos filmes.

Coletânea de:
Eric Bronson

Coordenação de:
William Irwin

A GAROTA COM TATUAGEM DE DRAGÃO E A FILOSOFIA

Tradução:
Ana Verbena

MADRAS

Publicado originalmente em inglês sob o título *The Girl with the Dragon Tatoo and Philosophy*, por Wiley
© 2012, John Wiley & Sons, Inc. Todos os direitos reservados.
Direito de edição e tradução para o Brasil.
Tradução autorizada do inglês.
© 2012, Madras Editora Ltda.

Editor:
Wagner Veneziani Costa

Produção e Capa:
Equipe Técnica Madras

Tradução:
Ana Verbena

Revisão da tradução:
Patrícia Arnaud

Ilustração interna:
Forty-five Degree Design LLC

Revisão:
Arlete Genari
Aparecida P. S. Maffei
Letícia Pieroni

Dados Internacionais de Catalogação na Publicação (CIP)
(Câmara Brasileira do Livro, SP, Brasil)

A Garota com tatuagem de dragão e a filosofia / coletânea de Eric Bronson ; coordenação de William Irwin ; tradução Ana Verbena. -- São Paulo : Madras, 2012.
Título original: The girl with the dragon tattoo and philosophy.
Bibliografia

ISBN 978-85-370-0755-6

1. Filosofia na literatura 2. Larsson, Stieg, 1954-2004. A menina que brincava com fogo 3. Larsson, Stieg, 1954-2004. A rainha do castelo de ar 4. Larsson, Stieg, 1954-2004 - Filosofia 5. Larsson, Stieg, 1954-2004 - Crítica e interpretação 6. Larsson, Stieg, 1954-2004. Os homens que não amavam as mulheres I. Bronson, Eric. II. Irwin, William.

12-02912   CDD-839.738

Índices para catálogo sistemático:
1. Filosofia na literatura : Literatura sueca 839.738

É proibida a reprodução total ou parcial desta obra, de qualquer forma ou por qualquer meio eletrônico, mecânico, inclusive por meio de processos xerográficos, incluindo ainda o uso da internet, sem a permissão expressa da Madras Editora, na pessoa de seu editor (Lei nº 9.610, de 19.2.98).

Todos os direitos desta edição, em língua portuguesa, reservados pela

MADRAS EDITORA LTDA.
Rua Paulo Gonçalves, 88 – Santana
CEP: 02403-020 – São Paulo/SP
Caixa Postal: 12183 – CEP: 02013-970
Tel.: (11) 2281-5555 – Fax: (11) 2959-3090
www.madras.com.br

"Tudo o que é fantástico é feito na tempestade."
Platão

*Dedicado a Pippi Meialonga
e ao desajustado que existe
dentro de cada um de nós
"Tudo é fogo."
– Heráclito*

Agradecimentos
Fontes Confidenciais

Como toda boa história de detetive, este livro tem um elenco confuso e complicado de personagens que se entrecruzam de modo mágico e preenchem as palavras na página com uma pulsação real. Como Lisbeth Salander e Mikael Blomkvist logo descobrem, ninguém consegue ir muito longe sozinho.

Os autores deste volume, meus colegas Cavaleiros da Távola Filosófica, compartilharam entre si a "determinação obsessiva" de trabalhar longas horas no espírito de Kalle Blomkvist. Eles nunca perdem a paciência e o divertimento ao aplicarem todo o seu conhecimento em prol de Lisbeth. Para eles, eu gostaria de transmitir as palavras de consideração que a irmã de Blomkvist, Annika, diz para Lisbeth após passarrem juntas pelo julgamento: "Vá para casa dormir um pouco. E fique por um tempo sem se meter em encrencas". E, antes que os rastros deles desapareçam virando a esquina, deixem-me também dizer: "Obrigado".

Todo mundo deveria ter um Blomkvist como baixista em sua banda. O cara que mantinha o ritmo, sem falhar, quando todos nós já tínhamos saído dele, era Bill Irwin. Assim como Blomkvist, Bill também é um amigo bastante leal e, em termos profissionais, "tem concentração quase patológica no trabalho que está sendo feito. Ele pegava uma história e prosseguia com ela quase ao ponto da perfeição. Em seus melhores momentos, ele foi brilhante..."

Agradeço também a Connie Santisteban, em Wiley. Embora as editoras se pareçam, muitas vezes, com a agência ultrassecreta da Seção em Östermalm, onde os "funcionários não fazem ideia da existência uns dos outros", Connie traz a tudo seu toque pessoal. E, assim como Erika Berger no comando da revista *Millennium* e, mais tarde, do *Svenska Morgon-Posten*, ela lidera o espetáculo de forma criativa, decisiva e compassiva.

Na Universidade de York, onde os Dags e Mias canadenses se encontram para tomar café e contemplar, duas pessoas merecem consideração especial. Meus agradecimentos a Patrick Taylor, que, assim como Dragan Armansky, acolhe os indesejados e acredita fielmente que "Todo mundo merece uma chance". Agradeço também a Gail Vanstone, que, ao seguir a trajetória de Dag até a *Millenium*, me deu a dica que tornou a coisa toda pública.

Por fim, agradeço a Dave Tulloch e às novas mulheres Bronson: Elana e Sophie. Semelhante à amizade de longa distância que Lisbeth mantém com Plague, Poison e SixOfONe na *Hacker Republic*, se é que "posso afirmar ter algum tipo de família ou filiação a um grupo, então é com esses lunáticos que tenho este tipo de ligação".

Índice

Introdução: O Castelo de Ar e os Sofistas 15

PARTE UM

LISBETH "IDIOTA" SALANDER

1   Rotulando Lisbeth: Estigma e Identidade Deteriorada 21
    Aryn Martin e Mary Simms
2   A *Des*-Educação de Lisbeth Salander e a Alquimia da Criança-
    Problema 31
    Chad William Timm
3   A Garota que Virou o Jogo: Leitura LGBT
    de Lisbeth Salander 43
    Kim Surkan

PARTE DOIS

MIKAEL "BONZINHO" BLOMKVIST

4   Por que tantas Mulheres Trepam com Kalle Blomkvist?:
    A Filosofia Larsson acerca da Atração Feminina 57
    Andrew Terjesen e Jenny Terjesen
5   Por que os Jornalistas e os Gênios Amam Café e Odeiam a Si
    Mesmos 71
    Eric Bronson
6   A Criação de Kalle Blomkvist: Jornalismo Criminal
    na Suécia do Pós-Guerra 81
    Ester Pollack

PARTE TRÊS

STIEG LARSSON, HOMEM DE MISTÉRIO

7 O Filósofo que Conheceu Stieg Larsson:
   Um Breve Relato 95
   Sven Ove Hansson

8 "Esse não é um Romancezinho Qualquer
   Sobre Crimes Perfeitos": A trilogia *Millenium*
   é Ficção Popular ou Literatura?.. 109
   Tyler Shores

9 Por que Adoramos Ler sobre Homens que Odeiam Mulheres:
   o Apelo Catártico de Aristóteles... 121
   Dennis Knepp

10 A Tatuagem de Dragão e o Leitor *Voyeur*................................ 127
   Jaime Chris Weida

PARTE QUATRO

"TODO MUNDO TEM SEGREDOS"

11 A *Hacker Republic*: Viciados em Informação
   em uma Sociedade Livre 139
   Andrew Zimmerman Jones

12 Explodindo o Castelo de Ar: A "Seção"
   Oculta em cada Instituição 153
   Adriel M. Trott

13 Reuniões Secretas: a Verdade Está no Rumor......................... 163
   Karen C. Adkins

PARTE CINCO

UMA VINGANÇA DE 75 MIL VOLTS NÃO PODE ESTAR ERRADA, PODE?

14 O Prazer com Princípios: a Vingança
   Aristotélica de Lisbeth 175
   Emma L. E. Rees

15 Agindo por Dever ou Só Fingindo?:
    Salander e Kant 183
    Tanja Barazon
16 Pegando o Ladrão: a Ética de Enganar
    Pessoas Más.. 191
    James Edwin Mahon

COLABORADORES: Os Cavaleiros da Távola Filosófica............. 203

NOTA DO EDITOR INTERNACIONAL

Limite de Responsabilidade/Recusa de Garantia: Mesmo considerando que o editor e o autor usaram de seus maiores esforços para preparar este livro, eles não dão garantias no que diz respeito à exatidão ou completude dos conteúdos deste livro e negam, especificamente, qualquer garantia implícita de mercantibilidade ou adequação a um propósito específico. Nenhuma garantia deve ser dada ou estendida por representantes de vendas ou materiais escritos de venda. Os conselhos e estratégias contidas aqui podem não ser utilizáveis na sua situação. Você deve consultar um profissional, se necessário. O editor e o autor não são responsáveis por qualquer perda ou ganho, ou qualquer outro dano comercial, incluindo sem se limitar a quaisquer danos especiais, acidentais ou consequentes, entre outros.

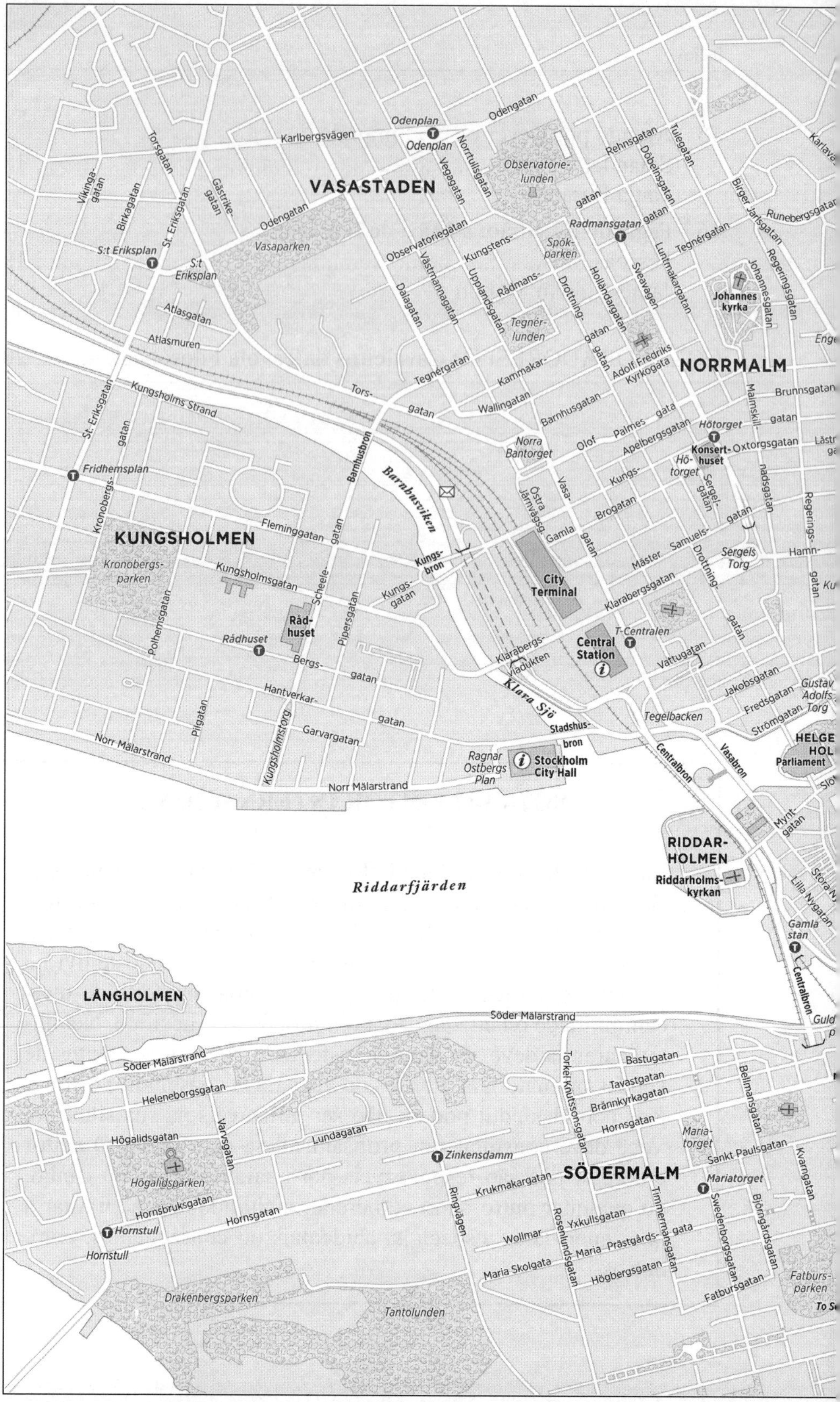

VASASTADEN
NORRMALM
KUNGSHOLMEN
RIDDARHOLMEN
LÅNGHOLMEN
SÖDERMALM
Odenplan
Odengatan
Karlbergsvägen
Norrtullsgatan
Vegagatan
Observatorielunden
Rehnsgatan
Tulegatan
Döbelnsgatan
Radmansgatan
Birger Jarlsgatan
Runebergsgatan
Torsgatan
Vikingagatan
Birkagatan
St. Eriksgatan
Gästrikegatan
S:t Eriksplan
Vasaparken
Observatoriegatan
Västmannagatan
Dalagatan
Kungstensgatan
Spökparken
Rådmansgatan
Upplandsgatan
Tegnérlunden
Drottninggatan
Holländargatan
Sveavägen
Luntmakargatan
Tegnérgatan
Johannes kyrka
Johannesgatan
Regeringsgatan
Atlasgatan
Atlasmuren
Kammakargatan
Adolf Fredriks Kyrkogata
Brunnsgatan
Kungsholms Strand
Wallingatan
Barnhusgatan
Malmskillnadsgatan
Olof Palmes gata
Hötorget
Oxtorgsgatan
Norra Bantorget
Apelbergsgatan
Konserthuset
Fridhemsplan
Kronobergsgatan
Barnhusbron
Barnhusviken
Östra Järnvägsg.
Vasagatan
Kungsgatan
Högtorget
Sergelgatan
Brogatan
Fleminggatan
Gamla Brogatan
Mäster Samuelsgatan
Sergels Torg
Hamngatan
Kungsbron
Kronobergsparken
Kungsholmsgatan
Scheelegatan
City Terminal
Klarabergsgatan
Rådhuset
Pipersgatan
T-Centralen
Central Station
Polhemsgatan
Bergsgatan
Klarabergsviadukten
Vattugatan
Klara Sjö
Hantverkargatan
Jakobsgatan
Gustav Adolfs Torg
Fredsgatan
Strömgatan
Pilgatan
Tegelbacken
Garvargatan
Stadshusbron
Kungsholmstorg
Norr Mälarstrand
Ragnar Östbergs Plan
Stockholm City Hall
Centralbron
Vasabron
HELGEANDSHOLMEN
Parliament
Myntgatan
Riddarholmskyrkan
Riddarfjärden
Stora Nygatan
Lilla Nygatan
Gamla stan
Söder Mälarstrand
Bastugatan
Tavastgatan
Torkel Knutssonsgatan
Bellmansgatan
Brännkyrkagatan
Heleneborgsgatan
Hornsgatan
Lundagatan
Varvsgatan
Högalidsgatan
Mariatorget
Sankt Paulsgatan
Kvarngatan
Zinkensdamm
Högalidsparken
Krukmakargatan
Ringvägen
Timmermansgatan
Swedenborgsgatan
Björngårdsgatan
Hornsbruksgatan
Rosenlundsgatan
Yxkullsgatan
Hornstull
Wollmar
Maria Prästgårdsgata
Maria Skolgata
Högbergsgatan
Fatbursparken
Fatbursgatan
Drakenbergsparken
Tantolunden

Stockholm

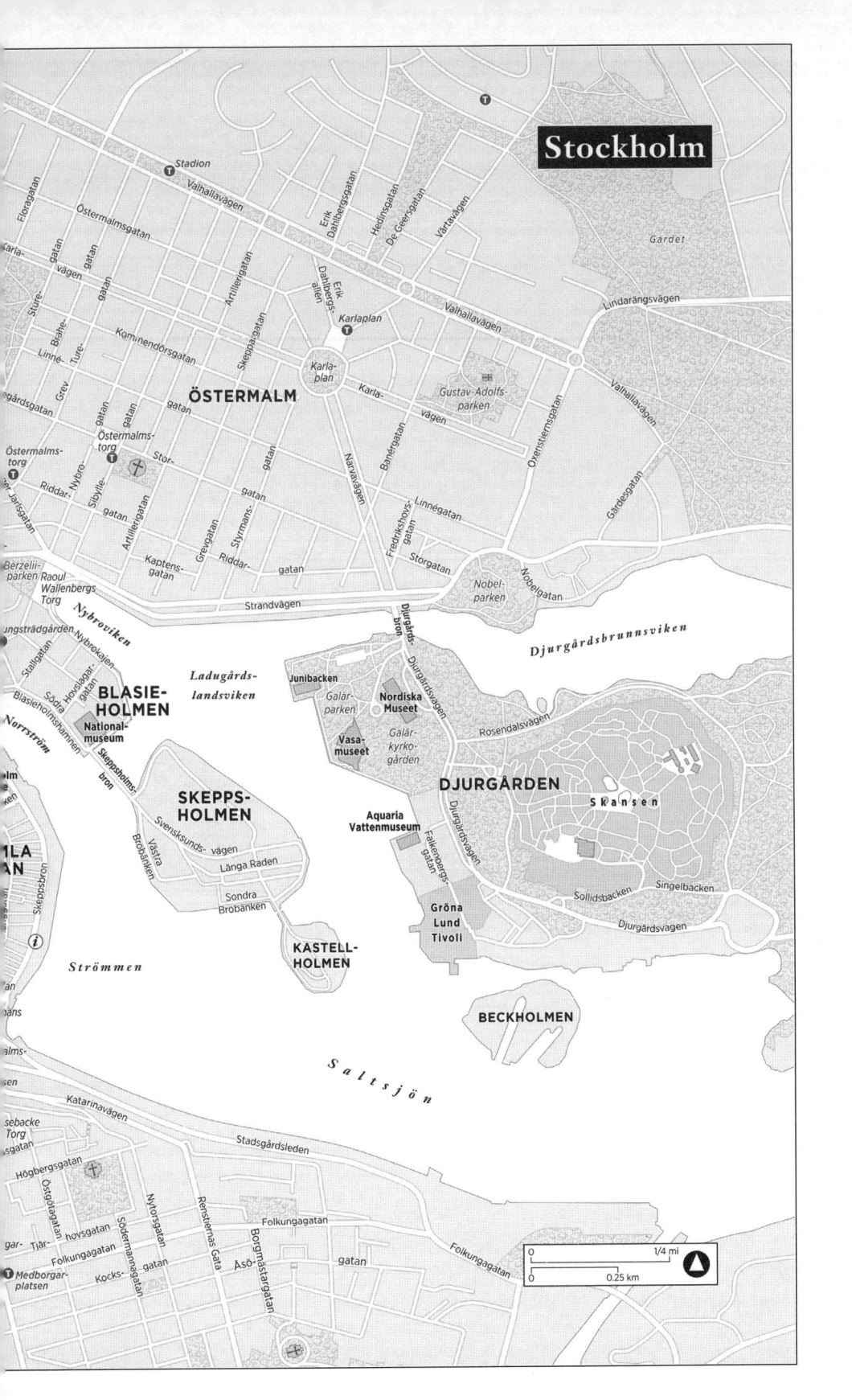

Introdução
O Castelo de Ar e os Sofistas

Se Lisbeth Salander é a nova voz da razão, então a verdade pode ser uma "vadia mal-humorada".

Acredito que Stieg Larsson aprovaria essa peculiar definição feita por Mikael Blomkvist, o jornalista durão consumidor inveterado de café; mas ela pode ser um problema para os filósofos da velha guarda.

Desde Sócrates, os filósofos se enamoraram pela crença de que a Verdade (com V maiúsculo) é imutável, indivisível e imortal. Por mais de 2 mil anos essa visão vem nos trazendo conforto. "A verdade é bela e a beleza, verdade", disse o poeta John Keats em 1819, enquanto examinava atentamente uma urna grega.

Mesmo assim, Lisbeth não tem uma beleza clássica. Criada à imagem de outra grande detetive sueca, Pippi Meialonga, a heroína de Larsson é "pálida e anoréxica", uma "gata vira-latas",[1] de cabelos ruivos tingidos de preto que, mesmo bem curtos, "arrepiavam-se em todas as direções".[2] Dragan Armansky, o ponderado chefe da Milton Security, descreve de modo eloquente suas primeiras impressões de Lisbeth: "Parecia que ela tinha saído de uma orgia de sete dias com uma gangue de roqueiros".[3]

A falta de interesse de Lisbeth pela beleza é mais do que profunda. Sua amiga e ocasional amante, Mimmi Wu, nos diz que "Salander não tinha qualquer bom gosto". Além de seu "nojento sofá marrom-

---

1. Stieg Larsson, *The Girl with the Dragon Tattoo*, trad. Reg Keeland (New York: Vintage, 2009), p. 38, 40. (N.T.: Preferimos manter as notas com referência às edições norte-americanas da trilogia *Millenium*.)
2. Stieg Larsson, *The Girl Who Played with Fire*, trad. Reg Keeland (New York: Vintage, 2010), p. 103.
3. Larsson, *The Girl with the Dragon Tattoo*, p. 38.

sujeira",⁴ o apartamento de Lisbeth "em Estocolmo dava a entender que uma bomba havia explodido ali".⁵ Quando ela tem condição financeira para comprar um apartamento moderno decorado com o estilo que preferisse, Salander acaba gastando 90 mil kroner... na IKEA!* Pelo menos ela paga para que os móveis sejam montados em casa (quem diria ser possível fazer isso?).

E ainda assim a verdade, mesmo não sendo bela, está sempre na mente dessa garota antissocial com a tatuagem de dragão que expõe os misóginos, chauvinistas e sectários da alta sociedade. Quando Larsson enviou pela primeira vez a trilogia *Millenium* ao editor sueco, todos os três livros continham o subtítulo *Homens que Odeiam as Mulheres* (título que foi mantido na edição sueca). A trilogia de Larsson é parte thriller jurídico, parte intriga de espionagem e parte mistério de assassinato, e a história de Salander é, fundamentalmente, a verdade sobre "a violência contra mulheres e os homens que permitem que ela aconteça".⁶

Apesar do apelo universal, a história de Larsson é claramente sueca e centrada em Estocolmo. Salander e Blomkvist podem até lutar contra neonazistas na neve enregelante de Hedeby, ou curtir Elvis abraçadinhos no chalé rústico de Blomkvist em Sandhamn, mas os personagens de Larsson sempre voltam a Estocolmo. É por isso que o Museu da Cidade de Estocolmo programa excursões *Millenium* para os fãs de Larsson, mostrando apartamentos e cafés descritos nos livros. É também a razão pela qual a última imagem no filme sueco *A Rainha do Castelo de Ar* é uma vista panorâmica de Estocolmo. No *remake* da Columbia Pictures de Hollywood, Rooney Mara substitui a maravilhosa atriz Noomi Rapace, enquanto Daniel Craig fica no lugar de Michael Nyqvist, ícone do cinema sueco; entretanto, o diretor David Fincher percebeu que, para que a história vingasse, teria de ser filmada em Estocolmo.

Assim como Lisbeth em Estocolmo, Sócrates viu-se como *persona non grata* em Atenas, uma praga irritante que forçou os sofistas da cidade a olharem de forma mais profunda para suas próprias hipocrisias. Antes de Lisbeth, Sócrates é que foi levado a julgamento e condenado antes mesmo da sentença final pelo júri popular. "Fui alvo

---
4. Larsson, *The Girl Who Played with Fire*, p. 136.
5. Larsson, *The Girl with the Dragon Tattoo*, p. 380.
*N.T.: A IKEA é a maior rede de lojas de móveis no mundo. Fundada na Suécia, seus produtos têm preço menor que a média, e a qualidade e o *design* geralmente são considerados inferiores.
6. Stieg Larsson, *The Girl Who Kicked the Hornet's Nest*, trad. Reg Keeland (New York: Alfred A. Knopf, 2010), p. 514.

de grande e amarga hostilidade", lamentava ele, "e é isso que vai causar a minha destruição". Salander coloca de outra forma. "Para onde quer que eu me vire", diz ela em *A Menina que Brincava com Fogo*, "tem um idiota de merda com barriga de cerveja no meu caminho, bancando o gostosão".[7]

Neste livro, tem-se nas mãos uma junção da Atenas de Sócrates e da Estocolmo de Salander. Sabemos que você pode não ter estudado filosofia e que pode não ter um excêntrico Tio Gustaf que adora contar causos sábios e moralistas naquelas reuniões de família (que azar, o seu). Então, com esse fim, reunimos um grupo de filósofos provenientes dos Estados Unidos, Canadá, Inglaterra, França e, sim, da Suécia, para nos ajudar a diferenciar os Fordes dos Fiordes. Com eles, investigaremos as razões pelas quais não nos cansamos dessa *hacker* antissocial e psicologicamente desequilibrada com memória fotográfica. Consideraremos a ideia de os jornalistas e *hackers* serem os novos filósofos e, caso afirmativo, se sofrerão o mesmo tipo de sentença fatal sofrida por Sócrates. Pensaremos sobre o porquê de Lisbeth comer Big Macs no McDonald's e de Billy comer Pan Pizza no 7-Eleven, sendo que há uma maravilhosa oferta de carne de carneiro no Samir's, enquanto o burek bósnio faz o maior sucesso em Fridhemsplan. Isso e muito, muito mais.

O inspetor Figuerola pode ter estudado de forma amadora a filosofia e a história das ideias antes de derrubar os corruptos irmãos Nikolich, mas será necessário ir mais fundo nesse ponto. Você provavelmente irá querer fazer um estoque de *junk food* e Marlboro Lights e comprar café. Muito café. Pois os filósofos não toleram idiotas e, com Salander e Blomkvist na jogada, pode ter certeza de que alguns daqueles c...zões corruptos vão se ver em maus lençóis.

Você viu os dizeres na camiseta: considere isso um aviso de amigo.

---

7. Stieg Larsson, *The Girl Who Kicked the Hornet's Nest*, trad. Reg Keeland (New York: Alfred A. Knopf, 2010), p. 514.

PARTE UM

LISBETH "IDIOTA" SALANDER

"O ciborgue é uma criatura em um mundo pós-gênero."
– Donna Haraway

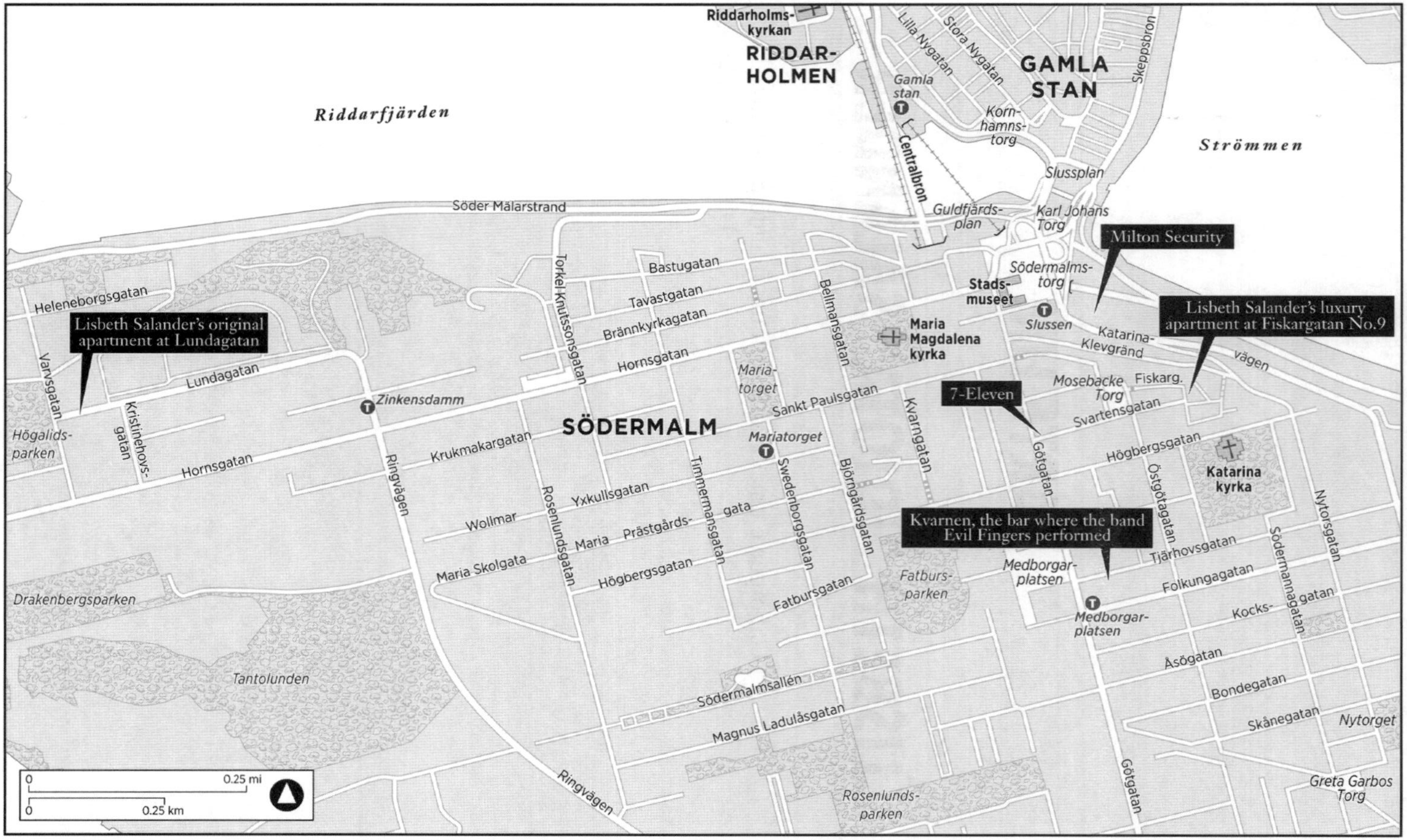
Riddarholms-kyrkan
RIDDAR-HOLMEN
GAMLA STAN
Lilla Nygatan
Stora Nygatan
Skeppsbron
Gamla stan
Korn-hamns-torg
Riddarfjärden
Strömmen
Centralbron
Slussplan
Söder Mälarstrand
Guldfjärds-plan
Karl Johans Torg
Milton Security
Södermalms-torg
Stads-museet
Slussen
Lisbeth Salander's luxury apartment at Fiskargatan No.9
Katarina-Klevgränd
vägen
Mosebacke Torg
Fiskarg.
Maria Magdalena kyrka
7-Eleven
Heleneborgsgatan
Lisbeth Salander's original apartment at Lundagatan
Bastugatan
Tavastgatan
Brännkyrkagatan
Hornsgatan
Torkel Knutssonsgatan
Bellmansgatan
Lundagatan
Varvsgatan
Zinkensdamm
Maria-torget
Sankt Paulsgatan
Kvarngatan
Svartensgatan
SÖDERMALM
Mariatorget
Högalids-parken
Kristinehovs-gatan
Hornsgatan
Krukmakargatan
Ringvägen
Högbergsgatan
Katarina kyrka
Götgatan
Yxkullsgatan
Wollmar
Rosenlundsgatan
Timmermansgatan
Swedenborgsgatan
Björngårdsgatan
Östgötagatan
Nytorsgatan
Kvarnen, the bar where the band Evil Fingers performed
Maria Prästgårds-gata
Maria Skolgata
Högbergsgatan
Tjärhovsgatan
Södermannagatan
Drakenbergsparken
Fatburs-parken
Medborgar-platsen
Folkungagatan
Fatbursgatan
Medborgar-platsen
Kocks-gatan
Åsögatan
Tantolunden
Södermalmsallén
Bondegatan
Magnus Ladulåsgatan
Skånegatan
Nytorget
0
0.25 mi
0
0.25 km
Ringvägen
Rosenlunds-parken
Götgatan
Greta Garbos Torg

Rotulando Lisbeth: Estigma e Identidade Deteriorada

Aryn Martin e Mary Simms

Lisbeth Salander é "uma FDP doentia, assassina, insana. Completamente imprevisível. Uma vagabunda".[8] Pelo menos é o que pensa Advokat Bjurman após um exame nos registros psiquiátricos da moça. E, depois de uma breve conversa com ela, o Dr. Teleborian a descreve como "psicótica", "obsessiva", "paranoica", "esquizofrênica" e "psicopata egomaníaca".[9] Quando foi internada no St. Stefan, ela foi diagnosticada como doente mental e, aos 18 anos, declarada legalmente incompetente. Mesmo seus aliados, Holger Palmgren e Mikael Blomkvist, se rendem à mania dos diagnósticos com especulações de que ela tem síndrome de Asperger. Lisbeth Salander é um ímã de rótulos.

O ímpeto para esse *frenesi* de rotulações encontra-se na originalidade tanto da biografia como do caráter de Lisbeth. Seu pai é um espião russo protegido por uma divisão secreta excessivamente cuidadosa do governo sueco. Seu envolvimento com o sistema de saúde mental foi resultado de uma conspiração elaborada e inédita. Ela é uma *hacker* genial de pequenas proporções, com grandes habilidades em kick-boxing, mas um caso perdido quando se trata de conversas casuais. Nós, leitores, somos levados a simpatizar com a heroína de Larsson por causa das injustiças por ela sofridas. Na entusiasmante cena do tribunal, em

---

8. Stieg Larsson, *The Girl Who Played with Fire*, trad. Reg Keeland (New York: Vintage, 2010), p. 47. (N. T.: Preferimos manter as notas com referência às edições norte-americanas da trilogia *Millenium*. No Brasil, a trilogia foi publicada em português pela Ed. Companhia das Letras, com tradução de Dorothée de Bruchard).
9. Ibid., p. 319–320.

A Rainha do Castelo de Ar, a advogada de Salander, Anita Giannini, arrasa com o Dr. Teleborian ao demonstrar que Lisbeth é "tão sã e inteligente quanto qualquer outra pessoa nessa sala".[10] Essa vitória coloca Lisbeth de volta no lado certo das portas do hospício, quando sua declaração de incompetência é então anulada ali mesmo. A sanidade vence.

Mesmo assim, a heroína de Larsson pode não ser tão excepcional, no fim das contas. Em seus livros clássicos *Estigma – Notas sobre a Manipulação da Identidade Deteriorada* e *Manicômios, Prisões e Conventos*, Erving Goffman (1922-1982) nos mostrou que as pessoas são moldadas pela situação social. Ele argumentava que, uma vez que os "internos" eram institucionalizados – seja numa prisão ou num hospital psiquiátrico – compartilhavam de certas experiências e adaptações em função de sua posição social (e não por causa de uma doença mental ou maldade inata). Após saírem dessas instituições, os ex-internos carregam a desonrosa marca por haverem estado lá: o rótulo de "doente mental", "incompetente" ou "criminoso". Goffman argumentava que esses estigmas, fossem eles públicos ou secretos, moldavam de forma poderosa o convívio social subsequente dessas pessoas.

Ao chamar a atenção para a veemência com que as pessoas e as instituições rotulam Lisbeth, de forma repetida, Larsson encampa grande parte do mesmo tema que Goffman. Ele ilustra as formas como os rótulos passam a substituir e a eclipsar a pessoa. Mostra que há um engano em relação aos rótulos depreciativos, tanto que somos mais inclinados a crer, por exemplo, que alguém classificado como doente mental também tenha tendência à violência, à promiscuidade ou aos vícios. Quando alguém entra na engrenagem burocrática das instituições psiquiátricas, os comportamentos que normalmente não seriam notados em pessoas "normais" são registrados como sintomas de doença. Afinal, sabemos que os rótulos solidificados em fichas criminais são normalmente invocados em incidentes subsequentes, reforçando-os entre si como vários rolos de arame farpado.

Talvez a lição mais poderosa a se aprender com os rótulos de Lisbeth tenha a ver com a incongruência entre a versão em papel de uma pessoa desacreditada e seu *eu* em carne e osso. Ao que parece, Lisbeth foi vitimada e, mais tarde, inocentada só por ter sido *erroneamente* rotulada. Ainda assim, se interpretarmos a série *Millenium* como a história das injustiças sofridas por uma pessoa e nos sentirmos triunfantes quanto sua liberdade é restaurada, perdemos algo importante. Essa

---

10. Stieg Larsson, *The Girl Who Kicked the Hornet's Nest*, trad. Reg Keeland (New York: Alfred A. Knopf, 2010), p. 484.

leitura ignora inúmeros outros indivíduos – os chamados rotulados *de forma correta* – cujo estigma parece ser justificado. E isso é problemático. Nunca é certo reduzir as pessoas ao *status* menos-do-que-humano trazido por rótulos fáceis.

O direito de ser taciturno

Embora não saibamos muito com relação à permanência de Lisbeth no St. Stefan (à exceção do fato de ela haver passado tempo demais numa sala de privação sensorial), Goffman descreve um sem-número de rituais comuns a tais instituições.[11] "Aviltamentos, degradações, humilhações e profanações do eu" alteram radicalmente a visão que a vítima tem de si mesma e dos outros.[12] Primeiro os pacientes são isolados do mundo externo e dos papéis que desempenhavam fora da instituição. O paciente psiquiátrico já não é mais filho, estudante, irmã, mas somente paciente, que é submetido a uma equipe, durante 24 horas por dia, em todos os espaços físicos. O tempo passado longe dos papéis "do mundo lá fora" nunca poderá ser recuperado. Os procedimentos de admissão, tais como "fotografar, pesar, tirar impressões digitais, fornecer um número, revistar, fazer uma lista dos bens pessoais que serão guardados, despir, banhar, desinfetar, cortar o cabelo, fornecer uniformes da instituição, instruir quanto às regras e conduzir ao quarto", transformam o paciente em um objeto padronizado.[13] Podemos imaginar como deve ter sido bastante traumático para a jovem Lisbeth render-se ao que Goffman denominou "kit de identidade", que é composto pelos cosméticos e roupas que as pessoas geralmente usam para disfarçar a aparência com a qual se apresentam aos outros.[14]

Goffman discutiu em detalhes vários outros "ataques ao eu", incluindo o contato social forçado para a vida em grupo e a falta de controle sobre a tomada de decisões, organização, finanças, nutrição e movimento. Uma prática-chave que caracteriza a vida em uma instituição psiquiátrica é que tudo acaba sendo registrado por escrito. Sabemos que isso aconteceu com Lisbeth no St. Stefan, pois os registros

---

11. As percepções de Goffman baseiam-se em métodos etnográficos que incluíram a observação participativa. Para o livro *Manicômios, Prisões e Conventos*, ele passou um ano disfarçado como assistente recreativo no Hospital St. Elizabeth, em Washington, D.C.
12. Erving Goffman, Asylums: Essays on the Social Situation of Mental Patients and Other Inmates . Erving Goffman, Asylums: Essays on the Social Situation of Mental Patients and Other Inmates (New York: Anchor Books, 1961), p. 14. (N.T.: Preferimos manter as notas com referência às edições em inglês da obras de Goffman.)
13. Ibid., p. 16.
14. Ibid., p. 20.

estavam disponíveis para que Giannini contasse quantos dias Salander passara amarrada. O registro do hospital psiquiátrico arquiva todos os aspectos do histórico de um paciente e sua vida hospitalar por meio de uma ficha, que fica à disposição de todos os membros da equipe médica, mas que, em muitos casos, não pode ser acessada pelo próprio paciente. Embora esses registros pareçam uma convenção óbvia, benigna e sensata, Goffman ressaltou alguns de seus efeitos preocupantes. Os pacientes não estão em posição, como aqueles de nós que estão do "lado de fora", de ter controle sobre as informações pessoais nas interações sociais. Ao conversarmos com os outros, normalmente escolhemos quais partes de nós iremos compartilhar, quais iremos ocultar, reduzir ou exagerar. Ao termos um lapso de julgamento embaraçoso, podemos fazer a escolha de não contá-lo ou de examiná-lo sob uma ótica mais favorável e racional. Os pacientes psiquiátricos, entretanto, podem achar que esse erro é justamente o tipo de detalhe que pode ser registrado como sintoma de doença e usado contra eles, caso eles resolvam se apresentar à equipe ou aos outros internos como pessoas "normais".

Em vez de construir uma "história do eu", como todos nós fazemos, a história do paciente que é doente mental já está construída pelos outros e escrita em linhas psiquiátricas. O diário de anotações acerca de Lisbeth "estava repleto de termos, como *introvertida, socialmente inibida, falta de empatia, fixação egoica, psicopatia e comportamento antissocial, dificuldade de cooperar e incapacidade para assimilar aprendizado*".[15] Cada ação e adaptação do paciente é examinada em detalhes e recodificada em jargão psiquiátrico. "O papel timbrado", escreveu Goffman, "atesta que o paciente não tem juízo perfeito, que é um perigo para si mesmo e para os outros – um atestado que, aliás, parece fazer um corte profundo no orgulho do paciente e na possibilidade de que este venha a ter algum".[16]

O que sabemos da internação de Lisbeth, no St. Stefan, encaixa-se no relato de Goffman de forma assustadora. Inicialmente ela tenta explicar aos médicos e assistentes sociais quanto aos abusos cometidos pela mãe e sobre os motivos que a levaram a retaliar contra o pai. Ela acha que não é ouvida. Goffman escreveu sobre o paciente psiquiátrico: "As afirmações que ele faz podem ser descartadas como meros

---

15. Stieg Larsson, *The Girl with the Dragon Tattoo*, trad. Reg Keeland (New York: Vintage, 2009), p. 160.
16. Goffman, *Asylums*, p. 153–154.

sintomas (...) Considera-se, normalmente, que não tem *status* ritual suficiente para ser cumprimentado, quando mais ouvido".[17] Podemos imaginar que o *status* social desfavorecido de Lisbeth, e, portanto, sua invisibilidade, são exacerbados pelas deficiências sociais adicionais de ser mulher, baixinha e, praticamente, uma criança.

Ao ser ignorada, Lisbeth responde com o silêncio:

– *Por que você não fala com seus médicos?*
– Porque não ouvem o que eu digo.

Ela sabia que todos os comentários desse tipo entravam em seu registro, documentando que o silêncio dela era uma decisão completamente racional.[18]

Mais tarde, Teleborian denomina esse silêncio de "comportamento perturbado".[19] Ficar em silêncio, fechado em si e taciturno são reações normais dos pacientes psiquiátricos em relação à sua situação social, embora seja talvez um tanto exagerado o fato de Lisbeth perpetuar esse comportamento frente a qualquer autoridade. Goffman descreveu quatro dos mecanismos de defesa preferidos numa situação de internação, ressaltando que muitos pacientes usam uma combinação deles para lidar com a situação. Os dois primeiros, fechar-se em si mesmo e intransigência, tornaram-se marcas da postura de Lisbeth no mundo para o resto de sua vida. Goffman explicou que esses mecanismos de autoproteção têm um preço na instituição: "a equipe pode penalizar diretamente os pacientes por tais atividades, citando explicitamente a sisudez ou a insolência como base para justificar punições adicionais".[20] Isso também reflete a experiência de Lisbeth. Os "tratamentos" punitivos, como a confinação em quarto isolado e a ingestão forçada, tanto de remédios quanto de comida, são aplicados após gestos desafiantes por parte de Lisbeth, como se recusar a falar com o Dr. Teleborian e a tomar a medicação. "Salander percebera rapidamente que 'um paciente rebelde e indócil' equivalia a um paciente que questionava o raciocínio e os conhecimentos de Teleborian".[21]

Após Lisbeth ser liberada do St. Stefan, os eventos de sua vida ficam marcados pelo estigma de ter estado lá, em primeiro lugar; ela fica marcada por seu registro de insanidade. As experiências vividas

---

17. Ibid., p. 45.
18. Larsson, *The Girl Who Played with Fire*, p. 395.
19. Larsson, *The Girl Who Kicked the Hornet's Nest*, p. 497.
20. Goffman, *Asylums*, p. 36.
21. Larsson, *The Girl Who Played with Fire*, p. 393.

na instituição, muitas das quais compreendidas como típicas, forjaram a pessoa solitária, resistente a mudanças, desconfiada e raivosa que ela acabaria se tornando.

Eu sei que você é, mas o que eu sou?

Em seu livro *Estigma*, Goffman observou que os rótulos, tais como "doente mental", afetam as interações rotineiras das pessoas estigmatizadas. *Estigma* é uma palavra de origem grega que se refere a "sinais físicos destinados a expor algo como incomum e mau com relação ao *status* do significante. Os sinais eram feitos no corpo por meio de cortes ou queimaduras, anunciando que o portador era escravo, criminoso ou traidor – uma pessoa manchada, ritualmente suja, a ser evitada, especialmente nos locais públicos".[22] A tatuagem confessional de Bjurman é um exemplo praticamente perfeito desse velho significado. Hoje em dia, *estigma* se refere "mais à própria caída em desgraça do que à evidência física dela".[23] Alguém é estigmatizado ao ser *percebido como* pertencente a uma categoria indesejável de pessoa, mesmo que não pertença.

Goffman identificou três tipos de estigma: abominações ou desfigurações do corpo; manchas de caráter, tais como um registro público de doença mental, criminalidade, desemprego, homossexualidade, alcoolismo; e estigmas tribais de raça, nação e religião. Os atributos estigmáticos de Lisbeth parecem crescer, de modo exponencial, conforme a trama do livro se desdobra, mas pertencem, em grande parte, à segunda categoria. Às vezes, sua estatura extremamente baixa e suas tatuagens e *piercings* voluntários são interpretados como exemplos do primeiro tipo, mas ela é, em geral, acusada de possuir defeitos morais e mentais. De acordo com Goffman, quando atribuímos um estigma a alguém, reduzimos o indivíduo em nossas mentes "de pessoa inteira e comum à pessoa contaminada, a quem falta alguma coisa". Assim, "exercemos uma variedade de discriminações por meio das quais reduzimos efetivamente, senão desapercebidamente, suas oportunidade de vida".[24]

Lisbeth "não dava a mínima para os rótulos", mas eles grudavam nela como peixes suecos melequentos, as rêmoras.[25] É impossível ignorar as evidências de uma doença mental, reunidas a partir dos arquivos

---

22. Erving Goffman, *Stigma: Notes on the Management of Spoiled Identity* (New York: Touchstone, 1986), p. 1. (N. T.: Preferimos manter as notas com referência às edições em inglês da obras de Goffman citadas neste livro.)
23. Ibid., p. 1–2.
24. Ibid., p. 3, 5.
25. Larsson, *The Girl with the Dragon Tattoo*, p. 327.

de seu tempo de internação no St. Stefan. Quando a polícia reúne pela primeira vez a longa ficha dela, o promotor Ekström a descreve como "mulher que durante a adolescência entrou e saiu de unidades psiquiátricas, que se acredita obter sustento por meio da prostituição, que foi declarada incompetente pelo tribunal do distrito e cujas tendências violentas foram documentadas".[26] As pessoas pressupõem que alguém, ao ter um atributo que o desprestigie, provavelmente tem muitos outros. "Tendemos a imputar um vasto número de imperfeições com base na imperfeição original", escreveu Goffman.[27] Com pouca ou nenhuma prova, suposições relativas a promiscuidade e violência tornam-se ligadas a doença mental. O terreno escorregadio das categorias de estigma é demonstrado, com excesso quase cômico, quando a polícia e a imprensa se mostram prontos a acreditar e reportar qualquer rótulo caluniador atirado contra Lisbeth, desde "doida psicótica" até "satanista lésbica".

Embora possua incontáveis inimigos, Lisbeth não é desprovida de aliados. É notável como o Dr. Palmgren, Dragan Armansky, Blomkvist e Mimmi Wu achem-na quase adorável em suas excentricidades. Esses amigos se enquadram em duas categorias distintas, ambas discutidas por Goffman. Inicialmente, Armansky e especialmente Palmgren são considerados "sábios". Mesmo que não compartilhem do estigma de Lisbeth, os sábios "são pessoas normais, mas cuja situação especial tornou-os intimamente conhecedores da vida do indivíduo estigmatizado, e simpáticos a esta".[28] Palmgren, ao menos, tem credibilidade suficiente para ganhar a confiança de Lisbeth, o que é um raro privilégio.

Blomkvist e Wu vêm a conhecer Lisbeth em circunstâncias nas quais ela conseguiu "passar" sem que eles soubessem de seu histórico conturbado. Para alguém em desprestígio, como ela, as ações de esconder ou, de outro modo, administrar informações prejudiciais, fazem com que se corra, constantemente, o risco de ser pego. Em um relacionamento, isso envolve a dupla ameaça, tanto de ser desmascarado por ter uma falha de caráter, como de ser acusado de traição por ter escondido isso num primeiro momento. Esse medo impede que a pessoa estigmatizada caminhe em direção a uma maior intimidade nos relacionamentos. Por exemplo, no livro *Os Homens que não Amavam as Mulheres*, Lisbeth pensa onde buscar apoio após ter sido violentada, de forma brutal, por Bjurman. Ela considera primeiro os amigos da banda:

---

26. Larsson, *The Girl Who Played with Fire*, p. 249.
27. Goffman, *Stigma*, p. 5.
28. Ibid., p. 28.

A "Evil Fingers" ouviria. Eles também a defenderiam. Mas não tinham ideia de que a corte distrital havia declarado que ela não estava em plena posse de suas faculdades mentais. Também não queria que começassem a olhar torto para ela. *Não é uma opção*.[29]

Lidar com uma identidade deteriorada requer trabalho constante, além de tentativa e erro: "revelar ou não revelar; dizer ou não dizer; confiar ou não confiar; mentir ou não mentir; e, em cada caso, a quem, como, quanto e onde".[30]

Embora sua especialidade seja bisbilhotar os assuntos alheios, Lisbeth preza muito sua privacidade, o que é compreensível. Não espanta que ela tenha tão poucos amigos. Seu isolamento social também é característica de indivíduos estigmatizados. O convívio social com "informantes que estão por dentro" pode envolver violência ou condescendência tola. Assim como Lisbeth, muitas pessoas com identidades arruinadas preferem ficar somente consigo. Sem os aspectos recompensadores do contato interpessoal, "o eu-isolado pode tornar-se desconfiado, deprimido, hostil, ansioso e confuso".[31] Parece a descrição de alguém que conhecemos.

Garotas, interrompidas

Um bom tempo após Lisbeth sair do St. Stefan, aos 15 anos, várias páginas continuam a ser acrescentadas a seu registro psiquiátrico incriminador. Essa longa ficha tanto proíbe que ela passe incólume por certas situações sociais quanto adquire uma função dominante nos julgamentos prejudiciais sofridos por ela ao longo da série. Goffman descreveu um ex-paciente psiquiátrico que evitava discussões com a esposa ou com um empregador, porque essa demonstração de emoções poderia ser interpretada como sinal de loucura.[32] Para os estigmatizados, especialmente os assim chamados doentes mentais, os comportamentos de confrontação, mesmo leves, validam o rótulo e justificam ainda mais escrutínio e controle. Para os que têm a sorte de nunca terem sido rotulados, tal comportamento passa despercebido.

Essa tendência é mostrada de forma inegável e, muitas vezes, cria um alívio cômico nas perguntas diretas que Giannini faz ao Dr. Teleborian, em *A rainha do castelo de ar*. Como evidência de que Lisbeth

---
29. Larsson, *The Girl with the Dragon Tattoo*, p. 237.
30. Goffman, *Stigma*, p. 42.
31. Ibid., p. 13.
32. Ibid., p. 15.

representava um perigo para si mesma, o Dr. Teleborian cita as tatuagens e os *piercings* dela. Eles são, atesta ele, "uma manifestação do ódio contra si mesma".[33] Quando Giannini pergunta se ela também é um perigo para si mesma por causa de seus brincos e tatuagem em lugar privado, o Dr. Teleborian responde que as tatuagens também podem ser parte de um ritual social. Nesse caso, um assim chamado especialista determina que o comportamento demonstrado por determinada pessoa é um sintoma de doença, enquanto que para outra, o mesmo é uma representação social inócua. Embora possamos ver o absurdo dessa distinção quando ela é apresentada sob outra ótica, Goffman diz que a realizamos o tempo todo na vida real.

Teleborian cai na mesma armadilha vezes sem fim durante seu testemunho, quando cita os "vícios" e a "promiscuidade descontrolada" como evidência da psicopatologia dela. Pelo fato de Lisbeth já ser estigmatizada, episódios isolados de excesso de álcool são inflados até se tornarem rótulos categóricos. Conforme observa Giannini, tanto ela mesma quanto Teleborian fizeram coisa parecida quando eram jovens. "As pessoas fazem muitas coisas idiotas aos 17 anos", ele responde.[34] As pessoas normais fazem coisas idiotas sem consequências, enquanto as seriamente examinadas constroem uma autobiografia incriminadora.

Para que não pensemos que esse tipo de coisa acontece só na ficção (ou só na Suécia), aqui está um exemplo retirado de audiências locais por ocasião da Lei da Saúde Mental em Ontário, no Canadá. O objetivo dessas audiências era rever o comprometimento involuntário dos pacientes, posição que exige um painel reafirmando as opiniões médicas de que uma paciente é um perigo para si e para os outros. No primeiro caso, a paciente era supostamente um perigo para si mesma, porque fazia julgamentos "irracionais" sobre os homens.

> O resumo clínico afirma que a srta. E.L. tinha frequentado bares para fazer contato com homens desconhecidos e levá-los para seu apartamento. A srta. E.L. disse ao júri que houve apenas uma situação em que ela levou para seu apartamento um homem que havia acabado de conhecer. Ela contou que haviam se conhecido na saída de uma biblioteca do bairro. Estava frio, e ele lhe ofereceu seu casaco. Em seguida, foram tomar um café juntos, após o qual a srta. E. L. convidou o homem para ir ao seu apartamento.[35]

---

33. Larsson, *The Girl Who Kicked the Hornet's Nest*, p. 487.
34. Ibid., p. 500.
35. Re C.C., [2005] O.C.C.B.D., N°. 178 (O.C.C.B.), *online*: QL (OCCBD).

Essa passagem exemplifica dois movimentos que também vimos no caso de Lisbeth. Em primeiro lugar, o médico generaliza um único incidente, transformando-o em padrão. Em segundo lugar, o incidente não parece de forma alguma estar fora do comum: para nós seria completamente crível no contexto de uma comédia romântica, por exemplo. Mas fica parecendo arriscado, entretanto, quando é associado a um diagnóstico prévio de doença mental e apresentado por uma autoridade médica no ambiente de uma audiência.

Em outro caso semelhante, um médico afirmou que o hábito da paciente de acender velas era um perigo para ela mesma.[36] Em ambos os casos, não houve qualquer dano, nem atentado sexual, nem incêndio, mas os indivíduos desprestigiados estavam sendo classificados como perigosos para "seu próprio bem". Suas possibilidades de ação, fossem estas racionais ou arriscadas, são, com certeza, mais reprimidas do que aquelas permitidas a uma pessoa comum.

A história de Lisbeth pode ser usada como uma alavanca para abrir uma janela na situação social de pessoas estigmatizadas, de modo mais generalizado e, de modo particular, daquelas consideradas "doentes mentais". Concordamos que Lisbeth deve ser interpretada como "uma de nós", mas pode ser que não haja nenhum "eles". Queremos desafiar a prática de separar as pessoas em categorias dicotômicas: nós/eles, são/insano, bom/mau, e assim por diante. Outro jeito de dizer isso é que somos todos "um de nós", em algum ponto da linha continuamente mutável entre são e louco. Todos nós sofremos de identidades arruinadas em algum momento da vida. "O mais afortunado dos normais provavelmente tem essa falha meio escondida e, para cada pequena falha, existe uma ocasião social em que ela parecerá enorme e criará um abismo vergonhoso" entre a forma como os outros o veem e a forma como ele vê a si mesmo.[37] A conclusão não é a de que devemos ser mais legais com as pessoas que são diferentes de nós, mas que deveríamos ver a nós mesmos neles, e vê-los em nós mesmos. Pois, com apenas um ato falho, podemos acabar trocando de lugar com eles.

---

36. Re C.C., [2004] O.C.C.B.D., No. 62 (O.C.C.B.), *online*: QL (OCCBD).
37. Goffman, *Stigma*, p. 127.

A *Des*-Educação de Lisbeth Salander e a Alquimia da Criança-Problema

Chad William Timm

Com relação a seus registros psiquiátricos, a opinião médica concluiu que havia um grave risco de *abuso de álcool e drogas* e que ela *não tinha compreensão das próprias ações*. A essa altura, a ficha dela estava repleta de termos, como *introvertida, socialmente inibida, falta de empatia, fixação egoica, psicopatia e comportamento antissocial, dificuldade de cooperar e incapacidade para assimilar aprendizado*. Qualquer um que a lesse estaria tentado a concluir que Salander era retardada.[38]

Com base nessa avaliação realizada pelo diretor do serviço social local, não surpreende que Lisbeth "idiota" Salander não tenha conseguido terminar o colegial e nem mesmo obtido um certificado comprovando sua capacidade para ler e escrever. Sob todos os aspectos, Lisbeth não demonstrou competência acadêmica e falhou, de forma consistente, em demonstrar domínio das aptidões e dos conceitos básicos que são valorizados pelo sistema de ensino. Ela não só foi rotulada como idiota, mas também *corria um grave risco* de fracassar tanto na escola quanto na

---

38. Stieg Larsson, *The Girl with the Dragon Tattoo*, trad. Reg Keeland (New York: Vintage, 2009), p. 160. (N.T.: Preferimos manter as notas com referência às edições norte-americanas da trilogia *Millenium*.)

vida. E, mesmo assim, com base nas avaliações daqueles mais próximos a ela, Mikael Blomkvist, Dragan Armansky e Holger Palmgren, Lisbeth é nada menos do que brilhante. Sua ideia de descanso, por exemplo, inclui ler textos bastante sofisticados, como *Spirals – Mysteries of DNA*, livro grosso como um tijolo, repleto das mais recentes pesquisas acerca do DNA. O Dr. Jonasson, que havia dado o livro de presente a Lisbeth, disse a ela: "Algum dia vou querer ouvir sobre como você é capaz de ler textos acadêmicos que eu mesmo sou incapaz de entender".[39]

Como é que uma mulher jovem, considerada sob risco de sofrer todas as enfermidades sociais possíveis e imagináveis, e que ganhou o rótulo de "retardada", é capaz de resolver problemas matemáticos, científicos e de informática bastante sofisticados? Como uma garota, claramente brilhante como Lisbeth, caiu por entre as rachaduras do sistema educacional? Como é que as escolas sabem a diferença entre uma criança capaz de resolver problemas e uma que corre o risco de fracasso acadêmico? O filósofo francês Michel Foucault (1926-1984) pode nos ajudar a responder essas questões, ao analisar a forma como os funcionários das escolas usam sua posição de poder para separar e categorizar alunos como Lisbeth, essencialmente por meio da construção de suas identidades.

Conhecimento é poder

Foucault realizou uma investigação famosa sobre como a "arte de governar" evoluiu na Europa entre os séculos XVI e XVIII e passou a incluir formas de controle, à primeira vista, menos violentas.[40] Ao analisar a prisão, o hospital, os manicômios e as escolas, Foucault revelou o modo pelo qual essas instituições definiam o conhecimento e, então, classificavam os criminosos, os doentes e os insanos. O propósito de "conhecer" e classificar criminosos justificava o aprisionamento destes, ensinando-lhes a pensar em si mesmos como degenerados.

As autoridades, por exemplo, que operavam em nome do governo ou com apoio institucional, identificavam certas qualidades e características desejáveis e, então, dividiam as pessoas em categorias. Imagine a sua professora da primeira série separando os leitores rápidos no grupo das "lebres" e os lentos no grupo das "tartarugas". Foucault

---

39. Stieg Larsson, *The Girl Who Kicked the Hornet's Nest*, trad. Reg Keeland (New York: Alfred A. Knopf, 2010), p. 390.
40. Michel Foucault, *Discipline and Punish: The Birth of the Prison*, trad. Alan Sheridan (New York: Vintage Press, 1995). (N.T.: Preferimos manter as notas com referência às edições em inglês da obras de Foucault citadas neste livro.)

argumentava que esse tipo de divisão acontece "porque o conhecimento não é feito para que haja compreensão; é feito para cortar".⁴¹ Ao separar as pessoas em categorias, tais como criminoso, degenerado, insano ou inteligente, os que realizam o corte e a separação ganham um poder enorme em forma de conhecimento. De acordo com Foucault, "o poder produz; ele produz realidade; produz o domínio dos objetos e rituais da verdade".⁴² Esse paradigma conhecimento-poder permite que as autoridades continuem a determinar quais características a serem classificadas ou divididas.⁴³

A complexa interação entre conhecimento e poder é bastante relevante para o ambiente formal de ensino. Lisbeth não teve sucesso acadêmico em um ambiente de colégio tradicional, ao ponto em que seus professores "a ignoravam e permitiam que ficasse sentada em um silêncio taciturno".⁴⁴ Em vez de reconhecer seu brilhantismo único, a direção da escola a rotulou como um fracasso. Embora Lisbeth tenha estudado na Suécia, usarei como pano de fundo o recente movimento de padrões e responsabilização nos Estados Unidos. Os objetivos do movimento fomentaram a criação de um ambiente de disciplina e vigilância que tornou a construção da criança-problema mais factível.

Nenhuma criança escapa ilesa

Em anos recentes, o clamor por reformas no ensino público fez com que o governo federal tomasse medidas inéditas para regular o sistema escolar nos Estados Unidos. Como resultado, a legislação federal agora regula os padrões e a responsabilização. Os padrões se referem ao que as crianças aprendem na escola e sua capacidade de demonstrar esse conhecimento, com ênfase na leitura, na matemática e em ciências. A responsabilização se refere às consequências sofridas pelas escolas, quando os alunos não demonstram proficiência nos padrões. O filho bastardo do movimento de padrões e responsabilização foi o *No Children Left Behind Act* [Ato nenhuma criança deixada para trás] (NCLB) aprovado pelo ex-presidente George W. Bush, em 2002, e recentemente renomeado *Race to the Top Program* [Programa corrida ao topo] pelo

---

41. Michel Foucault, "Nietzsche, Genealogy, History," in P. Rabinow e N. Rose, eds., *The Essential Foucault: Selections from the Essential Works of Foucault, 1954–1984* (New York: New Press, 2003), p. 360.
42. Foucault, "'Omnes Et Singulatim': Toward a Critique of Political Reason," in *The Essential Foucault*, p. 194.
43. Ver o capítulo de Aryn Martin e Mary Simms neste livro: "Rotulando Lisbeth: Estigma e Identidade Deteriorada".
44. Larsson, *The Girl with the Dragon Tattoo*, p. 230.

presidente Barack Obama. De acordo com o NCLB, um aluno é proficiente se os pontos que faz em uma prova padrão o coloca dentro de uma determinada classificação percentual, em geral acima dos 40%, e uma escola é bem-sucedida, quando seus alunos demonstram "progresso anual adequado" em direção à meta de 100% de proficiência. Sim, foi isso mesmo que você leu: a lei inicial exigia 100% de proficiência em 2014, o que, óbvio, é impossível em termos estatísticos!

Para determinar se uma escola atende ao progresso anual, os criadores do programa determinam como se deve parecer um aluno bem-sucedido. Em termos do atual movimento de reforma educacional, o estudante bem-sucedido é aquele que demonstra proficiência em um teste padrão. Assim, o NCLB exige que os educadores definam um solucionador de problemas como aquele que resolve problemas da maneira determinada, no tempo determinado, em local determinado. O filósofo educacional Thomas Popkewitz se baseia em Foucault para analisar como essa política educacional constrói os estudantes como "solucionadores de problemas", processo a que ele denomina, de forma acertada, "alquimia". Os estudantes não são matemáticos, cientistas ou historiadores e, por isso, o conhecimento acadêmico tem de ser adaptado às aulas por meio de estratégias de ensino. Para saber se um aluno está "entendendo", os especialistas educacionais identificam certas ações estudantis, ou modos de pensar, que reflitam o domínio da matéria de modo apropriado. Esse processo, então, resulta em "fabricar a criança solucionadora de problemas como um tipo humano especial para intervenções pedagógicas" [45]. Assim, o ensino não tem realmente a ver com a matemática, a ciência ou a história, mas com um processo por meio do qual o pensamento e as ações dos alunos são normatizadas e mapeadas. Como consequência desse mapeamento, os alunos capazes de resolver problemas, de maneira determinada, são rotulados como "solucionadores de problemas", enquanto os que não conseguem são rotulados como "sob risco" de fracasso acadêmico.

A criança solucionadora de problemas é um ser humano especial, assim como a criança sob risco. As escolas criam, de forma subjetiva, listas de qualidades e características desses tipos humanos, usam tais listas para identificar os alunos que atendem aos critérios e, então, agem de modo a encorajar, nas crianças, a solução de problemas e a desencorajar comportamentos que as coloquem sob risco. Assim, esses tipos humanos são, na verdade, artificiais; afinal, como podemos saber o que é um

---

45. Thomas Popkewitz, "The Alchemy of the Mathematics Curriculum: Inscriptions and the Fabrication of the Child", *American Educational Research Journal* 41, nº 1 (2004): 3–34.

aluno solucionador de problemas ou sob risco se não estabelecermos parâmetros para utilizar na identificação destes? Além do mais, identificar a criança solucionadora produz, de maneira simultânea, a sua oposta, que é a criança em desvantagem, que não consegue solucionar os problemas e que corre, portanto, o risco de fracassar. As provas de múltipla-escolha e de preenchimento dos quadradinhos exigem que os alunos pensem de forma limitada, e os professores são forçados a ensinar de acordo com tais compreensões, de modo que os alunos sejam proficientes e suas escolas não percam financiamento. Assim, quando os estudantes não demonstram compreensão, ao não fazerem pontos o suficiente nas provas ou, ao não vomitarem as palavras dos professores de volta a estes, eles estão fadados a estarem sob risco de fracasso acadêmico.

Aqueles que adorariam ser suecos podem imaginar os especialistas educacionais como versões de Odin, o deus nórdico da sabedoria e da lógica, ladeado por seus dois corvos, Hugin e Munin. Odin meneia seu cajado e envia Hugin, munido de "conhecimento de conteúdo", e Munim, portando as "qualidades do estudante proficiente", aos quatro cantos da Terra, produzindo assim a perfeita criança solucionadora de problemas.[46] Que pensamento assustador.

Dons intelectuais

Lisbeth Salander não demonstrou aptidão para solucionar problemas de uma forma que fosse aceitável para seus professores. Nos colégios em que estudou, o aluno "solucionador de problemas" respondia educadamente às perguntas que lhe eram feitas. Lisbeth, por outro lado, muitas vezes recusava-se até mesmo a falar na escola. Como descrito em *Os Homens que não Amavam as Mulheres*:

> Ela nunca fora muito falante, e ficou conhecida como a aluna que nunca levantava a mão e quase nunca respondia quando um professor lhe fazia uma pergunta direta. Ninguém podia dizer ao certo se isso acontecia porque ela não sabia a resposta, ou se havia alguma outra razão, o que se refletia em suas notas.[47]

---

46. Odin era também o deus da guerra, das batalhas e da morte. Para saber mais sobre ele, leia o livro de John Lindow, *Norse Mythology: A Guide to Gods, Heroes, Rituals and Beliefs* (New York: Oxford University Press, 2002).
47. Larsson, *The Girl with the Dragon Tattoo*, p. 229–230.

Por sua indisposição em responder perguntas e demonstrar habilidades aceitáveis na solução de problemas, "ela também ganhava pouquíssima simpatia entre os professores".[48] Apesar de o fato de Lisbeth se recusar a responder às questões ter feito com que os professores desistissem dela e ter prejudicado suas notas, isso não significa que ela não tenha demonstrado conhecimento da matéria. Afinal, as experiências que teve com chamada oral em aula não foram exatamente positivas. Sabemos que, em determinada ocasião, quando ela tinha 11 anos, foi questionada pela professora substituta de matemática Birgitta Miaas, que "estava tentando fazer com que ela [Lisbeth] respondesse a uma pergunta que ela já havia respondido corretamente, embora o gabarito no livro didático dissesse que estava errada. Na verdade, o livro é que estava errado, o que, para Salander, deveria ser algo óbvio para todos".[49] Como resultado, Miaas agarrou o ombro de Salander que, por sua vez, jogou-lhe o livro na cabeça. Não foi a única vez que Lisbeth mostrou que era de fato capaz de resolver problemas e demonstrar genialidade. Ela conseguia, por exemplo, resolver quebra-cabeças e charadas desde muito nova, como quando ganhou de sua mãe um cubo mágico aos 9 anos de idade. "Eu havia posto a teste suas habilidades por 40 frustrantes minutos, após os quais ela entendeu como a coisa funcionava.[50]" Ficamos sabendo que, nos primeiros anos escolares, ela sempre resolvia os testes de inteligência do jornal diário, que sabia como somar e subtrair e que "multiplicação, divisão e geometria eram uma consequência natural".[51] Na verdade, se qualquer rótulo pode ser aplicado a Lisbeth, deveria ser o de "dotada e talentosa". Mesmo assim, por não ter resolvido problemas dentro dos padrões escolares rígidos, "ela completou nove anos de ensino obrigatório sem ganhar o diploma".[52]

Mesmo que Lisbeth tenha falhado nesse tipo de ambiente escolar tradicional, seu fracasso de forma alguma refletia suas aptidões para solucionar problemas. Blomkvist ressalta que "os dons intelectuais dela são inegáveis".[53] De fato, Lisbeth usa seus grandes talentos como *hacker* para ajudar Erika Berger a resolver seu problema com o pervertido, identificando Fredericksson como perseguidor. Lisbeth não só consegue resolver problemas, mas também compreende a natureza dos

---

48. Ibid., p. 229.
49. Stieg Larsson, *The Girl Who Played with Fire*, trad. Reg Keeland (New York: Vintage, 2010), p. 391.
50. Ibid., p. 23.
51. Ibid., p. 24.
52. Larsson, *The Girl with the Dragon Tattoo*, p. 158.
53. Larsson, *The Girl Who Kicked the Hornet's Nest*, p. 50.

problemas matemáticos de um modo que poucas pessoas no mundo são capazes de fazer. Ela começa a entender que "os problemas de matemática eram na verdade um quebra-cabeças lógico com intermináveis variações – charadas que podiam ser resolvidas. O truque não era resolver os problemas aritméticos (...). O truque era entender as combinações das várias regras que possibilitavam resolver absolutamente qualquer problema matemático".[54] A epifania matemática de Lisbeth permite que ela se atraque com o teorema do gigante da matemática Pierre de Fermat, um problema que confundiu os principais matemáticos por centenas de anos.

O fato de Lisbeth ser capaz de resolver questões, mas não da forma como os funcionários da escola esperavam que fizesse, demonstra a alquimia por meio da qual é criada a criança resolvedora de problemas. Lisbeth tem conhecimento, mas não o conhecimento estreito e limitado determinado pelas escolas para o século XXI. A denominação ou criação da criança solucionadora de problemas ou criança com conhecimento e, de forma indireta, da criança-problema, serve a um duplo propósito, conforme descreveu Foucault: "Aquele da divisão e rotulação binárias (insano/são; perigoso/inofensivo; normal/anormal) (...) [e] como uma vigilância constante deve ser exercida sobre ele de modo individual".[55]

Esse processo de divisão e rotulação binárias permite que os funcionários da escola identifiquem e categorizem os estudantes para poderem agir sobre estes. Também encoraja as crianças a agirem por si mesmas. Em certo sentido, a alquimia de nomear o aluno como aluno-problema incute essa nova identidade na própria essência da criança, assim como o artista tatuador gravou com sua tinta, de forma permanente, a tatuagem de dragão na pele de Lisbeth, só que de maneira mais profunda dentro da alma. O resultado é uma criança que vê a si mesma como alguém que corre o risco de fracassar. Além do mais, quando as crianças são classificadas desta forma, são postas sob vigilância constante: tudo o que fazem é observado em detalhes. Os especialistas em ensino afirmam que a vigilância é para o próprio bem da criança, para reduzir o risco que ela tem de não passar de ano, mas também querem controlar e fiscalizar de maneira cuidadosa os comportamentos de forma a encorajar as crianças a não saírem da linha.

---

54. Larsson, *The Girl Who Played with Fire*, p. 24.
55. Foucault, *Discipline and Punish*, p.199.

Poder Panóptico

Uma vez que se completa o processo de separação e categorização, e se nomeia uma identidade específica, o poder disciplinar também age para estimular os "nomeados" a governarem a si mesmos. Talvez o exemplo mais conhecido, apresentado sobre isso por Foucault, seja sua análise do Panóptico, um novo tipo de prisão concebida pelo filósofo britânico Jeremy Bentham (1748-1832). O projeto arquitetônico do Panóptico evocava uma prisão de formato circular, com vários níveis, e preenchida de celas. Cada cela dava de frente para o interior da prisão, um pátio onde ficava uma enorme torre de vigilância, como se fosse o centro de uma roda gigante, visível da porta de cada cela. Cada uma destas tinha duas janelas: uma pequena que dava para fora da prisão, e uma maior de frente para a torre de vigilância. Ao descrever essa torre, Foucault disse: "Pelo efeito causado por uma luz de fundo, uma pessoa pode observar de pé, de forma precisa contra a luz, a partir da torre, as minúsculas sombras aprisionadas nas celas periféricas. São como inúmeras jaulas, inúmeros teatrinhos, em que cada ator está sozinho, individualizado por completo e sempre visível".[56]

De acordo com Foucault, "para tornar inverificável a presença ou ausência do vigia, de modo que os prisioneiros, em suas celas, não possam nem mesmo ver uma sombra, Bentham concebeu (...) venezianas nas janelas do salão central de observação".[57] Desse modo, o Panóptico foi estruturado de modo a permitir que o guarda na torre observasse as ações dos prisioneiros a todo momento, mas os prisioneiros não conseguiam observar as ações dos outros presos nem as do guarda. Consequentemente, cada prisioneiro acreditava estar sempre sob vigilância, mas sem saber se estava de fato. Como nunca sabia se suas ações estavam sendo observadas, o prisioneiro começou a agir como se acreditasse que a observação era constante. Foucault escreveu: "Daí o principal efeito do Panóptico: induzir o preso a um estado de visibilidade consciente e permanente para assegurar o funcionamento automático do poder".[58] Os guardas quase nunca necessitariam tomar medidas corretivas, pois os prisioneiros tomariam eles mesmos essas ações. Eles se comportariam adequadamente por acreditar estarem sendo vigiados; com efeito, iriam construir novas identidades como prisioneiros obedientes. Para o sistema legal, uma vez identificadas as qualidades e características dos criminosos ou insanos, as pessoas que se encaixassem em tais critérios

---

56. Ibid., p. 200.
57. Ibid., p. 201.
58. Ibid., p. 201.

poderiam ser apreendidas, categorizadas e encarceradas. Então, o encarceramento no Panóptico ensinaria os criminosos a se identificarem como degenerados e a iniciarem o processo de autorregulação.

Ensine bem suas crianças

O poder disciplinar que as escolas empregam ao separar e categorizar os alunos tem um efeito panóptico similar. Quando uma criança é identificada como incapaz de solucionar questões, sendo então rotulada como alguém sob risco de fracasso acadêmico, os pedagogos têm carta branca para escarafunchar e regular todos os comportamentos. Isso acontece particularmente no sistema educacional dos Estados Unidos, porque os potenciais fatores que colocam as crianças sob risco de fracasso acadêmico têm definição vasta. De acordo com o escritório responsável pelo censo nos Estados Unidos, as seguintes condições podem colocar a criança em risco: se um dos pais ou responsáveis estão desempregados; se a renda da família é inferior a 10 mil dólares por ano; se um dos pais emigrou nos últimos cinco anos; se a criança não vive com ambos os pais; se fala inglês "menos do que muito bem"; se repetiu o ano ao menos uma vez; ou tem pelo menos uma deficiência.[59] O fato de haver tantos fatores que contribuem para classificar uma criança como "sob risco" permite à escola tomar medidas a cada comportamento dos alunos e a afirmar que o propósito é reduzir o risco. Portanto, as escolas têm uma ferramenta muito importante à disposição: o poder de categorizar os alunos sob risco e a habilidade para discipliná-los quando necessário.

Por exemplo: se a professora sabe que uma criança terá problemas por pertencer a uma família de baixa renda, ela pode orientar todos os comportamentos dos alunos para reduzir os fatores de risco. A esse respeito, a identificação de um aluno como aluno sob risco torna-se uma profecia que se cumpre por si mesma: o aluno é tratado como incapaz de resolver questões sob o risco de fracassar e, portanto, acaba por se ver como um fracasso e passa a agir de acordo com essa ideia.

É evidente essa influência panóptica do sistema de ensino nas experiências de Lisbeth. Ela não se encaixou nos critérios que a colocariam como criança solucionadora de problemas e, por isso, todas as suas outras qualidades e características foram escancaradas à vigilância. O fato de ser quieta e reservada foi examinado e tornou-se um problema: "Ela ficava na dela e não interferia em nada do que os outros faziam ao

---

59. Kominsky, Jameson and Martinez, U.S. Census Bureau.

seu redor. Mesmo assim, havia sempre alguém que absolutamente não a deixava em paz".[60] A inabilidade dela para interagir com outros alunos de modo socialmente aceitável tornou-se um assunto a ser considerado. Em duas ocasiões específicas, ela brigou com outros alunos, garotos bem maiores. Em ambas as vezes, os garotos a atormentaram e ela reagiu para se defender. Conforme descreve sua advogada Annika Giannini, "posso reler os registros escolares dela e examinar uma situação após a outra em que Lisbeth ficou violenta. Os incidentes sempre foram precedidos por algum tipo de provocação. Posso facilmente reconhecer os sinais de *bullying*".[61] Por já ter sido considerada sob risco, sua identificação como menina incapaz de solucionar questões acadêmicas e sociais tornou-se fixa e fez com que a própria Lisbeth achasse que era a causa de todos os seus problemas.

Lisbeth também foi encorajada a agir por conta própria de modo panóptico. De início, foi levada à força para o St. Stefan, onde foi colocada sob constante vigilância e ficou amarrada a uma maca por 381 dias consecutivos. Em seu aniversário de 13 anos, "Ela deve ter adormecido, pois não ouviu os passos, mas estava acordada quando a porta abriu. A luz da porta aberta cegou-a (...) Ele parou na frente da cama dela e observou-a por um longo tempo (...) Ela só podia ver sua silhueta pela luz que passava pela porta".[62] Esse exemplo do poderoso Dr. Teleborian observando Lisbeth é muito semelhante à descrição feita por Foucault da torre de guarda no Panóptico. Lisbeth é vigiada de forma constante e o olhar de seu carcereiro é incessante, mas não é sempre que ela consegue vê-lo. Então, ao ser liberada do St. Stefan, a vigilância sobre ela continua, uma vez que acaba ficando sob tutela legal. Seus tutores, primeiro Holger Palmgren e depois o porco estuprador Nils Bjurman, registravam cada passo dela. Regulava-se a quantidade de dinheiro que ela gastava e ao qual tinha acesso; estava proibida de consumir álcool; ficava sob vigilância constante; cada uma de suas ações era examinada. Começando com a escola, ela é identificada como tendo certas características e, portanto, é separada, submetida e depois encorajada a agir de modo a punir a si mesma. De acordo com Foucault, "Em sua função, o poder de punir não é necessariamente diferente daquele de curar ou educar".[63]

---

60. Larsson, *The Girl with the Dragon Tattoo*, p. 228–229.
61. Larsson, *The Girl Who Kicked the Hornet's Nest*, p. 502.
62. Larsson, *The Girl Who Played with Fire*, p. 4–5.
63. Foucault, *Discipline and Punish*, p. 303.

Eu Não Quero Ser Ensinada!

Então será que Lisbeth de fato estava sob o risco de fracasso acadêmico? Claro que sim! Era filha de um ex-espião soviético que espancou brutalmente a mãe. Será que isso a colocava sob risco de fracasso acadêmico? Absolutamente sim! Será que isso influenciou sua habilidade de interagir com os outros? Claro que sim! Então, qual é o ponto?

Quando uma pessoa se depara com Foucault pela primeira vez, é fácil sentir-se paralisada, da mesma forma que Lisbeth internada no hospital com as mãos amarradas na maca, incapaz de se mover um centímetro sequer. Foucault demonstrou de forma tão meticulosa como todas as relações podem ser reduzidas a relações de poder, que as pessoas não conseguem agir sem considerar como seu poder atua sobre outros, ou como o poder alheio é atuado sobre si. E ainda assim, de acordo com Foucault, "o ponto não é que tudo é ruim, mas que tudo é perigoso, e isso não é o mesmo que ruim. Se tudo é perigoso, então sempre temos algo a fazer".[64] A leitura de Foucault, à luz de sua afirmação de que o poder é perigoso, aguça o sentido de percepção e o ativismo que nos compele a identificar as ocasiões em que há abuso de poder.

Todo poder é potencialmente perigoso. Então não se trata de identificar a criança solucionadora de problemas ou problemática, e sim de criticar a maneira como a definimos, levando em consideração que impacto essa categorização terá sobre a criança. No caso de Lisbeth Salander, os resultados foram devastadores. Em vez de usar de modo construtivo o conhecimento de que Lisbeth não solucionava questões, os professores usaram esse conhecimento para justificar seu fracasso em ensiná-la, a recusa deles em ouvir seus gritos por ajuda e a tentativa de controlar cada aspecto da vida dela para coagi-la a entrar em conformidade com o sistema. Numa escala bem maior, isso é exatamente o que o programa NCLB procurou fazer nas escolas por todo o país. A responsabilização exigida pela lei funciona para disciplinar e "normatizar" as escolas, de forma que não apresentem muitas diferenças entre si. Uma escola que se desvia do que é considerado aceitável, ou "normal" em termos da porcentagem de alunos que alcançam proficiência, é sujeita a vigilância, disciplina e punição. E as escolas então transmitem a vigilância, a disciplina e a punição a seus alunos.

Podemos, entretanto, resistir à alquimia da criança-problema. Ao reconhecer que essas categorias são construídas sob a ótica social, e

---

64. Michel Foucault, "On the Genealogy of Ethics: An Overview of Work in Progress", no *The Essential Foucault*, p. 104.

não verdades universais, pode-se derrubá-las. Pode-se reverter os efeitos panópticos da educação. Somos *capazes* de conceber formas para determinar o sucesso escolar de maneiras menos opressoras.

Ainda assim, a alquimia da educação é perpétua. O ensino é repleto de jogos da verdade em que os professores sempre definem e redefinem o que significa ser um estudante bem-sucedido, bem-ajustado e aplicado em cada uma das salas de aula. Foucault afirmou: "O problema dessas práticas, em que o poder (que não é em si uma coisa ruim) deve entrar em jogo, é saber como evitar os efeitos da dominação, quando uma criança é submetida à autoridade arbitrária e desnecessária de um professor, ou quando um estudante é massacrado por um professor que abusa de sua autoridade".[65] Lisbeth Salander, assim como milhares de estudantes americanos, viu-se oprimida por seus professores, por seus psicoterapeutas e por seus tutores. Em vez de sucumbir ao poder de seus professores, Lisbeth resistiu. Sua recusa em ser disciplinada ou disciplinar-se do modo como seus professores queriam acabou assegurando seu fracasso na escola. Essa resistência, que tomou forma de tatuagens, *piercings*, couro e uma atitude antissocial violenta, justificou mais ainda o rótulo de sob risco, mais tarde em sua vida. Se, apesar de anos de *des*educação, Lisbeth Salander foi capaz de resolver alguns dos problemas matemáticos mais complicados do mundo, imagine o que ela poderia ter feito em um sistema educacional que resistisse à rotulagem e desse a ela liberdade para aprender as coisas a seu modo.

---

65. Michel Foucault, "The Ethics of the Concern of the Self as a Practice of Freedom", no *The Essential Foucault*, p. 40.

A Garota que Virou o Jogo: Leitura LGBT* de Lisbeth Salander

Kim Surkan

O estrondoso sucesso da trilogia *Millenium,* de Stieg Larsson, foi uma surpresa, considerando a forma pouco convencional como Lisbeth Salander foi retratada: uma sobrevivente de vários abusos, ela é tudo menos uma vítima comum dos livros de ficção policial e, como detetive particular, é ainda menos provável. De *piercings* e tatuagem, Salander é uma *hacker* de computadores bastante inteligente, porém antissocial, com profunda desconfiança das autoridades e propensão para a violência. Em *A Menina que Brincava com Fogo*, um colega de trabalho contava que ela "não era exatamente o tipo de pessoa com quem a gente se dá bem".[66] Mesmo assim, é exatamente seu desvio e resistência radical às normas sociais e sexuais que a tornam atraente (e o mesmo com a série). Em três romances que giram em torno de misoginia e violência contra as mulheres, a bissexual *punk* Salander rejeita abertamente noções de gênero e identidade sexual de forma a duvidar até de pressupo-

---

* N.T.: LGBT é o termo usado o Brasil para Lésbicas, Gays, Bissexuais, Travestis, Transexuais e Transgêneros. Serve para identificar todas as orientações sexuais minoritárias e manifestações de identidades de gênero divergentes do sexo designado no nascimento. (Fonte: Wikipédia 2008).

66. Stieg Larsson, *The Girl Who Played with Fire*, trad. Reg Keeland (New York: Vintage, 2010), p. 325. (N.T.: Preferimos manter as notas com referência às edições norte-americanas da trilogia *Millenium*.)

sições básicas acerca das relações sociais de poder fundamentadas no gênero.[67]

Mas será ela uma personagem andrógina, ou uma iconoclasta LGBT apolítica e andrógina? O debate sobre essa questão aponta para o enorme abismo entre as leituras feministas e LGBT, assim como para a ambiguidade estratégica de Salander como personagem.[68] Interpretar Salander como "gênero-LGBT", em vez de como mulher, permite que a compreendamos como um híbrido entre ambas as posições (LGBT e feminista), ao situá-la no âmbito feminista como protagonista que possui um modo peculiar de se relacionar com o poder sexual e com a violência de gênero.[69] Lisbeth representa muitas das contradições e promessas da teoria contemporânea de gênero e permite uma compreensão mais complexa das políticas sexuais feministas e radicais. No fim das contas, o feminismo de Salander reside em sua retaliação ágil e consistente (embora extremamente violenta) contra aqueles que abusam das mulheres, bem como em sua independência sexual e econômica em relação aos homens. A questão complicada de sua relação com posições específicas de identidade (como "mulher", "feminista", "lésbica", "gênero-LGBT" ou mesmo "LGBT") tornam-na ainda mais controversa, particularmente considerando sua própria ambivalência ao reivindicar para si esses rótulos.

A rixa histórica entre os pensamentos políticos feminista e LGBT (e, mais recentemente, entre alguns tipos de feminismo e políticas transgênero) pode muito bem retornar à discussão do essencialismo de gênero e do problema político enfrentado pelas feministas ao formularem "mulher" como categoria coerente de identidade. Como escreveu Linda Martin Alcoff, "O dilema das feministas teóricas hoje em dia é que a nossa própria autodefinição é fundamentada em um conceito que precisamos desconstruir e desessencializar em todos os seus aspectos".[70] As feministas mais antigas, das décadas de 1960 e 1970, assumiram uma

---

67. O título original do primeiro romance e do primeiro filme era *Men Who Hate Women* [*Os Homens que não Amavam as Mulheres*], mais tarde alterado para *The Girl With the Dragon Tattoo* [A garota com tatuagem de dragão], na tradução para o inglês.

68. Sara Nelson, a editora literária da revista *O: The Oprah Magazine*, observa a ambiguidade como parte da atração exercida por Salander, afirmando em entrevista que ela não "é tão bem definida assim" (Scott Timberg, "Stieg Larsson's Girl Is an International Publishing Phenomenon", *LA Times*, 28 de outubro, 2010)

69. Uso esse termo para me referir de modo geral a uma forma de transgênero, incluindo todas as expressões de identidade de gênero que se opõem e resistem ao binário convencional de masculino homem/feminino mulher.

70. Linda Martin Alcoff, "Cultural Feminism versus Post-Structuralism: The Identity Crisis in Feminist Theory" *Signs* 3 (1988): 406.

posição política bem menos complicada. "Elas viam o machismo como uma questão direcionada à opressão das mulheres pelos homens".[71] Em muitos casos, a compreensão dessas duas categorias de gênero, "mulher" e "homem", não havia sido constituída como um problema nos anos 1960 e 1970. Além disso, como observa Julia Serano, a feminilidade era vista como algo coercivo, ou seja, um "programa visto como aprisionador e que promovia (ou era o produto da) a subserviência e a subjugação das mulheres aos homens.[72] Então, embora essas feministas mais antigas pudessem ter aplaudido a rejeição de Salander à feminilidade convencional, sua decisão de implantar silicone nos seios em *A Menina que Brincava com Fogo* e sua resistência aos rótulos de qualquer tipo complicam a sua relação com uma simples identidade feminina. Em vez disso, Lisbeth surge como uma personagem mais complexa e desconstrucionista, cuja confrontação às normas e papéis de gênero continua atrapalhando a leitura que fazemos dela, tanto como "mulher" quanto como feminista.

A teoria LGBT desvia-se da especificidade de gênero ao substituir *gay* e *lésbica* pelo termo de gênero *LGBT*, não específico. Conforme explica Annamarie Jagose, "LGBT pode ser melhor compreendido como uma política de não identidade – ou mesmo anti-identidade".[73] O desprezo de Salander por qualquer filiação a uma identidade sexual em particular não seria estranha a uma política LGBT, ainda que ela mesma não se identificasse com o termo. Além do mais, a expressão de gênero pouco convencional dela, bem como sua apropriação do poder e do privilégio masculinos, por meio do uso de tecnologia da informação e habilidades em hackeamento, convidam-nos a considerar Salander como uma protagonista especificamente do gênero-LGBT.

"Também sou estranha": a garota que não era

Em Lisbeth Salander, Larsson conseguiu criar uma personagem com valores feministas que resiste a um feminismo baseado na política de identidade, ao mesmo tempo em que desafia todos os estereótipos de feminilidade associados à ideia convencional do que é ser mulher. Na verdade, ela é uma "garota" que, em vários sentidos, não é de fato uma garota. Salander é representada como uma pessoa bastante andrógina, sendo que, de início, é descrita por seu chefe Dragan Armansky como

---

71. 6 Julia Serano, *Whipping Girl: A Transsexual Woman on Sexism and the Scapegoating of Femininity* (Berkeley, CA: Seal Press, 2007), p. 330.
72. 7 Ibid., p. 331.
73. 8 Annamarie Jagose, *Queer Theory: An Introduction* (New York: NYU Press, 1996), p. 130.

"uma jovem pálida, anoréxica, de cabelo curto como um pavio, com *piercings* no nariz e nas sobrancelhas".[74] Apesar de garantir que não estava "interessado em garotas sem peito que podem ser confundidas com garotos, a distância", ele descobre que sente uma atração por ela.[75] A irreverente gótica/*punk* Salander é, sem dúvida, gênero-LGBT; ao ocupar a zona fronteiriça entre homem e mulher, ela desestabiliza a heterossexualidade arraigada de homens como Armansky, que a desejam, e, por consequência, ela também confunde os leitores de Larsson.

Soma-se a isso a descrição de Larsson acerca de Lisbeth como alguém com forte código moral e atitude vingativa, mas não como uma pessoa com posições políticas declaradas. A propensão dela à violência, por exemplo, não é indiscriminada ou direcionada apenas aos homens, mas, em vez disso, nas palavras de seu tutor Holger Palmgren, contra aqueles capazes de lhe fazer mal: "Se ela é provocada ou ameaçada, reage com violência extrema".[76] Como escreveu a crítica Jeni Miller: "Salander foi criada para ser uma heroína feminista, e vem sendo aceita como tal, mas ela mesma não ligaria a mínima para isso, contanto que a deixassem simplesmente em paz".[77] Além disso, Miller discorda da descrição feita de Salander como "*femme* violenta", descrevendo-a como andrógina e escrevendo que "ela não é *femme*, de modo algum" e, como prova, cita suas tatuagens, as roupas masculinas, o fato de ela ser membro da comunidade *hacker* e ter uma sexualidade agressiva.

A androginia no corpo feminino traduz-se na percepção de uma "sapatona" ou de masculinidade:

O Homem é universal. A Mulher é definida por sua oposição com relação ao homem, pelo que ela não tem, o Pênis, e a única coisa que ela tem que o homem não tem, a reprodução e a sexualidade. Assim,

---

74. Stieg Larsson, *The Girl with the Dragon Tattoo*, trad. Reg Keeland (New York: Vintage, 2009), p. 38.
75. Ibid., p. 43. Na verdade, o oposto também é verdadeiro: na busca pela fugitiva Salander, no segundo romance, a polícia confunde um garoto de 14 anos com ela e tenta prendê-lo. As pessoas gênero-LGBT do espectro homem-transgênero são quase sempre consideradas, de forma equivocada, muito mais jovens do que sua idade cronológica, um fenômeno ilustrado de forma um tanto bem humorada no encontro de Dorr Legg com o filantropo transgênero Reed Erickson, em 1964, a quem ele descreveu como alguém que, "para mim, se parecia como uma colegial loira". Erickson tinha 47 anos na época. Ver Aaron H. Devor e Nicholas Matte, "ONE Inc and Reed Erickson: The Uneasy Collaboration of Gay and Trans Activism, 1964–2003" in Stryker e Whittle, eds., *Transgender Studies Reader* (New York: Routledge, 2006), p. 394.
76. Larsson, *The Girl Who Played with Fire*, p. 556.
77. Jenni Miller, "Lisbeth Salander: Not Just Another 'Petite' Powerhouse." *Moviefone.com* [em inglês], 29 de junho, 2010, <http://blog.moviefone.com/2010/06/29/lisbeth-salander-not-justanother-petite-powerhouse>.

ser andrógino não é ser de gênero neutro, mas masculino (...) Em uma cultura centrada no Homem, a Mulher será sempre gênero-LGBT. Isso fez da mulher um projeto frágil por natureza.[78]

Em seu conjunto, as modificações corporais de Salander e suas roupas "desfazem" qualquer possibilidade de interpretá-la como alguém de gênero convencional, colocando em dúvida também o próprio sexo dela, apesar de sua estatura reduzida (menos de 1,5 m).

A distinção entre sexo e gênero é importante para a definição de gênero-LGBT e para nossa compreensão de Salander. Conforme observa a filósofa feminista Judith Butler: "Quando o *status* construído de gênero é teorizado, o próprio gênero se torna um artifício variável com a consequência de que *homem* e *masculino* podem facilmente se referir a um corpo feminino assim como masculino, enquanto *mulher* e *feminino* pode se referir a um corpo masculino tão facilmente quanto a um corpo feminino".[79] Assim, o sujeito gênero-LGBT é aquele cujo corpo não se encaixa nas convenções culturalmente atribuídas de gênero associadas a um sexo em particular. Salander, anatomicamente fêmea, é tudo menos feminina, mostrando o que Judith Halberstam denominou "masculinidade feminina", na forma como apresenta seu gênero e age por meio dele.[80]

A masculinidade da violência

Noomi Rapace, a atriz que interpretou Salander nas adaptações suecas para o cinema dos três romances, contou que, para se preparar para o papel, ela "queria ser mais como um garoto, um pouco mais masculina" e, portanto, perdeu peso "para me livrar da minha suavidade feminina", aprendeu kickboxing, cortou o cabelo, botou *piercing* e tirou carteira de motociclista.[81] Em uma entrevista, Rapace ressalta como Salander rejeita o papel de vítima, e que isso seria a razão de tantas mulheres gostarem particularmente dela: "Ela quase não reclama e não aceita ser vítima. Quase todo mundo já a tratou mal e lhe fez coisas terríveis,

---

78. Riki Anne Wilchins, "Deconstructing Tran" in Nestle, Wilchins e Howell, eds., *Gender Queer: Voices from beyond the Gender Binary* (Boston: Alyson Books, 2002), p. 57–58.
79. Judith Butler, *Gender Trouble: Feminism and the Subversion of Identity* (New York: Routledge, 1990), p. 6.
80. Judith Halberstam, *Female Masculinity* (Durham: Duke University Press, 1998).
81. Arden Niels Oplev, diretor, e Noomi Rapace, atriz, *Os Homens que não Amavam as Mulheres* (*Män som hatar kvinnor*). Entrevista com Noomi Rapace, Music Box Films, 2009, DVD.

mas ela não aceita isso e se recusa a ser a vítima que tentaram forçá-la a ser".[82]

A aversão de Salander ao papel de vítima (aversão que ela expressa por meio da vingança e da violência) também pode ser observada em sua resistência à feminilidade convencional. Ser interpretada como mulher feminina é estar sujeita ao assédio, à perseguição, à violência e ao estupro por parte de homens, porque, como afirma Michael Kimmel: "a pedra angular na construção social da sexualidade é o gênero (...) A diferença entre a sexualidade feminina e a masculina reproduz o poder dos homens sobre as mulheres".[83] O gênero-GLS incorporado por Salander é uma rejeição daquela dinâmica de poder, assim como sua tendência a recorrer à violência face a ameaças sexuais.

A própria Salander não demonstra uma consciência feminista no sentido político no tocante à violência sexual, que ela vê como inevitável *status quo* para as mulheres, ou pelo menos para as mulheres de determinada classe social. "Quando chegou aos 18 anos, Salander não conhecia uma única garota que não houvesse sofrido algum tipo de ação sexual contra vontade (...) No mundo dela, essa era a ordem natural das coisas. Como garota, ela era alvo legal, em especial ao estar vestida com jaqueta preta de couro, ter *piercings* nas sobrancelhas, tatuagens e posição social zero.[84]" Seu ponto de vista é estritamente pragmático: "de nada servia ficar choramingando" e, portanto, ela nem pensa em ponderar sobre as razões sociológicas do estupro, ou em entrar em discussões filosóficas sobre projetos feministas de mudança social. Sua posição de alerta em relação à violência sexual é a resposta de um indivíduo que foi prejudicado, e não a de uma heroína que luta em prol de uma classe social. Ainda assim, Larsson complica nossa leitura de Salander, ao colocar a história dela dentro de um contexto de uma série de estatísticas criminais da Suécia relativas à violência sexual contra as mulheres. Embora ela não tenha recorrido às autoridades por ocasião de seu próprio estupro, ela percebe de forma clara a existência dos serviços sociais feministas, porque doa a parca herança deixada pela mãe a um dos "centros de apoio à mulher em Estocolmo".[85]

---

82. Melissa Silverstein, "Meeting the Girl with the Dragon Tattoo," *Women and Hollywood*, 29 de outubro, 2010, <http://womenandhollywood.com/2010/10/29/meeting-the-girl-with-the-dragon-tattoo/>.
83. Michael Kimmel, "Men, Masculinity, and the Rape Culture," in Fletcher, Buchwald, and Roth, eds. *Transforming a Rape Culture: Revised Edition* (Minneapolis: Milkweed Editions, 2005), p. 141–142.
84. Larsson, *The Girl with the Dragon Tattoo*, p. 228.
85. Larsson, *The Girl Who Played with Fire*, p. 129.

Talvez grande parte da discussão sobre a interpretação de Salander como heroína feminista seja, na verdade, resultado de uma confusão de gênero, ou, como colocaria Judith Butler, "problemas de gênero".[86] É difícil para os leitores conciliar a aparência andrógina de Lisbeth, sua sexualidade nada convencional e tendências violentas com o fato de ela ser membro da categoria "mulher". Salander é uma figura excessivamente "GLS"; a diferença entre ela e outras é tão profunda que, mesmo sua competência mental, é colocada em dúvida, e muito dessa diferença fica visível no fracasso dela em se adaptar às normas de gênero. O paradoxo do feminismo de Salander é que ele se apoia na medida precisa em que ela é entendida como mulher e, portanto, na medida em que a percebemos como mulher comum vitimada pelo machismo e pela violência fundamentada no gênero. Se sua violência contra os agressores masculinos (o que inclui bombardear o próprio pai, estuprar e tatuar Bjurman, atirar em Lundin e atirar em Niederman com uma pistola de pregos) for tomada como evidência da depravação dela, ao em vez de resposta sob medida (mesmo que extrema) à violência contra as mulheres no contexto de uma sociedade injusta, então o impacto político de suas ações como feminista passa a ser questionado. Mas uma violência assim, codificada como masculina, sempre será vista como loucura quando perpetrada por uma mulher, pois as mulheres femininas nunca fariam essas coisas.

"Também posso ser uma vagabunda comum. Pode me testar"

No fim das contas, a identidade de gênero de Salander é composta por sua aparência externa e por seu comportamento. Segundo a definição de Judith Butler, o gênero é performático.[87] Embora ele tenha aparência de "natural", o gênero sempre é e sempre será continuamente construído.

Larsson já foi criticado com bastante veemência por feministas, por causa da decisão de Salander de aumentar os seios com silicone. À primeira vista, isso parece uma jogada que contradiz por completo uma leitura dela como gênero-LGBT, e talvez até mesmo como feminista, pois os implantes de silicone são normalmente vistos como a materialização do corpo feminino como objeto de prazer masculino. Mas a cirurgia de Salander é colocada como solução médica a uma anormalidade.

---
86. Butler, *Gender Trouble*.
87. "Gênero é a repetida estilização do corpo, um conjunto de atos repetidos enquadrados em uma forma bastante rígida e controladora que se congela ao longo do tempo para produzir a aparência de substância, de um tipo de ser natural", Butler, *Gender Trouble*, p. 33.

"A própria médica dela, uma mulher charmosa e durona, chamada Alessandra Perrini, havia lhe dito que seus seios tinham se desenvolvido de modo anormal, e que o aumento poderia, portanto, ser realizado por razões médicas.[88]"

Larsson nos convida a interpretar a cirurgia dela como forma de redefinir seu sexo e que foi projetada de modo estratégico para aproximá-la de uma aparência feminina normativa congruente com seu sexo feminino.

Se a intenção de Larsson é correlacionar a percepção de Salander acerca de certa feminilidade com um tema relacionado à passagem para a vida adulta (coisa que ele parece fazer ao descrever os pensamentos dela em frente ao espelho, no volume *A Menina que Brincava com Fogo*), então ele subestimou o poder e a atração de sua personagem como sujeito gênero-LGBT.[89] Larsson sugere que Salander é, em termos biológicos, deficiente como mulher, uma vez que ela é bem magra e descrita como tendo "seios infantis" que considera "patéticos", o que lhe dá o impulso de botar silicone. Isso tem dois efeitos: apresenta-a como uma andrógina "natural" (masculina) e sugere que ela fica mais confortável num corpo de gênero normativo. Esse aumento dos seios pode ser visto apenas como a última de uma série de modificações que impactam sua apresentação de gênero, em vez de ser uma cirurgia definidora que restaura o senso de feminilidade dela. No caso de Salander, o grau LGBT de seu gênero (e de sua sexualidade) e as características indeterminadas de seu corpo "sexualizado" sabotam o efeito regularizador dos implantes.

A apresentação de gênero da personagem muda de forma dramática ao longo do desenrolar da trilogia. Ela altera a aparência mais ainda para parecer mais normal, ao remover a tatuagem e os *piercings*, deixar crescer o cabelo e vestir-se de modo mais conservador. Note que essas ações coincidem com a dramática (e ilícita) mudança no *status* social dela. Sua habilidade em roubar o dinheiro de Wennerström, para então se fazer passar por mulher de posses, exige um nível de normatividade de gênero que seja capaz de torná-la anônima.

É exatamente nessas ações, entretanto, que a performance de gênero é demonstrada na ficção de Larsson. Salander se fantasia de mulher, ao representar as personagens Monica Sholes, uma "herdeira com peitões", e Irene Nesser, de aparência um pouco mais discreta. Ambas são construídas como identidades falsas; ela, de início, usa Sholes para

---

88. 23 Larsson, *The Girl Who Played with Fire*, p. 19.
89. 24 Ibid., p. 103.

interceptar, de forma fraudulenta, o dinheiro das contas de Wennerström nas Ilhas Caiman, e Nesser se torna, na sequência, um meio para que ela consiga escapar das autoridades como fugitiva. O sucesso de seu desempenho nas peles de Sholes e Nesser está na absoluta adesão destas à "heteronormatividade" e à feminilidade convencional, o que fornece um contraste bastante claro com relação à ambiguidade sexual e de gênero mostrada por Salander no resto da trilogia.

"Você tem o direito de permanecer em silêncio"

A experiência de Salander é semelhante à história de sexualidade que Michel Foucault (1926-1984) descreveu em relação à experiência LGBT e à construção da identidade GLS.[90] Lisbeth é diagnosticada como doente desviada e então internada, dominada e contida, e sua liberdade é regulada; são experiências historicamente comuns àquelas pessoas que transgrediram as normas sexuais e de gênero.[91]

A ambiguidade de gênero de Salander é um fenômeno observado por Foucault, em sua discussão sobre a "medicalização dos sexualmente peculiares", à qual ele descreveu como um jogo discursivo entre prazer e poder.[92] O prazer de ler sobre ela fica ainda mais forte por causa da reversão do poder sexual, que ocorre por conta de sua identidade como *hacker*. Salander inverte as regras que a transforma em vítima, por meio do uso da tecnologia para penetrar, vigiar e denunciar a perversão das próprias autoridades que a classificaram como doente. O fato de pertencer à comunidade *hacker*, faz com que ela esteja situada dentro de um grupo social masculino, como o Bob the Dog. E, sua habilidade para entrar na vida privada, por meio de conta de email ou disco rígido de outra pessoa, é vivenciada como violação, indicador metafórico de sua sexualidade agressiva, tal como mostra o choque de Blomkvist

---

90. Michel Foucault, *The History of Sexuality: An Introduction, Vol. 1* (New York: Random House-Vintage, 1990). (N.T.: Preferimos manter as notas com referência às edições em inglês das obras de Foucault citadas neste livro.)
91. Nos Estados Unidos, por exemplo, a homossexualidade ficou na lista de doenças mentais do *Diagnostic and Statistical Manual of Mental Disorders* (DSM) até 1973. Como resultado, muitos homens gays e lésbicas foram internados antes dessa data. O Gender Identity Disorder [Distúrbio de identidade de gênero] (DSM) continua na lista do DSM e considera as pessoas gênero-GLS e transgênero como mentalmente doentes. Casos de internação, como resultado desse diagnóstico, continuam a ser documentados, como na autobiografia de Daphne Scholinsky *The Last Time I Wore a Dress* (New York: Penguin-Riverhead, 1998).
92. Foucault, *The History of Sexuality*, p. 44–45.

ao descobrir. "*Você esteve no meu computador, Fröken Salander*", ele levanta a voz. "*Você é uma FDP de uma* hacker."[93]

Como pessoa gênero-GLS, Salander é marcada por inversões das expectativas de gênero no tocante à sua sexualidade – ela é a instigadora e agressora em suas relações com os homens, mas se permite ser dominada por Mimmi, na única relação lésbica retratada na trilogia. A escolha do objeto é bem menos importante para ela do que a realização de suas necessidades sexuais em um encontro e, mais uma vez, ela mostra ser apolítica em sua afiliação de identidade:

> Salander, ao contrário de Mimmi, nunca se considerara lésbica. Ela nunca teve conflitos sobre ser hétero, gay ou mesmo bissexual. Não dava a mínima para os rótulos e, com quem ela passava suas noites, não era da conta de ninguém.[94]

Com efeito, Salander é levada por sua libido a seduzir e convidar possíveis parceiros sexuais, o que a coloca em um papel masculino por tradição, como quando ela seduz o garoto em Granada, no início do segundo livro. Apesar disso, Larsson a caracteriza como "uma mulher bastante normal, com os mesmos desejos e a libido que têm todas as mulheres".[95] Tal descrição poderia parecer referir-se mais à "normalidade" das mulheres em relação ao desejo do que à orientação sexual. Em uma discussão com Mimmi, entretanto, Salander aceita sua própria ambiguidade sexual:

> Fora o fato de que você não é realmente uma sapatona. Você provavelmente é bissexual, mas mais do que tudo, você é sexual, gosta de sexo e não se importa com que gênero vai transar. Você é um fator entrópico de caos. "Eu não sei o que sou", disse Salander.[96]

O silêncio de Salander e sua veemente recusa em falar com autoridades médicas, ou de qualquer outro tipo, são formas estratégicas de resistência. Como o Dr. Jonasson, o médico que tratou o ferimento à bala de Salander, observou mais tarde que o relatório forense sobre a moça "não contém nenhum diagnóstico. Parece até ser um estudo acadêmico

---

93. Larsson, *The Girl with the Dragon Tattoo*, p. 326.
94. Ibid., p. 327.
95. Ibid., p. 396.
96. Larsson, *The Girl Who Played with Fire*, p. 121–122.

de uma paciente que se recusa a falar".⁹⁷ Jonasson sugere que, em vez de sociopata, ela pode na verdade ter síndrome de Asperger ou alguma outra forma de autismo.⁹⁸

Na falta de um diagnóstico concreto que indique doença mental, os desvios sociais e sexuais de Salander se tornam a "verdade" de sua identidade. O ato violento de Salander contra o pai é considerado evidência de um desvio de gênero; não é o comportamento típico de uma garota de 12 anos. Incitada por seu tutor (e mais tarde estuprador) Nils Bjurman a dar detalhes de sua vida sexual, ela lhe fornece "respostas breves e insípidas do tipo que ela julgou encaixarem-se melhor em seu perfil psicológico".⁹⁹

Se ela compreende sua própria apresentação de gênero como predisposição para tornar-se vítima de violência sexual, entretanto, isso não a faz recorrer ao sistema judiciário, após ser violentada por seu tutor. Segundo a descrição de Larsson: "Salander não era como qualquer outra pessoa normal (...) nem mesmo lhe passou pela cabeça fazer um boletim de ocorrência contra Nils Bjurman para relatar violência sexual".¹⁰⁰ Em vez disso, ela faz justiça com as próprias mãos, ao assumir por fim o controle do discurso e marcar fisicamente seu agressor com a tatuagem EU SOU UM PORCO SÁDICO, UM PERVERTIDO E UM ESTUPRADOR, como lembrete do poder dela sobre ele e talvez como aviso para outras mulheres.¹⁰¹

Sexualidade e representação

Ao retratar graficamente estupro, assassinato e tráfico de mulheres e lesbianismo, Larsson arriscou reproduzir, de forma *voyeur*, as próprias misoginia e homofobia que ele busca denunciar e criticar abertamente.¹⁰² Mesmo assim, foi cuidadoso em relação à política da representação; a justiça para Lisbeth Salander reside em reformulá-la de modo a causar simpatia junto à opinião pública. Como jornalista, Mikael Blomkvist explicita bem esse ponto em seu e-mail à Salander, no terceiro

---

97. Stieg Larsson, *The Girl Who Kicked the Hornet's Nest*, trad. Reg Keeland (New York: Alfred A. Knopf, 2010), p. 171.
98. Essa substituição da deficiência pela psicose é interessante, no sentido de sugerir uma explicação para o comportamento de gênero antissocial e não normativo de Salander. Tal diagóstico pode, no entanto, ser visto como solidificação adicional de Salander como figura gênero-LGBT, visto que os homens são diagnosticados com síndrome de Asperger com uma frequência quatro vezes maior do que as mulheres.
99. Larsson, *The Girl with the Dragon Tattoo*, p. 200.
100. Ibid., p. 227.
101. Ibid., p. 263.
102. Ver capítulo 10, "A tatuagem de dragão e o leitor voyeur", por Jaime Weida, neste livro.

romance: "Lisbeth, é sério, essa batalha vai ser decidida nos meios de comunicação de massa, e não no tribunal".[103] Ele pede a permissão dela para ir a público com detalhes sobre sua identidade e seu passado, e diz: "Tenho de conseguir construir uma imagem midiática completamente nova de você, mesmo que isso, na sua opinião, signifique invadir sua privacidade e, de preferência, com a sua aprovação".[104]

Larsson tocou na obsessão cultural com o desvio sexual, que claramente se moldou na forma da obsessão da mídia com, por exemplo, a cobertura jornalística incansável retratando Salander como lésbica psicopata. O objetivo afirmado por Blomkvist é mostrar a "verdade" pura responsável pelo desvio, pela violência e institucionalização involuntária de Salander. A história oferece ao leitor a possibilidade de uma protagonista gênero-LGBT, enquanto, ao mesmo tempo, relega a exploração sexual a um retrato da corrupção da polícia e da mídia. Como pessoa gênero-LGBT, Salander exemplifica aspectos-chave da teoria de gênero. Ela é uma personagem feminista fascinante, ainda que improvável.

---

103. 38 Larsson, *The Girl Who Kicked the Hornet's Nest*, p. 247.
104. 39 Ibid., p. 248.

PARTE DOIS

MIKAEL "BONZINHO" BLOMKVIST

"Se você for uma pessoa que busca realmente a verdade, é necessário que ao menos uma vez na vida você duvide, tanto quanto possível, de todas as coisas."
— René Descartes

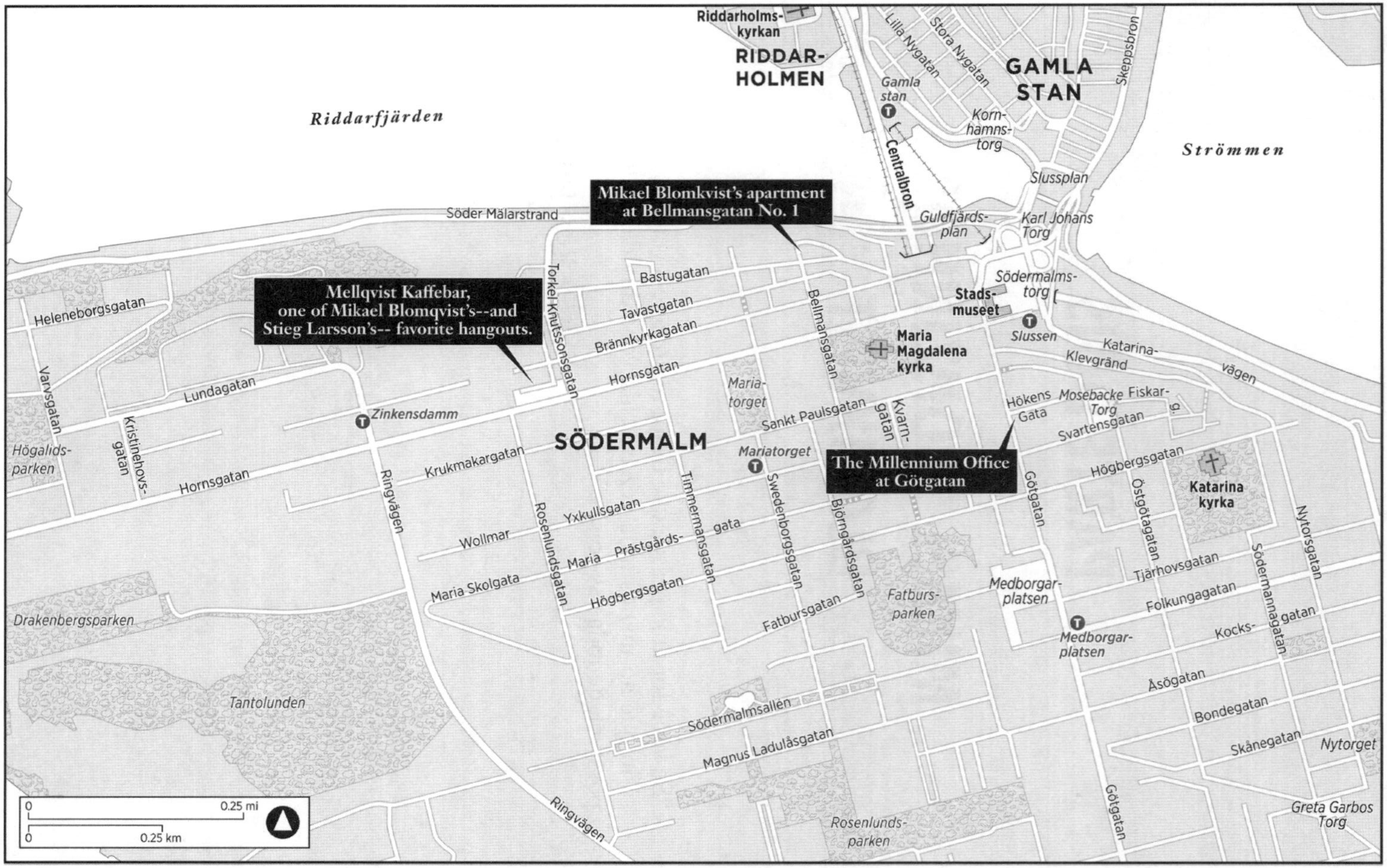

Riddarfjärden
Riddarholms-
kyrkan
RIDDAR-
HOLMEN
GAMLA
STAN
Lilla Nygatan
Stora Nygatan
Skeppsbron
Gamla
stan
Korn-
hamns-
torg
Centralbron
Strömmen
Slussplan
Mikael Blomkvist's apartment
at Bellmansgatan No. 1
Söder Mälarstrand
Guldfjärds-
plan
Karl Johans
Torg
Södermalms-
torg
Stads-
museet
Slussen
Mellqvist Kaffebar,
one of Mikael Blomqvist's--and
Stieg Larsson's-- favorite hangouts.
Heleneborgsgatan
Bastugatan
Tavastgatan
Brännkyrkagatan
Hornsgatan
Torkel Knutssonsgatan
Bellmansgatan
Maria
Magdalena
kyrka
Katarina-
vägen
Klevgränd
Lundagatan
Varvsgatan
Zinkensdamm
Kristinehovs-
gatan
Högalids-
parken
Maria-
torget
Sankt Paulsgatan
Kvarn-
gatan
Hökens
Gata
Mosebacke
Torg
Fiskar-
g.
Svartensgatan
SÖDERMALM
Mariatorget
The Millennium Office
at Götgatan
Högbergsgatan
Katarina
kyrka
Krukmakargatan
Hornsgatan
Ringvägen
Yxkullsgatan
Wollmar
Timmermansgatan
Swedenborgsgatan
Björngårdsgatan
Götgatan
Östgötagatan
Nytorsgatan
Rosenlundsgatan
Maria
Prästgårds-
gata
Maria Skolgata
Högbergsgatan
Fatburs-
parken
Medborgar-
platsen
Tjärhovsgatan
Södermannagatan
Drakenbergsparken
Fatbursgatan
Folkungagatan
Kocks-
gatan
Medborgar-
platsen
Åsögatan
Tantolunden
Södermalmsallén
Bondegatan
Magnus Ladulåsgatan
Skånegatan
Nytorget
0
0.25 mi
0
0.25 km
Ringvägen
Rosenlunds-
parken
Götgatan
Greta Garbos
Torg

Por que tantas Mulheres Trepam com Kalle Blomkvist?: a Filosofia Larsson Acerca da Atração Feminina

Andrew Terjesen e Jenny Terjesen

Mikael Blomkvist sabe se divertir. Já teve relações sexuais com Erika Berger, Lisbeth Salander, Cecili Venger, Harriet Venger e Monica Figuerola, e isso só nos primeiros três livros que Stieg Larsson produziu para nós. Agora, se a imagem que você tem de Mikael Blomkvist é Daniel Craig, isso pode até fazer sentido. Mas, se a imagem que você tem dele é Michael Nyqvist (nos filmes suecos), então fica mais difícil acreditar.[105] (A não ser que você adore tipos como Michael Nyqvist. Foi mal.)

Em *A Menina que Brincava com Fogo*, somos informados que Blomkvist "sabia ser razoavelmente bem apessoado, mas nunca havia se considerado particularmente atraente".[106] Isso não soa como Daniel Craig. E pode até chegar perto de Michael Nyqvist. Então, como é que Blomkvist é capaz de atrair mulheres tão poderosas e levá-las para a cama com a maior facilidade?

---

105. E se a imagem que você tem de Blomkvist é Stieg Larsson, então não faz absolutamente nenhum sentido. (N.T.: Preferimos manter as notas com referência às edições norte-americanas da trilogia *Millenium*.)
106. Stieg Larsson, *The Girl Who Played with Fire*, trad. Reg Keeland (New York: Vintage, 2010), p. 42. (N.T.: Preferimos manter as notas com referência às edições norte-americanas da trilogia *Millenium*.)

Larsson parece reconhecer que existe algo de incomum na atração exercida por Blomkvist, pois sente necessidade de explicar: "Muitas vezes já haviam lhe dito que ele tinha algo capaz de fazer com que as mulheres se interessassem por ele".[107] Nosso objetivo é tentar descobrir o que é esse "algo" (e como produzir para vender). Acreditamos que não se trata apenas do *sex appeal* dele, ou da constante dieta de café e sanduíches. Em vez disso, as personagens mulheres de Larsson sentem-se atraídas por Blomkvist, porque ele transita muito bem no limite entre respeitá-las e tratá-las como merda.

Tudo por amor

O relacionamento mais duradouro de Blomkvist foi com a editora-chefe da *Millenium*, Erika Berger, mas a ligação entre eles desafia as expectativas da maioria das relações entre homens e mulheres. Berger é a melhor amiga de Blomkvist. Também dormem juntos com regularidade. O marido dela sabe tudo acerca disso e não liga. Francamente, isso é doentio, não? Berger nos dá a sua própria explicação para a capacidade misteriosa de atração de Blomkvist. Ela diz: "Ele irradiava autoconfiança e segurança, ao mesmo tempo (...) Tinha a habilidade de fazer com que as mulheres se sentissem tranquilas. Ir para a cama com ele não era ameaçador, nem complicado, mas podia ser eroticamente agradável".[108] Para Erika, a atração sexual exercida por Blomkvist se resume ao fato de que ela pode obter o que quiser dele, mas ele não pode obrigá-la a fazer nada que ela não queira (então talvez seja Berger quem caminha muito bem no limite entre respeitar Blomkvist e tratá-lo como merda).

O filósofo Immanuel Kant (1724-1804) acreditava que o sexo era inerentemente mau para as pessoas, não importa com quem fosse. De acordo com ele, a atração sexual "faz da pessoa amada um objeto do apetite; assim que esse apetite é saciado, a pessoa é jogada de lado como se joga fora um limão que foi completamente espremido (...) Por si só, é uma degradação da natureza humana".[109] Isso pode soar estranho para a maioria de nós, mas o argumento de Kant é que não experimentamos o desejo por um homem ou uma mulher em particular; o que desejamos é simplesmente sexo ou o relaxamento de tensões. Não estamos pensando na outra pessoa quando tentamos satisfazer nossos apetites e, ao satisfazê-los, passamos a não dar a mínima para a pessoa. Kant

---
107. Ibid.
108. Ibid.
109. Immanuel Kant, *Lectures on Ethics*, trad. Louis Infield (Indianapolis, In: Hackett, 1963), p. 163.

considera isso inaceitável em termos morais. Sua teoria moral pode ser resumida com a seguinte máxima: "Aja de modo a tratar a humanidade, seja na sua própria pessoa ou na pessoa de outrem, sempre, ao mesmo tempo como um fim e nunca como um meio".[110] Por "humanidade", Kant queria dizer aquela parte de nós que escolhe, planeja, aspira e faz qualquer outra coisa que associamos como de livre-arbítrio. Tratar a humanidade como um fim significaria honrar o livre-arbítrio de todas as outras pessoas.

Sob a perspectiva de Kant, "a sexualidade não é uma inclinação que um ser humano tem por outro como tal (...) O desejo que um homem tem por uma mulher não é direcionado a ela por ela ser um ser humano, mas por ser mulher; o fato de ela ser um ser humano não o preocupa; somente o sexo dela é que é o objeto de seus desejos".[111] Ou seja, Kant estava dizendo que ninguém se sente atraído por alguém só por causa da personalidade marcante deste. O desejo sexual tem tudo a ver com gratificação física e o ponto defendido por ele é de que, quando fazemos sexo, permitimos que nos tornemos instrumento para a satisfação dos desejos de outra pessoa. Quer admitamos, quer não, tornamo-nos indistinguíveis de um brinquedo sexual durante o ato sexual. E ninguém liga de fato para as aspirações ou para o livre-arbítrio de brinquedos sexuais.

Em sua relação com Erika, Blomkvist parece ser um instrumento para satisfação de desejos dela, muito mais do que o contrário.

> Ao longo dos anos de 1980, quando não tinham outros compromissos de relacionamento, conversaram sobre morar juntos. Ele quis, mas Erika sempre recuava no último instante. Não funcionaria, ele dizia, e também arriscariam o que tinham, caso se apaixonassem. Blomkvist sempre se perguntava se era possível estar possuído de desejo por qualquer outra mulher. O fato é que funcionavam bem juntos e tinham uma ligação tão viciante quanto heroína.[112]

Com certeza, Mikael está interessado em ter um relacionamento mais sério com Erika, mas ela é quem sempre desiste. Erika também

---

110. Immanuel Kant, *Grounding for the Metaphysics of Morals*, trad. James W. Ellington (Indianapolis, In: Hackett, 1993), p. 36. Ver o capítulo 15 neste livro, "Agindo por Dever ou Só Fingindo?: Salander e Kant", por Tanja Barazon. (N.T.: Preferimos manter as notas com referência às edições em inglês das obras de Kant citadas neste livro. Outras obras do mesmo autor, citadas neste livro, foram publicadas em diversas coletâneas no Brasil, ou não chegaram a ser traduzidas).
111. Kant, *Lectures on Ethics*, p. 164.
112. Stieg Larsson, *The Girl with the Dragon Tattoo*, trad. Reg Keeland (New York: Vintage, 2009), p. 62.

quer ter e comer seu bolo. Ela prefere essa espécie de relação de longa data, na qual pode fazer sexo com Mikael regularmente, mas também voltar para casa junto ao marido Greger Beckman, que aceita que Erika passe metade de suas férias com ele e a outra com Mikael. Se Erika pudesse fazer tudo do próprio jeito, gostaria de ter uma relação a três com Greger e Mikael, embora este seja hétero demais para tal. Isso só mostra como os desejos dela parecem não levar em conta a individualidade de Mikael (e possivelmente a de Beckman, embora ele não demonstre ter qualquer problema com relacionamentos a três).

A bem dizer da verdade, Kant não era totalmente contra o sexo. Ele admitia que o sexo não é desumanizador em sua totalidade, contanto que "uma pessoa adquira a outra como se fosse uma coisa, e a pessoa adquirida adquira a outra em troca; pois, desse modo, cada uma recupera a si mesma e restaura a própria personalidade".[113] Em outras palavras, não é desumanizador se ambos conhecemos um ao outro e, portanto, ainda temos controle de nossa humanidade. Para Kant, isso só acontece no contexto do casamento. Mesmo a relação entre Berger e Blomkvist não se assemelha muito à posse mútua um do outro. Na verdade, Berger parece ser a parte controladora em seus relacionamentos, tanto com Blomkvist quanto com Beckman, e Blomkvist parece não querer mais nada com nenhuma outra pessoa. Então, mesmo que Kant não desaprovasse o sexo por completo, é bem provável que considerasse a relação extraconjugal promíscua de Kalle Sacana Blomkvist nada mais que desumanizadora.

A relação entre Mikael e Erika também parece confirmar, de forma temporária, a afirmação do filósofo contemporâneo Bernard Baumrim, de que a "interação sexual é essencialmente manipuladora, nas áreas física, psicológica, emocional e intelectual".[114] A arte da atração é quase sempre manipuladora e enganadora, em si e de si mesma. As pessoas se vestem, camuflam suas falhas e, no geral, tentam projetar uma imagem saudável, de corpo em forma e de sucesso financeiro, para então atraírem um parceiro sexual. A visão que Baumrim tem do sexo baseia-se no reconhecimento de que o fingimento e a manipulação fazem parte do jogo, e os jogos mentais que permeiam a antiga relação de Berger e Blomkvist poderiam ser uma excelente defesa desse ponto de vista.

---

113. Immanuel Kant, *The Metaphysics of Morals*, trad. Mary Gregor (Cambridge, UK: Cambridge, 1991), p. 97.
114. Bernard Baumrim, "*Sexual Immorality Delineated*", in Robert Baker e Frederick Elliston, eds. *Philosophy and Sex*, 2ª ed. (Buffalo, NY: Prometheus, 1984), p. 300.

Embora Blomkvist não consiga se afastar de maneira definitiva de Berger, ela nem sempre está disponível. Sempre que dão um tempo, Blomkvist não é do tipo celibatário. Na verdade, ele encontra parceiras sexuais disponíveis nos lugares mais improváveis. A pergunta então deveria ser: é errado usar alguém se você é sincero com a pessoa e diz logo de cara que quer usá-la? Blomkvist e Berger têm um "acordo". Será esse o tipo de compreensão deles? Se sim, ao menos Blomkvist tem um histórico de ser bastante sincero quanto às próprias intenções. Durante os intervalos no relacionamento com Berger e, antes de ele dormir com Salander, Blomkvist vai para a cama com Cecilia Vanger. Cecilia, ao utilizar uma frase emprestada de Mikael, diz a ele de forma clara que também só está procurando um "amante ocasional".[115] Esteja ela buscando sexo, um passatempo agradável ou informações sobre as investigações de Blomkvist sobre o desaparecimento de Harriet, se isso não é dizer: "Eu gostaria de usar você um pouquinho", então o que é? E Blomkvist parece não ter nenhum problema com isso.

Solitária é a noite

Blomkvist e Salander investigam um ao outro antes mesmo de se conhecerem. As investigações podem ter despertado certo interesse mútuo, mas, de início, não se trata de interesse sexual. Salander difere de todas as mulheres que Blomkvist já conheceu, mas ele se sente mais intrigado do que assustado com ela. E Blomkvist, sem dúvida, não é como nenhum outro homem que Salander tenha conhecido antes.

Blomkvist não flerta com Salander. Ele simplesmente trabalha com ela e a trata como ser humano. Passadas algumas semanas e após o estabelecimento de confiança profissional e amizade mútua, Salander sugere a Blomkvist que façam sexo. Não fica exatamente claro o que a estimulou a entrar, de maneira inesperada, no quarto dele enrolada num lençol, pegar seu livro e morder-lhe o mamilo. Ao que parece, Blomkvist, assim como a investigação na qual trabalham juntos, afetou-a profundamente. Quando começam a se conhecer, Salander se abre mais a Blomkvist do que a qualquer outra pessoa com quem já tenha conversado na vida. Por exemplo, ele sabe que ela é a melhor *hacker* da Suécia (coisa que mesmo a namorada mais próxima dela, Mimmi Wu, não sabe). Com Blomkvist, Salander alcança algo semelhante à intimidade. Mesmo assim, não fica claro para os leitores nem para Salander

---

115. Larsson, *The Girl with the Dragon Tattoo*, p. 21.

se a motivação dela para transar com ele é o coleguismo da intimidade ou uma frustração sexual.

De modo incomum, Blomkvist tem reservas quanto a fazer sexo com Salander, e então diz que precisam trabalhar juntos e que não tem camisinha. Mas ela não considera problemático trabalhar com ele, mesmo após fazerem sexo. O que ela vê como problema é a frustração sexual e/ou a rejeição. Blomkvist é quem se preocupa em não confundir os termos da relação deles. Na superfície, parece que Kant estava certo: Salander apenas cuida de suas próprias necessidades.

A sabedoria que prevalece na cultura pop reza que os relacionamentos baseados em circunstâncias intensas nunca duram. Isso parece ser verdade para Blomkvist e Salander, após o episódio com o *serial killer* Martin Vanger. Após resolverem o mistério do desaparecimento de Harriet (e os assassinatos de várias mulheres ao longo das últimas décadas), Salander se hospeda com Blomkvist em Sandhamn por cinco semanas (para onde Blomkvist traz apenas mulheres importantes). Durante a estadia em Sandhamn, a relação entre eles parece se tornar mais do que uma amizade colorida. Ao menos para Salander. Ela começa a pensar naquelas semanas como as primeiras férias de sua vida, e entra em um cotidiano que gira em torno de Blomkvist e de seu trabalho. É ela quem tem de arrastá-lo para a cama para satisfazer a si mesma. Blomkvist não tem pressa em definir a relação deles, mas Salander começa a sentir necessidade de fazer justamente isso. É ela quem precisa analisar os próprios sentimentos, bem como a situação.

> O problema é que ela não conseguia interpretar seus próprios sentimentos com relação a ele. Desde antes de chegar à puberdade, ela não baixava a guarda para deixar que outra pessoa se aproximasse tanto quanto havia permitido que ele fizesse (...) Isso a amedrontava e fazia com que se sentisse nua e vulnerável à vontade dele.
>
> Ao mesmo tempo, quando olhava para o corpo adormecido dele e ouvia seus roncos, ela sentia que nunca na vida havia confiado tanto em outro ser humano.[116]

É nesse ponto que Salander descobre estar apaixonada por Blomkvist. Ela reage a essa descoberta com reservas, provavelmente porque considera a vulnerabilidade criada pelos sentimentos como uma fraqueza. Mesmo que não seja sua intenção, a visão que ela tem sobre

---

116. Larsson, *The Girl with the Dragon Tattoo*, p. 583.

o perigo das relações sexuais e românticas é semelhante à de Kant e Baumrim. Alguém será usado. Alguém irá sair machucado.

Não que Blomkvist fosse magoá-la de propósito. Salander tem certeza de que ele nunca faria esse tipo de coisa. Mesmo assim, ele agora representa um território inexplorado para ela. Ela com certeza já teve outras relações sexuais com pessoas no passado, relações centradas no sexo, e não na intimidade. Esse é o primeiro relacionamento sexual íntimo da vida dela e é a própria insistência de Blomkvist que sempre sejam amigos e amantes que a coloca nessa posição.

Mesmo assim, Salander supera seu medo de ser vulnerável e de ser machucada. Ela limpa o apartamento (algo bem pouco usual para ela) e, então, senta-se e pensa no que gostaria em seu relacionamento com Blomkvist. Ela quer intimidade: sentir-se amada, aceita e estimada. Ela encontra uma placa de propaganda com a imagem de Elvis para colocar no chalé em Sandhamn, como presente especial de Natal para Blomkvist. Preparada para contar a ele sobre seus sentimentos, chega bem na hora em que ele e Erika Berger estão em vias de transar (depois de se darem um tempo, era nessa ocasião que estavam "voltando"). Se isso não é um balde de água fria...

Em sua própria defesa, Blomkvist não tem motivos para pensar que Salander estava procurando algo mais do que sexo casual. Na verdade, é provável que Salander não pensasse que ela própria buscava algo mais, ao menos no início do relacionamento.

Até as noites são melhores

É fácil entender por que as mulheres se sentem atraídas pela autoconfiança e pela segurança. Um homem atormentado por dúvidas ou pela necessidade constante de se sentir seguro pode ser entediante. Já um homem confiante pode ser alguém que as mulheres respeitam e que desejam ter como parceiros, assim como Erika se aproximou de Mikael para tê-lo como companheirão, na trilogia *Millenium*. Ele é tão confiante e amigo quanto um parceiro sexual e que mulher não deseja um sexo descomplicado com alguém de quem ela gosta? A maioria dos homens do mundo, na trilogia *Millenium*, são condescendentes, na melhor das hipóteses e misóginos, na pior. Perto deles, Mikael com certeza não é uma má opção.

Blomkvist não está atrás de um relacionamento sexual monogâmico, o que não significa que ele não esteja procurando se unir às mulheres com quem dorme. Na verdade, ele insiste em ter um nível amigável de intimidade. Como vimos anteriormente, as mulheres com as quais ele se envolve são mulheres que ele respeita como pessoas e amigas. Por exemplo, ele defende Harriet frente a Erika, ao dizer: "Ela merece respeito. E, como mulher de negócios, bota para quebrar".[117] Considerando a forma como grande parte dos homens de negócios tratam as mulheres na trilogia, o respeito que Mikael tem pela perspicácia de Harriet é notável. Ele até permanece amigo de sua ex-esposa Monica Abrahamson após o divórcio, episódio bastante doloroso para ambos. E, conforme demonstra sua cuidadosa defesa de Lisbeth, Blomkvist vai para várias camas em prol de suas amigas (e, em um avassalador número de vezes, *com* suas amigas). Erika admira a lealdade demonstrada por ele. Ela não se sente atraída somente pelo seu corpo físico: sente-se atraída pela personalidade e, principalmente, pela forma como trata seus amigos, como fins em si mesmos e não apenas como meios. Talvez a razão pela qual Kant desaprovasse tanto o sexo era que não conseguia imaginar alguém capaz de desejar uma pessoa, por sexo e por amizade e expressar esse desejo de uma forma não manipuladora.

Nem todos os filósofos desaprovavam o sexo e o amor como Kant e Baumrim. Irving Singer é um filósofo bastante positivo em relação ao sexo e discorda de Kant, de modo aberto, ao observar que: "Mesmo quando um homem deseja uma mulher apenas pela sexualidade dela, seria errôneo pensar que ele possa não estar respondendo a ela como pessoa. Pois a personalidade dela se mostra na espécie de entidade sexual que ela representa para ele".[118] Singer argumenta que Kant é muito simplista em sua visão do desejo sexual. Claro que podemos nos sentir atraídos pelos olhos ou pela bunda de alguém, mas é impossível nos concentrarmos apenas naquela parte do corpo e ignorarmos a pessoa que está piscando ou rebolando. A menos que se esteja apaixonado pelo Gato da Alice, é impossível focar-se por completo apenas em uma parte do corpo. Na verdade, observa Singer, o desejo sexual nos faz perceber as outras pessoas na medida em que nos movemos para mais além das partes do corpo até o resto deste e da mente que o movimenta. De acordo com Singer, "ao despertarmos para a presença viva de uma outra pessoa, a sexualidade nos permite tratar esse outro ser humano somente como a pessoa que ele ou ela parece ser".[119] O sexo não nos transforma em objetos; ele nos abre para as pessoas, ao criar oportunidades para uma maior intimidade.

---

117. Larsson, *The Girl with the Dragon Tattoo*, p. 544.
118. Irving Singer, *The Nature of Love, Vol. 2: Courtly and Romantic Love* (Chicago, IL: University of Chicago Press, 1984), p. 382.
119. Ibid.

Em cada um de seus relacionamentos, Blomkvist parece navegar por fronteiras pessoais e profissionais bastante intricadas. Com Erika, as coisas parecem ir e vir, dependendo do envolvimento em que se encontram na trilogia *Millenium*. As relações com Cecilia e Harriet surgem a partir de investigações e do trabalho dele na trilogia *Millenium*. Além disso, existem alguns catalisadores para seus encontros sexuais: o primeiro é o respeito profissional que ele demonstra, enquanto o segundo é a intimidade sexual sem jogos ou enganações. Ir para a cama com Blomkvist é algo sem complicações; não há amarras e nenhuma tentativa de controlar as mulheres com quem ele dorme. Ele trabalha ao lado delas como suas iguais e respeita as escolhas de cada uma por completo, tanto no âmbito profissional quanto no pessoal.

De fato, muitas dessas mulheres o superam no quesito classe social. Erika, Cecilia e Harriet vêm todas de famílias abastadas, enquanto que Mikael nasceu em família da classe operária. Sem dúvida, sentem-se atraídas por Mikael, em parte porque ele não se sente ameaçado por mulheres mais ricas. Nos casos de Cecilia e Harriet, ele também não liga se elas são mais ou menos uma década mais velhas do que ele. As habilidades de Blomkvist para ver além da idade e do nível social são evidências de que ele está interessado nessas mulheres como indivíduos, e não apenas como parceiras sexuais que se encaixam em algum ideal social prescrito sobre o que seria desejável ou atraente.

Quando Lisbeth encontra Blomkvist pela primeira vez, ele aparece no apartamento dela sem avisar e ela se apavora. O fato de eles saberem tanto um do outro limita a capacidade deles de se enganarem, como sempre tentamos fazer ao nos projetarmos em alguém que acabamos de conhecer. Além disso, deixa espaço ao respeito mútuo pelas aptidões um do outro.

Salander vai atender à porta enrolada num lençol e ele se convida para entrar, começa a limpar a cozinha dela e oferece-lhe pãezinhos. Quando ele diz saber que ela é uma *hacker*, consegue fazê-lo de um jeito que não soa ameaçador para Lisbeth e reconhece que ela também sabe muitos dos segredos dele. Blomkvist diz: "Não posso competir com você. Só vim fazer uma verificação de rotina (...) Mas você, com certeza, sabe bastante a meu respeito e, a maior parte, são coisas privadas, droga, que só os meus amigos mais próximos sabem".[120] A estratégia jogo limpo de Blomkvist certifica que Salander é sua igual no campo da investigação e que ela o conhece tanto quanto seus amigos. "Agora estou aqui sentado na sua cozinha, comendo pão com você.

---

120. Larsson, *The Girl with the Dragon Tattoo*, p. 332.

Conhecemo-nos há meia-hora, mas sinto como se fôssemos amigos há anos. Faz sentido para você?"[121]

Quando começam a trabalhar juntos, Salander fica impressionada de ver a diferença entre Blomkvist e outros homens. Por um lado, "Blomkvist tinha os mesmos hábitos de sempre que todo mundo tinha, ao xeretar a vida dela e fazer perguntas", mas, por outro lado, quando Lisbeth insiste em ficar quieta, o que é comum nela, ele se comporta de maneira pouco usual: "Quando ela ignorava as perguntas dele, ele dava de ombros e a deixava em paz. Espantoso".[122] Salander espera um confronto com Blomkvist, quando sua primeira atitude no caso é transferir todas as informações do iBook dele para o computador dela. Blomkvist só a olha de forma resignada e resmunga de forma sarcástica, antes de entrar no banho, para depois discutir o caso com ela. Ele tem confiança suficiente para confiar nela.

A pessoa que você ama

Monica Figuerola é uma mulher poderosa, tanto em termos físicos e intelectuais como profissionais. Também é atraente e está acostumada a estar cercada de homens que agem com insegurança ou que se sentem ameaçados por ela, tanto no âmbito profissional quanto no pessoal. Blomkvist é fascinado pelo corpo bem torneado dela, e quando esta lhe diz: "Acho que você fica incomodado de ver uma mulher com músculos. Você acha broxante ou não feminino?". E ele rapidamente responde: "Não, de forma alguma. Combina com você, de certa forma. Você é bastante *sexy*".[123]

A ideia de que os homens a achem ameaçadora não sai da cabeça de Monica (e talvez da cabeça das muitas mulheres poderosas com quem Blomkvist se envolve). Após dormirem juntos pela primeira vez, Monica explica que não teve muitos relacionamentos, porque, como ela diz: "Notei que muito poucos homens ficam interessados, mas logo começam a me desafiar e a procurar formas de me dominar. Especialmente se descobrem que sou policial". Mikael a tranquiliza, dizendo: "Não vou competir com você. Sou melhor do que você naquilo que faço. E você é melhor do que eu no que você faz.[124]" Nesse diálogo, vemos, mais uma vez, o respeito de Mikael pelos talentos e aptidões

---

121. Ibid.
122. Ibid., p. 394.
123. Stieg Larsson, *The Girl Who Kicked the Hornet's Nest*, trad. Reg Keeland (New York: Alfred A. Knopf, 2010), p. 322.
124. Ibid., p. 344.

das mulheres com quem ele dorme e a forma como sua autoconfiança nunca se abala.

Ao contrário das outras parceiras sexuais dele, Monica não aceita um acordo indefinido entre ambos, e é claro que os acordos indefinidos são a preferência absoluta de Mikael. Quando ela lhe pergunta, à queima-roupa, se ele ama Berger ou Salander, a resposta dele é bem relutante: "Se amor é gostar horrores de alguém, então acho que amo várias pessoas".[125] Monica não fica muito feliz com a resposta:

> "Mas me incomoda, no duro, o fato de não saber o que acontece entre nós. E não acho que posso ter um relacionamento com um homem que transa por aí sempre que tem vontade".
>
> "Não vou me desculpar pela forma como levo a minha vida".
>
> "E acho que, de certa forma, estou me apaixonando por você por ser o que é. É fácil dormir com você, porque não tem enrolação e me faz sentir segura. Mas, tudo isso começou porque cedi a um impulso doido. Não acontece muito, e eu não havia planejado. E, agora, chegamos ao ponto em que eu me tornei apenas mais uma das garotas que você convida para vir aqui".
>
> Ficaram em silêncio por um momento.
>
> "Você não precisava ter vindo".[126]

Monica ganhou vários pontos por não ter dado um soco em Blomkvist naquele momento.

Assim como com as outras mulheres na vida de Blomkvist, o que atrai a Monica é a forma como Mikael a trata: como adulta, como uma igual e de uma forma que deixaria Kant orgulhoso (a não ser pela parte do sexo).[127] Ainda assim, Monica exprime várias preocupações em relação a como as coisas poderiam vir a acontecer. Mesmo quando Mikael lamenta seu divórcio, que ele admite ter acontecido porque não conseguia ficar longe de Erika, o máximo de compromisso que pode oferecer

---

125. Stieg Larsson, *The Girl Who Kicked the Hornet's Nest*, trad. Reg Keeland (New York: Alfred A. Knopf, 2010), p. 423.
126. Ibid.
127. Singer, na verdade, argumenta que a discussão que Kant faz do casamento é realmente aplicável a todas as relações sexuais, contanto que ambos os parceiros estejam abertos um ao outro.

a Monica é que tem pavor de perdê-la. E ela,"de repente, sentiu uma grande tristeza".[128] Reação que não lhe favoreceu muito.

Existe esperança para o relacionamento, quando Erika concorda em se afastar após ser rejeitada, sem muita vontade, por Mikael. Na ocasião, ele diz: "Acho que também estou apaixonado [por Monica]". Mas a distância concedida por Erika ainda é algo a ser determinado: "Prometo manter distância até... bem... até quem sabe quando', ela disse".[129] A "promessa" de Erika indica que ela pressupõe que todo o relacionamento Figuerola irá se desmanchar, mais cedo ou mais tarde e que seu acordo com Mikael continuará exatamente como antes. Talvez Salander devesse ter seguido seu impulso e usado a placa de Elvis para rachar a cabeça de Erika quando teve a oportunidade.

Assim como eu sou

Se existe alguém que saca Blomkvist, é a sua irmã Annika. Ao adivinhar que Mikael havia magoado alguém de novo, ela diz a Lisbeth: "Meu irmão é muito irresponsável quando se trata de relacionamentos. Ele trepa pela vida afora e parece não entender como isso pode machucar as mulheres que pensam nele como algo além de um casinho".[130] A análise de Annika faz com que Blomkvist soe como todos os outros homens da trilogia *Millenium*, mas ele não é como estes. Seu comportamento pode ser parecido e capaz de produzir os mesmos efeitos, mas é motivado por uma atitude diferente daquela dos homens que não amam mulheres. O que as atrai para junto dele, como vimos, é que ele nunca as trata como objeto nem tenta controlá-las. Ele não as enxerga como diferentes de si. É lamentável ele não ter interesse em nenhum relacionamento firme. Talvez ele aceite, de fato, a afirmação de Kant e Baumrim de que o amor sexual sempre transforma parceiros em objetos.

Embora ele seja uma negação quando se trata de manter relacionamentos sexuais, a não ser no caso de Berger, ele é extremamente hábil em fazer amizades. Ele deixa muito claro que vê todas essas mulheres como amigas. Ao final de *A Rainha do Castelo de Gelo*, Lisbeth finalmente percebe que, como amigo, Blomkvist é muito melhor do que como amante. De modo semelhante à primeira vez em que se encontraram, Blomkvist aparece sem avisar e traz pão. Salander, enrolada em uma toalha, cumprimenta-o.

---

128. Larsson, *The Girl Who Kicked the Hornet's Nest*, p. 424.
129. Ibid., p. 517.
130. Larsson, *The Girl Who Kicked the Hornet's Nest*, p. 519.

Na vida real, parado na porta, ele ainda era muito atraente. E ele conhecia os segredos dela, assim como ela conhecia todos os segredos dele.

Ela o observou por alguns instantes e percebeu que não sentia nada por ele. Ao menos não aquele tipo de sentimento.

Ele na verdade havia sido um ótimo amigo para ela no ano que passara.[131]

Considerando que os relacionamentos dele se baseavam na amizade entre iguais, talvez devêssemos pegar leve com Blomkvist, em se tratando do fracasso em seus relacionamentos românticos. O problema dele parece ser uma indisposição em definir seus relacionamentos, como se o processo de definição levasse a brigas por poder e a questões de controle. Ao pensar em sua relação com Lisbeth, fica relutante até mesmo em referir-se a si mesmo como "ex-namorado".[132] Ele quebra suas próprias regras ao voltar sempre ao apartamento de Lisbeth, mesmo quando teme mostrar falta de respeito por ela, o que não é o caso. É difícil para a maioria de nós delimitar as diferenças entre amigo e amante. Quando forçados a fazer isso, a maioria de nós se move para a zona da amizade, pois é fácil compreender e determinar a forma correta de tratarmos uns aos outros como amigos.

No final de *A Menina que Brincava com Fogo*, Salander fica gravemente ferida e seus últimos pensamentos enquanto consciente são em relação a Mimmi, não a Mikael. Talvez de modo inconsciente, Lisbeth compreenda que, embora não consiga definir o que é sua relação com Mimmi, Mimmi é dela. Em certo sentido, ela pertence a Salander, ao contrário de Mikael. É difícil dizer se Blomkvist não quer "ser de alguém", ou se apenas não quer "ter" ninguém. Seja como for, ele evita qualquer relacionamento que possa levar a uma ou outra opção.

O que Salander e Monica Figuerola querem de Mikael é algo bem específico: querem sentir-se amadas, aceitas e estimadas. É na parte do "estimadas" que Blomkvist se complica.[133] Estimar alguém que se ama é colocar essa pessoa acima de todas as outras e definir um ao

---

131. Ibid., p. 562–563.
132. Larsson, *The Girl Who Played with Fire*, p. 17.
133. Talvez Kant estivesse certo em limitar sua advertência ao casamento, no qual prometemos amar, honrar e obedecer, pois sem uma promessa tão explícita, alguém como Blomkvist poderia parar de tratar as pessoas como especiais da forma como todos nós queremos ser tratados. Blomkvist respeita todas as mulheres, mas não é muito competente em respeitá-las como indivíduos.

outro de modo exclusivo.¹³⁴ Quando nós estimamos, possuímos um ao outro e damos e tomamos poder. Talvez seja pelo fato de ter dedicado sua vida profissional a denunciar a corrupção que surge do poder não regulamentado que Mikael não acredita que se possa evitar a corrupção ou os abusos de poder em um relacionamento nesses termos. Lisbeth percebe que Mikael preferiria evitar as dificuldades em definir um em relação ao outro (talvez por medo de que seja impossível fazê-lo, ao permanecerem como amigos e iguais). No fim, é um pouco de covardia da parte de Mikael, pois, como argumenta Singer, é possível equilibrar amizade, sexo e amor. E, para a felicidade das mulheres, não se trata de "ele simplesmente não está a fim de você". É que "ele respeita demais você e se recusa a transformá-la em objeto, ao torná-la uma namorada". Essa frase funciona com elas, não?

---

134. Já houve muitos debates entre os filósofos sobre a necessidade da exclusividade no relacionamento romântico. Mikael parece pensar que não há essa necessidade, ou que, se houver, a exclusividade poderia ser definida como "as mulheres que ele levou para Sandham". Deveríamos argumentar que a própria história sexual de Mikael revela que o problema é justamente não se comprometer exclusivamente com uma pessoa amada (solteira, uma por vez).

5

Por que os Jornalistas e os Gênios Amam Café e Odeiam a Si Mesmos

Eric Bronson

Mikael Blomkvist "parece um caubói machão" que "vacila entre uma excessiva preocupação consigo mesmo e a depressão".[135] É também moralmente "ingênuo e "bastante previsível".[136] E é só isso que as mulheres que o amam têm a dizer. Nós também poderíamos tolerar as excentricidades dele e perdoá-lo por suas falhas de caráter, se ao menos conseguíssemos entender uma coisa. Garrafa após garrafa térmica de café, Blomkvist testa nossa paciência e nos deixa sempre incomodados com a mesma questão: *qual é o lance com todo esse café?*

Na verdade, quase todos os personagens de Larsson bebem café: de manhã, no trabalho, entre amigos, antes do sexo (já Lisbeth e Mimmi não conseguem esperar e deixam esfriar o café), antes de cometer assassinato (Gullberg), antes de ser assassinado (Björck), após se deparar com uma cena de assassinato (Blomkvist) e a lista é interminável. Falando sério: será que eles precisam de toda essa cafeína? O gosto do café nem é assim tão bom. Como escreveu o psicólogo comportamental Robert Bolles: "As crianças, como adultos não iniciados, não gostam; os ratos também não; ninguém gosta de café a não ser aqueles que já

---

135. Stieg Larsson, *The Girl Who Played with Fire*, trad. Reg Keeland (New York: Vintage, 2010), p. 430. (N.T.: Preferimos manter as notas com referência às edições norte-americanas da trilogia *Millenium*.)
136. Ibid., p. 403-404.

beberam consideráveis quantidades dele e todos esses adoram".[137] Para esclarecer ainda mais, a internauta "girl_interrupted", da Austrália, escreveu em um site para fãs de Stieg Larsson:

> eles são totalmente viciados... deviam buscar ajuda...
> ñ consigo imaginar como pode ser saudável bbr tnto café em 1 dia...
> me fez querer bbr café!!!!!![138]

Por que sentimos tanto prazer em beber algo que não apreciamos completamente? Essa é uma questão filosófica difícil que nos leva às primeiras casas de café da Europa. Ali descobrimos que o café e a filosofia andam juntos como almôndegas suecas e um belo copo de kefir.*

Te dou um krona* se você me contar seus pensamentos

Quando os filósofos europeus deram seus primeiros goles de café no século XVII, fizeram o que profundos pensadores geralmente fazem: ficaram empolgados. Não levou muito tempo até que o conceito de sair para passar as horas em companhia dos ricos e bem educados exercesse atração em maridos fracassados. Em um conto anônimo do século XVII, na Inglaterra, duas "damas" expressam sua desaprovação por esse licor "negro" vendido com chocolate quente em lugares de reputação dúbia. "Acredito que o Diabo o tenha inventado de propósito para atormentar nosso Sexo", diz com grande preocupação uma das mulheres. "Também acho isso", responde a amiga, "mas só me casaria com um homem que bebe *café* se ficasse completamente louca.[139]"

Os filósofos que preferiam *não* ficar loucos por completo reuniam-se nos cafés para discutir o assunto importante do dia. Os estabelecimentos ficaram conhecidos como "universidades de moedinhas", pois com um *penny* [um centésimo de libra esterlina] um pensador podia comprar bem mais do que café. Presenciar as discussões e os debates era uma educação que, de outro modo, seria inacessível a muitos estudantes

---

137. Brian Cowan, *The Social Life of Coffee: The Emergence of the British Coffeehouse* (New Haven, CT: Yale University Press, 2005), p. 6.
138. Ver <www.stieglarsson.com/discussion-boards/coffee-and-sandwiches-7711611> (em inglês).
*N.T.: Kefir é um tipo de iogurte com lactobacilos, de fabricação artesanal.
*N.T.: Krona: moeda sueca.
139. Anon, "The Maidens complain[t] against coffee, or, The coffee-house discovered beseiged, stormed, taken, untyled and lai[d] open to public view", reprodução eletrônica (Ann Arbor: Early English Books, 1641–1700).

pobres que nunca poderiam entrar em uma universidade. Em 1711, Joseph Addison afirmou que, ao coletar pérolas de sabedoria nos cafés, seu jornal *The Spectator* estava seguindo uma antiga tradição filosófica. "Diz-se que Sócrates trouxe a Filosofia dos Céus para que habitasse entre os homens e vou ser ambicioso ao dizer que fui eu quem trouxe a Filosofia para fora dos armários e bibliotecas, escolas e faculdades, para que esta more... nos cafés.[140]"

A ordem e a lógica reinavam nos cafés no início dos anos 1700. Havia conversas intelectuais estimulantes e inspiradoras como uma cantata de Bach. Não surpreende que, em Leipzig, o próprio maestro regesse sua banda no Zimmerman's Café. As canções profundas de Bach eram sempre bem recebidas, especialmente quando o vocalista da banda cantava a estimulante "Cantata do Café".

> Se não puder beber
> Minha gamela de café três vezes ao dia
> Então em meu tormento eu me encolherei
> Como um pedaço de carneiro assado.[141]

Não se sabe ao certo se os filósofos europeus, que frequentavam cafés como o Zimmerman's, de fato acreditavam que o café era "mais delicioso do que mil beijos", como proclamava o vocalista de Bach. Entretanto, era cada vez mais comum que os filósofos se voltassem à fraternidade de homens que pensavam de modo semelhante, trocassem entre si teorias iluministas e bebessem quantidades absurdas do maravilhoso líquido. "No meu caso, os pensamentos são minhas garotas", escreveu o filósofo Denis Diderot (1713-1784), antes de se dirigir ao Café de la Régence.[142] Como cofundador e editor chefe da primeira enciclopédia da era contemporânea, Diderot sabia que algumas das melhores lições de ética eram ensinadas em torno das mesas de xadrez nos cafés de Paris, "pois se você consegue ser um homem espirituoso além de grande jogador de xadrez... então também pode ser um grande jogador de xadrez além de imbecil".[143]

Em *Os Homens que não Amavam as Mulheres*, Henrik Vanger incorpora a antiga ética do Iluminismo. Ele quer desenvolver seu caráter e cumprir seus deveres na sociedade. Para tal homem, o café foi feito para ser bebericado, não engolido de uma vez. Dá prioridade às conversas de

---
140. Markman Ellis, *The Coffee House: A Cultural History* (London: Orion, 2004), p. 185.
141. Ver <www.afactor.net/kitchen/coffee/kaffeeKantate.html> (em inglês).
142. Denis Diderot, *Rameau's Nephew*, in *Rameau's Nephew and D'Alembert's Dream*, trad. Leonard Tancock (Toronto: Penguin, 1966), p. 33.
143. Ibid., p. 33.

caráter elevado, acima de tudo. Vanger fica satisfeito por ter um "nome de grande reputação por ser homem que cumpre a palavra e se lembra de suas promessas", e por isso gosta de café puro, "apenas fervido numa panela, ao verdadeiro estilo Norrland".[144]

Blomkvist, o habilidoso homem multifunção, impacienta-se rapidamente e pressiona Vanger. Mesmo assim, ao final do primeiro livro, quando Blomkvist volta para o campo em busca de fotos para o Dia das Crianças, ele finalmente aprende sua lição. É hora de pôr o relógio de lado, já que o café acaba de ser passado. Mesmo hoje, ainda existem lugares em que o café caminha de mãos dadas com a construção da comunidade e dos relacionamentos e, embora Blomkvist "tivesse bebido mais café nas últimas 24 horas do que em qualquer época de sua vida, aprendera que, em Norrland, era falta de educação recusar uma xícara de café".[145]

Deixe que comam brioches!
(Mas, primeiro, uma xícara de café)

No fim do século XVIII, os estabelecimentos de café haviam se tornado terreno fértil para os debates filosóficos sobre liberdade, democracia e igualdade. Embora os colonos americanos estivessem mais do que dispostos a despejar chá inglês no porto de Boston, relutavam em abrir mão do cafezinho. Os Filhos da Liberdade protestaram contra o Ato do Selo baixado pelo rei George, ao encenar o funeral da Liberdade do lado de fora do café Merchant's Coffee House, na Filadélfia, e queimando papéis de impostos dentro do estabelecimento em 1776.[146]

Os filósofos Karl Marx (1818-1883) e Friedrich Engels (1820-1895) passaram várias horas no Café de la Régence, em Paris, para trabalhar em seu famoso Manifesto Comunista. A colaboração entre ambos acendeu o interesse pelos cafés em toda a Europa. Em Viena, no Café Landtmann, os filósofos Max Weber (1864-1920) e Josef Schumpeter (1883-1950) se encontraram para discutir e debater a revolução comunista de Marx, que varria a Europa. Antes que a discussão virasse uma troca de socos, Weber se levantou e saiu furioso. Schumpeter reagiu com indiferença, pois conversas daquele tipo, naquela época,

---

144. Stieg Larsson, *The Girl with the Dragon Tattoo*, trad. Reg Keeland (New York: Vintage, 2009), p. 87, 82.
145. Stieg Larsson, *The Girl with the Dragon Tattoo*, trad. Reg Keeland (New York: Vintage, 2009), p. 365.
146. Ellis, *The Coffee House*, p. 202.

deviam ser feitas por debaixo dos panos. "Como pode um homem gritar assim num café?", ele se perguntou em voz alta.[147]

Para se preparar discretamente para o papel que desempenharia na revolução, o camarada Leon Trotsky (1879-1940) jogava xadrez e bebia café em Viena. Quando o ministro do exterior austríaco ficou sabendo que a revolução já estava acontecendo, foi cético. "A Rússia não é uma terra em que estouram revoluções", afirmou confiante. "Além do mais, quem diabos faria uma revolução na Rússia? Talvez Herr Trotsky, do Café Central?"[148]

Planos demoníacos tinham de ser bolados em reuniões ainda mais demoníacas, em locais cheios de gente, em geral acompanhadas de xícaras de café. Quando o assustador Nils Bjurman alista o arrepiante Ronald Niederman para matar Salander, tramam seu diabólico plano no Café Hedon. Quando Niederman contrata um prestador de serviços para o trabalho, um ciclista ainda mais assustador do que ambos juntos (Lundin) e com cara "pouco confiável" e "bigode de rato", eles cochicham suas malignidades no Blomberg's Café.

Será ético matar alguém se o assassinato trouxer felicidade para tantos outros? É uma questão filosófica intrigante que Fyodor Dostoyevsky (1821-1881) apresenta em *Crime e Castigo*. Antes de tentar matar o pai e a meia-irmã, Salander senta-se a uma mesa no café Göteborg e beberica um *latte*, enquanto folheia a obra-prima de Dostoyevsky. Blomkvist poderia concordar com a colega Malin Eriksson, segundo a qual existem momentos agradáveis em que uma vodka com suco de laranja "cai bem melhor do que outra xícara de café". Entretanto, se o que você procura é morte e destruição, então é de extrema importância beber o café certo.[149]

Tome-se Niederman, por exemplo. Sim, ele quebra o pescoço de vítimas inocentes com as próprias mãos, mas também adora pessoas. Ou melhor, ele precisa das pessoas. Quando está sozinho, Niederman vê duendes e leprechauns da floresta, além de criaturas fantásticas do mundo das sombras, parecidas com enormes arraias. Mas, quando está cercado por pessoas a quem despreza, sente-se bem mais à vontade no mundo. Niederman não é o único. Os filósofos e artistas do século XX não achavam que estar só, em meio a estranhos, era algo tão incomum.

---

147. Karl Jaspers, "Max Weber as Politician, Scientist, Philosopher," in *Three Essays: Leonardo, Descartes, Max Weber* (New York: Harcourt, 1953), p. 225.
148. Bennett Alan Weinberg e Bonnie K. Bealer, *The World of Caffeine: The Science and Culture of the World's Most Popular Drug* (New York: Routledge, 2001), p. 78.
149. Larsson, *The Girl Who Played with Fire*, p. 301.

De fato, a ansiedade e o isolamento eram temas recorrentes das filosofias existencialistas e, como sempre, o estabelecimento de café era o local em que se podia encaixar todas as peças.

O café perdido

Depois que Trotsky foi embora para a Rússia, o Café Central tornou-se lar dos existencialistas perdidos. Conforme escreveu o crítico de teatro Alfred Polgar em 1926:

> O Café Central fica na latitude vienense, no meridiano da solidão. Seus habitantes são, em grande parte, pessoas cujo desprezo pelos outros seres humanos é tão feroz quanto sua carência por eles e que querem estar sozinhos, mas precisam de companhia para tal.[150]

Os cafés haviam se tornado "meridianos da solidão" em todos os lugares. Já não eram mais estabelecimentos revolucionários e ficaram associados à "geração perdida" que ali matava o tempo. De início cunhado pela romancista Gertrude Stein (1874-1946) e popularizado por Ernest Hemingway (1899-1961), o termo "geração perdida" se referia às pessoas que viveram durante a Primeira Guerra e que haviam deixado de acreditar nas vacas sagradas do Velho Mundo. Abandonados por Deus, desprovidos de amor fraterno, os bebedores de café tornaram-se introspectivos e solitários. Ao descrever sua vida em Paris, nos anos de 1920, Hemingway inicia suas memórias com um capítulo intitulado: "Um bom café na Place St. Michel", estabelecimento solitário, onde "toda a tristeza da cidade vinha de repente com as primeiras chuvas frias do inverno".[151]

A solidão de Salander é uma carta na manga. Literalmente. As palavras SOU UM ALIENÍGENA escritas em sua camiseta acompanham uma imagem do ET com dentes pontudos. Salander passa o tempo em cafés pela mesma razão que passa bastante tempo *online*: "Ela apenas não era boa para estabelecer contato com outras pessoas".[152] Entretanto, Salander e Niederman não são as únicas almas perdidas a vaguear pelos cafés de Estocolmo. Em vez de se cercar de amigos e familiares queridos, para receber a notícia de sua sentença de 90 dias de prisão,

---

150. Ver <depts.washington.edu/vienna/documents/Polgar/Polgar_Cafe.htm> (em inglês).
151. Ernest Hemingway, *A Moveable Feast* (New York: Simon & Schuster, 1964), p. 16. (N.T.: Preferimos manter a referência à edição norte-americana da obra de Hemingway citada no texto.)
152. 18 Larsson, *The Girl with the Dragon Tattoo*, p. 235.

Blomkvist a ouve no rádio, enquanto bebe (como não poderia deixar de ser) um *latte* no Kafé Anna.

Em 1993, o sociólogo americano George Ritzer causou comoção considerável ao afirmar que Max Weber estava certo. Não por ter saído furioso de um café, mas por argumentar que as instituições burocráticas começavam a dominar nossas vidas cotidianas. O problema era que esses sistemas racionais bem organizados eram muito irracionais. Em seu livro *The McDonaldization of Society*, Ritzer afirma que o McDonalds tornou-se a imagem pública de uma nova ordem mundial com frieza racional e irracional ao mesmo tempo. É uma péssima notícia para Blomkvist, Salander e o ex-boxeador Paolo Roberto, que amam os hambúrgueres deles. E Ritzer ainda acrescentou uma parte nova, em 2011 – "Starbuckization".* "A Starbucks", afirmou Ritzer, "tem a maioria, senão todas, das irracionalidades associadas ao McDonald's (homogeneização, desencantamento, desumanização), assim como algumas adicionais".[153]

Ao que parece, os cafés vêm perdendo as características que os tornam únicos, e isso não acontece somente com as grandes cadeias. Um exemplo são os cafés do Boulevard Saint-Germain, em Paris, onde os filósofos existencialistas Jean-Paul Sartre (1905-1980) e Simone de Beauvoir (1908-1986) escreveram alguns de seus livros mais famosos. Foi no Les Deux Magots que de Beauvoir concebeu a ideia de escrever *O Segundo Sexo*, ainda hoje uma das obras pilares sobre a ética existencial e a filosofia feminista. Hoje em dia, os turistas podem se sentar ao lado de uma placa em memória dela e rememorar um de seus primeiros avisos ao sub-homem: "Ele descobre em torno de si somente um mundo insignificante e tedioso. Como poderia esse mundo nu despertar nele qualquer desejo de sentir, de compreender, de viver?"[154] Uma xícara de café custa mais de cinco dólares no Les Deux Magots, mas se você for lá aos domingos, pode ouvir um papagaio cantando "La vie en rose".[155]

Esse tipo de artifício impessoal deixa Salander e Blomkvist enojados, mas para eles não é novidade a homogeneização e o desencantamento de que fala Ritzer. Embora Larsson deixe bem claro que "aqueles coquetéis de baixa qualidade cor-de-rosa com guarda-chuvinhas idiotas

---
* N.T.: Starbuckization: referência à cadeia de cafés Starbucks.
153. George Ritzer, *The McDonaldization of Society*, 6ª ed. (Thousand Oaks: Pine Forge Press, 2011), p. 224.
154. Simone de Beauvoir, *The Ethics of Ambiguity*, trad. Bernard Frechtman (New York: Citadel, 1948), p. 43.
155. Marie France-Boyer e Eric Morin, *The French Café* (London: Thames and Hudson, 1994), p. 66,

não faziam o estilo de Salander" e que ela não tem qualquer problema em comer a pizza congelada Billy's Pan Pizza, que compra com regularidade em um 7-Eleven perto de casa.[156] E, quando Mia Johansson faz questão de servir café em xícaras de porcelana chiques herdadas da avó, Blomkvist recusa o gesto de forma rude. Ele "não estava nem aí para xícaras floridas de café e, em vez disso, lançou um olhar de aprovação para a travessa que continha o cheesecake".[157]

Um para levar

O bebedor de café dos tempos atuais, solitário, voltado para si e socialmente incompetente, é novamente um sinal dos tempos. Isso não quer dizer que todos sejam assim. Na maioria das sociedades, ainda se pode achar pessoas calmas, satisfeitas e bem ajustadas, em paz consigo mesmas e com o universo. Esses são os bebedores de chá. Em geral, nós gostamos deles. São ótimos neurocirurgiões, como descobre Lisbeth após ser baleada na cabeça. E, quando o inocente rapaz caribenho a seduz com uma xícara de chá, é possível entender o fascínio (mesmo que o nome dele seja Bland*).

A ingestão de chá está associada à calma e paz internas. Os mestres Zen bebem chá. O filósofo budista Daisetz Suzuki (1870-1966) escreveu que "o princípio da tranquilidade é algo que emana da consciência interna de uma pessoa e pode ser compreendido em especial na arte do chá". O bebedor de chá "é capaz de soprar um espírito de tranquilidade em todos os objetos que o cercam".[158] Se ao menos pudéssemos trocar o café pelo chá, talvez as utopias sonhadas pelos filósofos do Iluminismo já tivessem se realizado. "Por que não nos consagrarmos à rainha das Camélias", pergunta Okakura Kakuzo (1862-1913), "e nos deliciar no morno riacho de simpatia que flui do altar dela?"[159] Em seu *O Livro do Chá*, Kakuzo exprime a nostalgia por uma época em que esquecíamos nossas diferenças e, juntos, bebíamos a "xícara da humanidade".

Enquanto isso, beberiquemos um pouco de chá. O brilho da tarde ilumina os bambus, as fontes borbulham alegremente, o suave som das

---

156. Larsson, *The Girl Who Played with Fire*, p. 28.
157. Ibid., p. 96.
* N.T.: "Bland": termo que significa "moderado" ou "suave", em inglês.
158. Daisetz T. Suzuki, *Zen and Japanese Culture* (Princeton, NJ: Princeton University, 1970), p. 306.
159. Okakura Kakuzo, *The Book of Tea* (Rutland, VT: Charles E. Tuttle, 1956), p. 6. (N.T.: Preferimos manter as referências à edição norte-americana de *O livro do chá*. O livro foi publicado no Brasil, com tradução de Leiko Gotoda, pela Ed. Estação Liberdade.)

árvores pode ser ouvido em nossa chaleira. Sonhemos com a efemeridade e permaneçamos na bela tolice de todas as coisas.[160]

Em algum momento, Stieg Larsson perdeu a parte que falava de sonhos de efemeridade e da rainha das Camélias. O chá não aparece de forma proeminente na história dele. Seus personagens preferem um cafezinho puro, para tomar rápido, entre uma aula de kickboxing e uma invasão a sites governamentais. Uma vez Blomkvist tinha bebido tanto café que o deixou "sóbrio e com mal-estar".[161] Talvez ele não seja assim tão solitário, afinal de contas.

---

160. Kakuzo, *The Book of Tea*, p. 17.
161. Larsson, *The Girl Who Played with Fire*, p. 221.

6
A Criação de Kalle Blomkvist: Jornalismo Criminal na Suécia do Pós-guerra

Ester Pollak

Você pode reconhecê-los de longe: são os turistas criminais que, com grande zelo, procuram locais sobre os quais leram, acomodam-se nos cafés locais, sobem as colinas de Södermalm, revivem as aventuras de Blomkvist e Salander. No meu bairro, na ilha de Södermalm, em Estocolmo, volta e meia trombo com fãs de Mikael Blomkvist e Lisbeth Salander. Eles passeiam em grupos, observam um prédio em Mosebacke, fazem gestos de reconhecimento. "Era ali que ela morava. Que vista espetacular!" Aqui, no topo de Södermalm, podem olhar da ilha em direção a Estocolmo, onde o Mar Báltico encontra o Lago Mälaren. O magnífico apartamento de Lisbeth, comprado com o dinheiro que ela, de maneira hábil (e, aos olhos dos leitores, justificadamente), embolsou do império do vilão financeiro Wennerström, fica na cobertura de um prédio, em Fiskargatan. Os turistas literários suspiram: "Lisbeth deve ter aproveitado o magnífico panorama da cidade e de suas inúmeras ilhas".

E assim o passeio turístico prossegue até o escritório editorial da *Millenium*, em Götgatsbacken, logo abaixo de Mosebacke e, então, até o *loft* de Blomkvist, que fica a algumas quadras dali, em Bellmansgatan, e termina nos vários cafés, onde ocorrem as reuniões e conversas cruciais no mundo ficcional da trilogia. "Com licença, sabe onde fica o primeiro apartamento de Salander?", pergunta uma italiana chique que agarra, em seus braços, um dos livros e um mapa de Estocolmo. É um fim de tarde de agosto e ela parece ter se perdido do grupo ou, então, é daquelas que tentam encontrar o lugar por conta própria. Nós, habitantes locais, apontamos, explicamos, mostramos o caminho. Passeios pela cidade para seguir os passos da ficção criminal parecem ter se tornado parte da indústria de turismo sueca. Na pequena cidade de Ystad, ao sul da Suécia, cenário dos livros de Henning Mankell sobre o Inspetor Wallander, as visitas guiadas geram renda constante há anos. Nós, que vivemos em Estocolmo, vemos a mesma coisa acontecer, desde que começou o sucesso da trilogia *Millenium*, de Stieg Larsson.

Outros capítulos deste livro discutiram o intenso interesse por Salander. Mas e quanto a Blomkvist, que incorpora o jornalismo investigativo denunciador do poder e da corrupção? Ele é um incansável defensor da ética, é honesto e com ideais elevados, tem uma intuição extraordinária e um faro para o que se esconde por debaixo dos panos: "Devotou a vida inteira a revelar coisas que outras pessoas tentam esconder, e sua ética evitou que participasse do acobertamento dos terríveis crimes cometidos no porão de Martin Vanger. Estava fazendo seu dever de revelar a verdade".[162] Blomkvist é a obstinação em pessoa e segue onde quer que seu faro o conduza, em geral de encontro a opositores poderosos. Ele desafia as instituições sociais, incluindo seus próprios colegas (mais covardes) da mídia.

Será que ele existe de verdade? Com certeza, pelo menos como ideal cujos melhores exemplos foram os jornalistas americanos Bob Woodward e Carl Bernstein, que expuseram o escândalo Watergate, nos anos 1970. Watergate tornou-se o principal símbolo do jornalismo investigativo, ao sublinhar a importância de fornecer ao público um panorama da sujeira na política. Trata-se do jornalismo como contrapeso ao poder político.

Blomkvist representa esse contrapeso. Ele é o faro-fino de máxima eficiência que desvela as elites econômicas, políticas e jurídicas, assim como esclarece as conexões entre estas. É um defensor da ordem democrática, mas também do cidadão comum ameaçado pelas forças corruptas da riqueza, do *status* e do poder. O herói jornalista de Larsson é capaz de levantar o tapete para mostrar a sujeira embaixo, revelar criminosos, homens que abusam das mulheres e da democracia.

---

162. Stieg Larsson, *Män som hatar kvinnnor* (Stockholm: Norstedts, 2005), p. 500. Minha tradução. A tradução de Reg Keeland [para a edição americana] deixa de lado partes importantes. Ver Stieg Larsson, *The Girl with the Dragon Tattoo*, trad. Reg Keeland (New York: Vintage, 2009), p. 514. (N.T.: Preferimos manter as notas com referência às edições norte-americanas da trilogia *Millenium*.)

Se queremos de fato apreciar Kalle Blomkvist, precisamos olhar para esse tipo de personagem da vida real que emergiu na Suécia.

O jornalista como porta-voz do poder político

Nos anos de 1950, o crime juvenil causava grande preocupação na política e no jornalismo suecos. As maiores questões eram: por que as pessoas cometem crimes? E por que os jovens "ficam maus"? A imprensa focava nos roubos cometidos por meninos e em sua participação em "gangues".[163] A imprensa culpava a falta de instituições adaptadas às questões dos jovens. Defendia-se a necessidade de uma reforma nos procedimentos de tratamento corretivo para jovens infratores. Os anos de 1950 foram bastante duros e tradicionais em termos do cumprimento das leis, mas, apesar disso, foi a década em que houve o aumento mais drástico do número de crimes.[164]

No jornalismo, os que haviam cometido crimes eram descritos como *as ovelhas negras do estado do bem-estar social*, uma categoria social com problemas. Os "maus" poderiam, entretanto, ser reabilitados, e acreditava-se que os jovens infratores pudessem ser reintegrados à sociedade. Bastava ter ensino, instituições fortes e o tratamento correto.

No estado do bem-estar social nos anos 1950, *os policiais* eram os verdadeiros heróis no jornalismo criminal. Podiam correr mais rápido que um trem para pegar um malfeitor, e surgiam em um local bem a tempo de desarmar a bomba feita por algum maluco desesperado. No dia a dia, fraudes de seguros eram descobertas, moleques nas ruas eram trazidos de volta para a linha e os especialistas forenses não tinham qualquer problema em desvendar casos envolvendo criminosos desviados. O cenário que se apresentava ao público contemporâneo era repleto de combatentes ao crime alertas, heroicos e bem-sucedidos que, às vezes, punham suas vidas em risco para manterem a lei e a ordem.

Na vida diária, os jornalistas haviam entrado numa espécie de relação simbiótica com a polícia. Os jornais e o rádio eram canais diretos

---

163. A evolução histórica do jornalismo investigativo e da política de justiça criminal baseia-se em vários estudos e pesquisas. Um exemplo é Esther Pollack, *En studie i medier och brot* (*Estudo sobre a mídia e os crimes*) (Stockholm: JMK, Stockholms Universitet, 2001); e Ester Pollack, *Juvenile Crime and the Swedish Media in an Historical Perspective*, uma série de estudos contextualizados e relacionados entre si sobre os anos 1955, 1975 e 1995 (Stockholm: JMK, Stockholm Media Studies, 2003).

164. Jerzy Sarnecki, *Introduktion till kriminologi* (*Introdução à criminologia*) (Stockholm: Studentlitteratur, 2009); e Hanns von Hofer e Henrik Tham, *Kriminologiska bidrag till National encyklopedin 1989–1996*, (Contribuições criminológicas à enciclopédia nacional (Stockholm: Särtryck nr.23, Kriminologiska institutionen, Stockholms Universitet, 1996).

com o público. Por meio deles, era possível publicar boletins de "procura-se" e talvez até alistar a ajuda de cidadãos cooperativos. O papel do jornalista era o de um funcionário público que cooperava com a polícia e as autoridades para reduzir o crime e conscientizar os cidadãos com relação ao grande edifício de bem-estar social que estava sendo construído. Os jornalistas tinham responsabilidade social. Eram importantes porta-vozes das autoridades.

O jornalista como crítico do estado do bem-estar social

Com a chegada dos anos 1970, essas mesmas instituições eram agora criticadas por não atenderem às exigências que deles se fazia. Nos debates na imprensa, a justiça criminal e o sistema carcerário eram mostrados como conservadores e extremamente difíceis de sofrer reformas. A grande questão dos anos 1970 era como humanizar o sistema e alterar a estrutura de classe, vista como a raiz do comportamento criminoso.

Na metade dos anos 1970, o ministro da justiça sueco Lenart Geijer declarou, de modo radical, que as prisões deveriam ser demolidas. Elas tinham apenas um propósito: proteger os cidadãos de um número pequeno de indivíduos violentos. O aprisionamento, argumentava Geijer, era nada mais do que um ato de vingança que criava ódio nas pessoas forçadas a passar por ele e não reduzia o crime. As declarações do ministro da justiça estavam de acordo com uma nova concepção do crime que havia sido expressa ao longo da década por um movimento político liberal-radical.[165] Esse movimento se manifestou na forma do NACS (Associação Nacional pela Humanização do Sistema Correcional), um dos vários patrocinadores da *Pocket Magazine R*. Publicada em formato de *pocket book*, a revista tornou-se a principal força a liderar o debate sobre as políticas de justiça criminal nos anos 1970. Ela dava voz a um comprometimento sociopolítico e apoiava os membros mais fracos da sociedade, e incluía os presos, os viciados em drogas, os alcoólatras e os doentes mentais.

Nessa época, os jornalistas viraram críticos sociais que apontavam as faltas das autoridades.[166] Seu profissionalismo e independência haviam aumentado de modo significativo. Foi nesse período que se es-

---

165. Veja, como exemplo, o maior jornal diário da Suécia, o *Dagens Nyheter* (Notícias Diárias), 23 de novembro de 1975.
166. Durante essa década, o papel do jornalista como investigador do poder político foi formulado numa série de pesquisas conduzidas pelo governo; veja, como exemplo: Statens Offentliga Utredningar (SOU) 1975:78 *Svensk press. 3. Pressens funktioner i samhället*. 1972 års pressutredning (Stockholm, 1975) (Relatório oficial do governo da Suécia

tabeleceu o ideal do jornalista investigativo e farejador da verdade. Jan Guillou, um conhecido predecessor sueco de Mikael Blomkvist, já havia escrito uma série de artigos respeitáveis quando, em 1973, trouxe a público uma organização secreta que, entre outras coisas, estava envolvida com o registro sistemático dos apoiadores da esquerda política.[167] Como no caso do fictício Blomkvist, Guillou foi condenado a ficar por um curto período na prisão, antes de se vingar de seus detratores, ao provar que estava certo.

Ele também lembra Stieg Larsson. Enquanto estava na prisão, Guillou lia Sjöval e Wahlöö, dupla de escritores suecos que escrevia ficção criminal com críticas ao sistema social dos anos 1970.[168] Por sua vez, Guillou escreveu um suspense de espionagem para sua geração, dando origem aos romances sobre o oficial de investigação Carl Hamilton.[169] Os livros de Guillou fizeram um sucesso estrondoso e foram transformados em filme várias vezes.[170]

---

167. Era o Departamento Especial da Equipe de Defesa, conhecido como Agência de Informações: era uma organização secreta que agia sob disfarce nas Forças Armadas Suecas. Um dos objetivos era colher informações sobre os comunistas e outras supostas ameaças à segurança nacional. O departamento foi exposto, em 1973, pelos jornalistas Jan Guillou e Peter Bratt. O caso ficou conhecido como Caso da Agência de Informações. Um inquérito público foi publicado em 2002, SOU 2002:87. Veja também as memórias de Jan Guillou, *Ordets makt och vanmakt. Mitt skrivande liv* (*O poder e a impotência das palavras. Minha vida de repórter*) (Stockholm: Piratförlaget, 2009), p. 154–273.

168. Maj Sjöval e Per Wahlöö (1926-1975) escreveram dez livros da série *The Story of a Crime*; todos viraram filme, tanto na Suécia quanto em outros países. O protagonista é o Inspetor Martin Beck. Ele também apareceu em uma série de novas adaptações para o cinema, com personagens antigos e outros novos.

169. Há vários filmes baseados nos livros de Jan Guillou sobre o investigador Carl Hamilton. Além das produções cinematográficas locais, foram feitas também adaptações na Holanda e na Alemanha. Guillou *Ordets makt och vanmakt. Mitt skrivande liv*, p. 417–429 (*O poder e a impotência das palavras. Minha vida de repórter*).

170. Outra semelhança é que tanto Guillou quanto Larsson escrevem sob um ponto de vista politicamente radical. Esse também é o caso de Henning Mankell, cuja série de livros sobre Wallander, escritos nos anos 1990, contribuiu para dar mais destaque à ficção policial sueca. Vários novos autores seguiram a tendência, assim como um número considerável de mulheres escritoras. Veja Jan-Erik Pettersson, *Stieg Larsson. Journalisten, författaren, idealisten* (*Stieg Larsson. Jornalista, autor, idealista*) (Stockholm: Telegram Bokförlag, 2010), p. 185–212.

O jornalista como intérprete de uma cultura de violência

Duas décadas mais tarde, na metade dos anos 1990, houve mais uma mudança de cenário, quando da mudança do equilíbrio de poder entre o jornalismo e a política. O jornalismo se desenvolveu para virar uma instituição social que interviesse no trabalho de outras instituições e organizações, bem como na vida cotidiana dos indivíduos. Os jornalistas, que antes descreviam, debatiam e reportavam crimes, agora desempenhavam vários papéis: repórter de tribunal, articulista, jornalista cultural, âncora de televisão, moderador de debates, membro de conselho editorial e especialista. O crime virara um tema que ecoava por meio dos inúmeros canais de comunicação na forma de notícias, informação e entretenimento.

O jornalismo investigativo dos anos 1990 concentrava-se na influência da violência, na ameaça representada pelo racismo e no sofrimento das vítimas. De modo significativo, as vítimas, cada vez mais, substituíam os criminosos como personagens centrais. Nas escolas, o *bullying* tornou-se uma questão; na saúde, os funcionários estavam sendo expostos à violência; no mundo dos esportes, ressaltava-se a violência entre torcidas organizadas e torcedores comuns. Havia também reportagens sobre a violência neonazista, violência masculina contra as mulheres e abuso sexual contra mulheres e crianças. A imagem que surgia era a de uma sociedade violenta com ideologias racistas populares.

Os jovens eram descritos como pessoas que seguiam um estilo de vida violento e criminoso, e que seriam viciados, membros de gangues de motocicletas, racistas, membros de torcida organizada, trombadinhas, skinheads ou imigrantes. Não havia qualquer otimismo com relação ao futuro e as ideologias de reabilitação haviam sido substituídas por exigências de sentenças mais severas. A situação nas cidades era descrita com termos usados em tempo de guerra. Os jovens eram "bombas-relógio" e uma série de "guerras de gangue" ameaçavam as comunidades. A maldade humana e a escolha individual eram as razões por trás das estatísticas de criminalidade. A origem étnica também era usada como explicação. Nas descrições jornalísticas, os jovens infratores eram desprovidos de modelos de comportamento, motivação e perspectivas futuras. Os cidadãos tinham medo de serem vitimados pelo crime e não confiavam na polícia. Em suma, um cenário profundamente pessimista estava sendo pintado na imprensa.

Enquanto isso, as estatísticas mostravam que os boletins de ocorrência, que registravam crimes cometidos por jovens, haviam permanecido os mesmos durante aquele espaço de tempo de 15 a 20 anos.[171] Estava claro que as reportagens sobre crimes não refletiam as verdadeiras tendências do crime. Em vez disso, a Suécia parecia ter despertado para o fato de que as ideologias racistas e neonazistas eram capazes de vicejar mesmo nas sociedades desenvolvidas. Havia um sentimento de fracasso quanto à tentativa de integrar uma população imigrante crescente sem que houvesse conflitos. A imprensa era agora uma plataforma de debates sobre crime, violência e discriminação racial, bem como uma arena para movimentos políticos realizados por vários patrocinadores. Sob os holofotes exagerados do jornalismo, os problemas associados ao crime foram exagerados, mas, ao mesmo tempo, isso gerou preocupações acerca de mudanças contemporâneas que eram bem reais.

Foi contra esse cenário sociopolítico que Stieg Larsson escreveu a trilogia *Millenium*. Mikael Blomkvist tornou-se seu alter ego, o repórter radical que luta contra os horrores de seu tempo.

O jornalista como escritor de romances investigativos

Nos anos antes e após a virada do século, o crime tornou-se uma questão de destaque em todos os partidos políticos. Em 2006, uma aliança de centro-direita venceu as eleições suecas e interrompeu um longo período de mandatos social-democratas.[172] Para a política de justiça criminal, os conceitos de detenção e sentenças eram fundamentais e davam continuidade à tendência que já vinha dos anos 1990. Foram aprovadas várias emendas com relação às penas e, em especial, para os crimes relacionados a violência, drogas e economia e, dentro do sistema penal, houve um endurecimento das medidas de controle dos presos.[173] A aliança de centro-direita ganhara, mais uma vez, a confiança dos eleitores nas eleições de 2010. Entretanto, também foi eleito para o parlamento o Partido Democrata Sueco, que era anti-imigração e que combinava a ideia de uma Suécia livre de imigrantes com uma política

---

171. *Brottsutvecklingen i Sverige fram till år 2007* (Crime na Suécia até o ano 2007), Report 2008:23, Stockholm: Brå.
172. Os vencedores da eleição foram os membros da Aliança pela Suécia, uma coalizão de centro-direita reunindo os partidos Moderado, Liberal, de Centro e Democrata-Cristão. O primeiro-ministro, Fredrik Reinfeldt, pertence ao partido Moderado, o maior deles e que está na liderança. Entre 2006 e 2010, governou com maioria no parlamento; após as eleições de 2010, governou com minoria no parlamento.
173. Jerzy Sarnecki, *Brottsligheten och samhället* (*Crime e Sociedade*) (Stockholm: Studentlitteratur, 2010).

populista direitista de combate ao crime.[174] Pela primeira vez na história da Suécia, um partido de trajetória influenciada pelo nazismo obtinha cadeiras no parlamento.[175]

As tendências na evolução do jornalismo investigativo, no início do século XXI, podem ser resumidas como *sensacionalistas, escandalosas e de entretenimento*. Casos excepcionais de crimes ganham considerável atenção, em particular, na imprensa popular e na TV aberta. Mesmo assim, os canais de imprensa séria e a TV pública também demonstram interesse cada vez maior pelos crimes. O mercado de mídia passou a ser bastante comercializado e a competição por consumidores ficou acirrada com a ajuda das reportagens policiais.[176] O criminoso é visto como "inimigo público número 1". Ao mesmo tempo, existe uma certa glorificação do "herói do crime" no interminável fluxo de crimes excepcionais à mostra. Imagens de machões musculosos e tatuados evocam um mundo de ficção.

Em sequência a essa tendência, vêm os programas em estilo documentário, que mostram a investigação de crimes. Em muitos casos, é difícil determinar se os diretores desses programas estão falando sério ou se estão simplesmente surfando em uma onda de popularidade dos crimes, apenas como oportunidade de agarrar mais audiência. "Info-entretenimento", um gênero que fica entre informação e entretenimento, que se desenvolve com rapidez e com uma enorme variedade de formatos em diferentes plataformas. A internet oferece fóruns de discussão de crimes: notícias *online*, *sites*, *blogs* e salas de bate-papo. *Sites* apoiados por interesses políticos dúbios se especializam na publicação de nomes e imagens de criminosos suspeitos nos estágios iniciais das investiga-

---

174. As questões relativas ao crime e à imigração tinham destaque na campanha política do partido. Os Democratas Suecos são um dos partidos nacionalistas direitistas que Stieg Larsson investigou, e sobre o qual escreveu na revista *Expo*, revista na qual se baseia a *Millenium*. Ele previu que um dia o partido seria aceito em círculos políticos bem-educados. Ver Pettersson, *Stieg Larsson. Journalisten, författaren, idealisten* (*Stieg Larsson. Jornalista, autor, idealista*), p. 149.

175. Na Dinamarca, desde 1995, o Partido Popular Dinamarquês, conservador e nacionalista, ajudou a dar um viés mais restritivo às políticas de imigração na região, como fator fundamental. Na Noruega, desde 1973, opera o Partido Progressista, também de direita nacionalista e populista; na Finlândia, desde 1995, há o partido dos Verdadeiros Finlandeses, com diretriz semelhante.

176. A Suécia, por exemplo, nunca teve um serial killer cujas vítimas fossem mulheres. O tipo mais comum de crime sério e que envolve mulheres com mais de 18 anos de idade é a violência cometida pelo parceiro ou alguém próximo; esse tipo de ataque responde por 45% dos casos registrados nas delegacias. Veja *Anmälda brott. Preliminär statistik för 2010* (Crimes registrados. Estatísticas preliminaries para *2010*) (Stockholm: Brå, 2011).

ções policiais, enquanto outros rastreiam ex-presidiários, revelando sua localização. Há um debate constante entre jornalistas e o público em geral acerca da influência que esses *sites* e a mídia social têm sobre a imprensa tradicional, que parece estar se movendo em uma direção mais especulativa e sensacionalista.

Em 2004, um caso dramático de assassinato aconteceu em uma congregação pentecostal, na pequena vila sueca de Knutby, nos arredores de Upsala. A congregação inteira e a comunidade foram retratadas como vítimas de um pastor maligno. A história é um exemplo chocante de como atos criminosos são transformados em enormes espetáculos de mídia. Por meio das investigações policiais e reportagens jornalísticas, foi revelada uma série espantosa de relações de poder e intrigas sexuais dentro da congregação.[177] Os eventos trágicos se desdobraram na forma de um interminável entretenimento popular, em especial nos tabloides e revistas de fofoca. Em poucos meses, a cobertura sobre o caso havia superado a do assassinato da ministra do exterior Ana Lindh, ocorrido em 2003. Knutby transformou-se em um tipo de reality show com um elenco estereotipado de participantes. A combinação de assassinato, sexo e seita forneceu alimento para a imaginação e para uma série de livros e documentários sobre a vila.

Enquanto isso, ao longo da última década, houve também a expansão de uma variedade de romances investigativos. Há uma enorme diversidade de programas de televisão cujos temas são os crimes e cuja qualidade varia; alguns são suecos, mas a maioria é americano ou britânico.[178] O mercado para literatura policial é crescente e não parece estar nem perto da saturação. Escritores suecos desse tipo de ficção foram traduzidos para vários idiomas e, muitos dos livros transformados em filmes, filmados tanto no próprio país quanto no exterior. Nesse contexto, não é difícil entender o sucesso estrondoso da trilogia *Millenium*.

Cem casos de violência seguida de morte

Uma das contribuições resultantes dos estudos acerca da mídia foi a compreensão de que não existe uma correlação simples entre as estatísticas criminais e os relatos que a imprensa faz dos crimes. E, de modo

---

177. Ester Pollack, "Medier och brott" ("Media and Crime"), in Granhagen and Christianson, eds., *Handbok i Rättspsykologi* (*Manual de psicologia criminalista*) (Stockholm: Liber, 2008).
178. A esposa de um pastor de uma pequena congregação pentecostal fora assassinada e um vizinho seu ficara gravemente ferido. Mais tarde, acusou-se o pastor de ter incitado os crimes, e uma babá, que havia trabalhado para a família, foi acusada de homicídio e tentativa de homicídio.

ainda mais óbvio, vê-se que os crimes espetaculares ligados a sexo e violência ganham prioridade, enquanto o tipo mais comum de crime, o crime contra a propriedade, é bem menos visível. O jornalismo não é um simples espelho da realidade. Embora os índices juvenis de crime nos anos de 1990 sejam similares aos da década anterior, as reportagens sobre crimes eram bastante alarmistas e costumava se exigir medidas mais rigorosas.

O jornalismo investigativo pode até mostrar de modo contundente as questões relacionadas a uma determinada comunidade em um determinado momento, mas isso não significa que o crime se desenvolva, de fato, do modo como a mídia reporta. Por meio de cartazes sensacionalistas e manchetes gritantes, os jornalistas podem fazer com que acreditemos que a exceção é a regra.

Na Suécia, nos últimos 30 anos, houve por volta de 100 casos de violência seguida de morte a cada ano, na forma de homicídios, homicídios culposos [em que não houve intenção de matar] e agressões que resultaram em morte. Nos últimos 15 anos, esse número decaiu, em particular com respeito a vítimas com menos de 15 anos. Esses números não são muito dramáticos para uma população de aproximadamente 9,4 milhões (2011).[179] Na verdade, a Suécia é um país relativamente seguro de acordo com os padrões europeus, sendo que seus índices criminais estão no mesmo patamar de outros países da Europa Ocidental. Mas, com sua dramaticidade, o jornalismo criminal pode causar uma impressão bem diferente.

O fato de os crimes obterem grande cobertura da mídia pode ser explicado por vários ângulos. Essas histórias se encaixam no estilo de narrativa dramática do jornalismo; apelam a questões fundamentais acerca da existência humana; projetam grande parte do medo e da ansiedade do público em bodes expiatórios (os infratores) que quase nunca têm a chance de se defender; com frequência contêm um tom moralista e fazem sentido sob o ponto de vista comercial. As condições que governam a produção de notícias decidem o que vai ter prioridade, com os fatores conjunturais, como os debates atuais e possíveis conexões com outras histórias e atividades. O assunto de destaque é determinado pelo jogo entre a imprensa e suas fontes, que contém uma variedade de diferentes jogadores e acionistas.

O jornalismo investigativo sério andou tendo dificuldades para se firmar na primeira década deste século. Pressões econômicas sobre os

---

179. Em uma semana (fevereiro de 2011), em dez canais da TV a cabo sueca (disponíveis para todos), contei mais de 15 programas diferentes sobre crimes.

jornais e demissões nas equipes editoriais conduziram a uma escassez de recursos para o trabalho investigativo. Embora a situação na Escandinávia não seja tão drástica quanto nos Estados Unidos, a tendência é a mesma. As plataformas eletrônicas e a convergência tecnológica transformaram o universo da mídia da mesma forma como os hábitos do público em relação às notícias. Entretanto, essas mudanças envolvem contradições: o público consome informações de forma mais seletiva e vários meios de comunicação se tornam cada vez mais seletivos quanto ao público-alvo, ao mesmo tempo em que certos eventos e fenômenos têm impacto em massa por meio do cenário de mídia. Boa parte das notícias que surgem são reportagem sobre atividades criminosas.

Seguindo os passos dos heróis

A ficção e a realidade se misturam de formas estranhas. As narrativas literárias da revista *Millenium*, feitas por Blomkvist e Berger, manifestam-se nos prédios, nas ruas e em outros locais que as pessoas visitam para reviver as cenas de crime e os eventos fictícios. As histórias têm como base a sociedade em que foram criadas e são, portanto, capazes de expressar algo sobre a vida contemporânea. Mesmo assim, isso não quer dizer que elas se correlacionem com eventos no mundo real, em um nível factual.[180] A questão é: como esses turistas literários interpretam a trilogia? Quando me perguntam isso, em meu próprio bairro, que é onde fica o escritório editorial, fico pensando em como responder.

Enquanto isso, crimes reais vêm sendo dramatizados e transformados em ficção, por uma série de formatos de programas que afirmam refletir a realidade. O público em geral percebe uma ameaça crescente de crimes, enquanto os políticos são expostos, com frequência, à poderosa opinião pública, como resultado de um número exagerado de notícias sobre crimes. Indivíduos amedrontados são mais inclinados a aceitar exigências populistas por políticas mais duras de combate ao crime. É cada vez mais comum o tipo de jornalismo sensacionalista, baseado em evidências pouco confiáveis e responsáveis por uma atmosfera que estimula a ação de justiceiros. O jornalista que não toma partido, investiga o sistema judiciário em prol dos interesses públicos, e descreve os fatos criminosos de modo a torná-los compreensíveis, vem se tornando cada vez mais raro. Onde está você, Kalle Blomkvist?

---

180. Conselho Nacional da Suécia para Prevenção de Crimes, *Dödligt våld* (*Violência fatal*) (Stockholm: Brå, 2008).

PARTE TRÊS

STIEG LARSSON, HOMEM DE MISTÉRIO

"Todos os grandes artistas eram grandes trabalhadores, incansáveis não só para criar, mas também para rejeitar, selecionar, remodelar e ordenar."

– Friedrich Nistzsche

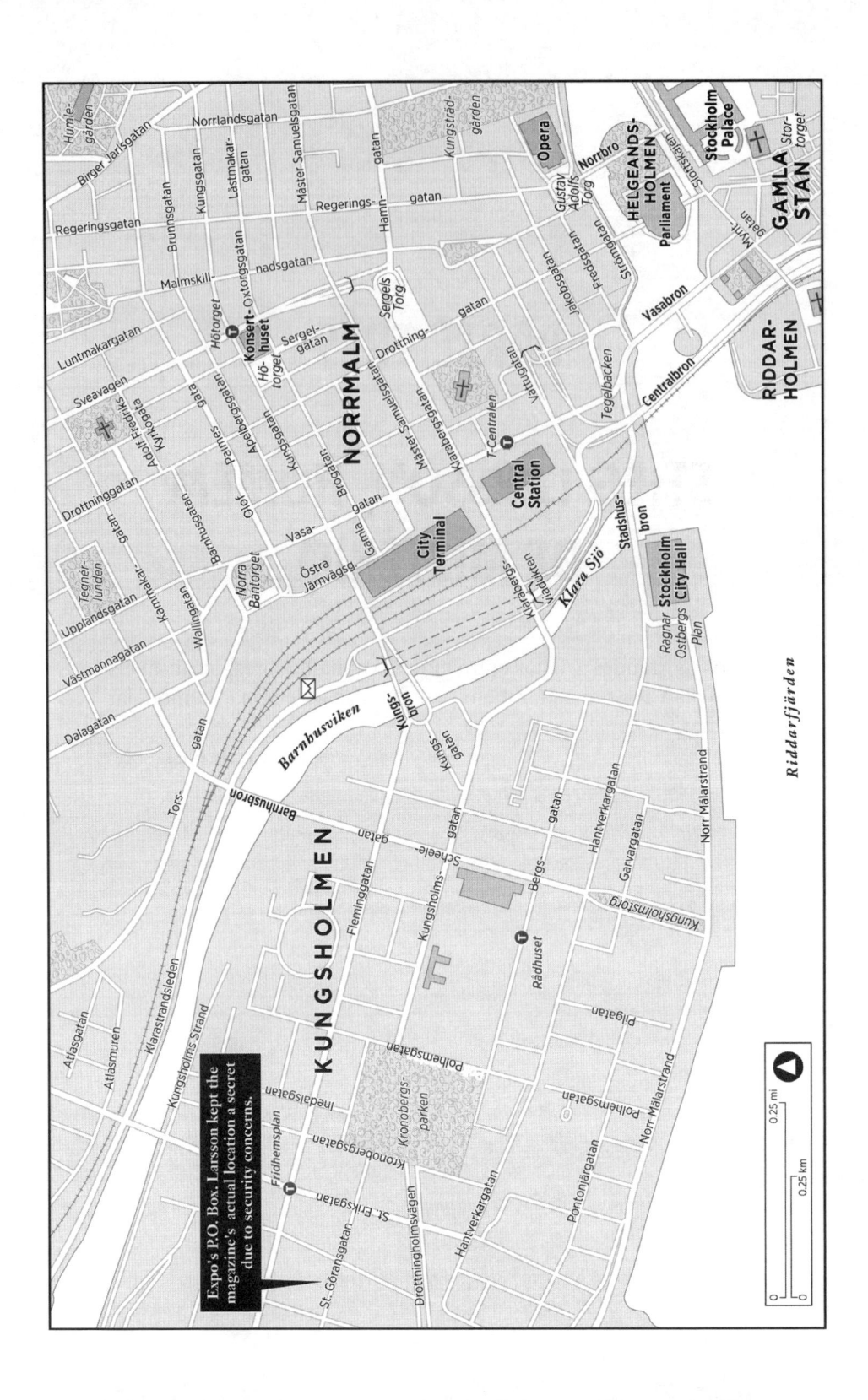

Expo's P.O. Box. Larsson kept the magazine's actual location a secret due to security concerns.

O Filósofo que Conheceu Stieg Larsson: um Breve Relato

Sven Ove Hansson

Foi em 11 de novembro de 1985 que me encontrei com Stieg Larsson pela primeira vez. Em uma curta anotação que fiz para mim mesmo após o episódio, concluí: "Ambos parecemos ter algumas peças de um quebra-cabeças que se encaixam". Essas peças diziam respeito a informações sobre organizações suecas de extrema-direita.

Naqueles dias, eu dividia meu tempo entre os estudos do doutorado em filosofia e a produção de textos independentes. Stieg tinha 31 anos de idade e, desde 1979, trabalhava na Tidningarnas Telegrambyrå (TT), a maior agência de notícias da Suécia. Seu principal trabalho era fornecer ilustrações, tais como mapas e gráficos para acompanhar as reportagens. Mas, além disso, ele também escrevia artigos que cobriam uma variedade de assuntos; alguns eram resenhas de romances investigativos que tinham acabado de ser lançados (e hoje em dia são materiais interessantes de referência, para quem deseja investigar as fontes literárias que o inspiraram). Mesmo assim, não eram por essas razões que eu ansiava em falar com ele pessoalmente e sim por causa de suas investigações acerca de organizações nazistas, fascistas e racistas, que ele empreendia em seu tempo livre. Stieg era também o correspondente escandinavo da revista antifascista britânica *Searchlight*.

Reunimo-nos diversas vezes, no final dos anos 1980 e início dos anos 1990, em cafés, no local onde ele trabalhava, durante os turnos da noite, às vezes na minha casa ou, então, no apartamento em que ele morava com a esposa, Eva Gabrielson.[181] Por sermos dois corujões, as reuniões quase sempre aconteciam tarde da noite, regadas a muito café e, no caso dele, acompanhadas de cigarros.

Denunciando atividades extremistas

Stieg liderava a investigação e denúncia de organizações racistas suecas e suas atividades. O sucesso em um trabalho desse tipo depende da obtenção e análise de informações provenientes de enorme variedade de fontes, atividades que consumiam bastante tempo. Os documentos por escrito são essenciais. É preciso coletar recortes de jornal; os próprios tabloides, folhetos e outras publicações dos racistas; as propostas políticas dos candidatos racistas e uma vasta gama de outros materiais. Os extremistas de direita normalmente são interrogados pela polícia e chamados a prestar depoimento nos tribunais (nesse grupo estão não só os skinheads e nazistas uniformizados como também os racistas de terno e gravata que posam como políticos respeitáveis). Assim, documentos da polícia e dos tribunais costumam ser muito úteis. Informações adicionais podem ser obtidas tomando-se notas e tirando fotos em reuniões públicas e entrevistas com membros e ex-membros desses movimentos. A lei também dá espaço para outros meios menos convencionais de coleta de informações, como se infiltrar e disfarçar-se como simpatizante ao fazer perguntas. Mas, sem dúvida, o método mais importante é a obtenção e o arquivo de grande quantidade de informação e, depois, a busca de padrões, tais como quando os membros de organizações nazistas aparecem em contextos aparentemente respeitáveis.

A troca de informações é essencial para começar a organizar esse tipo de quebra-cabeça. Na rede de investigações, Stieg era sempre o mais bem informado e, com frequência, rastreava e encontrava as informações que os outros precisavam para completar um caso. Ele parecia nunca se opor aos outros por publicarem matérias baseadas em suas pesquisas; seu objetivo era expor os nazistas e racistas, bem como sabotar as atividades destes. Também costumava estar mais do que disposto a fornecer, a organizações respeitáveis, informações necessárias para evitar que fossem infiltradas por racistas. Eu me correspondi com Stieg, em 1993, para falar

---

181. Usei a palavra *esposa,* porque eram de fato marido e mulher. Como explicou Eva, em um livro recente, decidiram não se casar no sentido formal. Stieg vivia sob ameaças e um casamento com registro civil teria tornado muito fácil para os extremistas encontrarem o endereço deles (Eva Gabrielsson and Marie-Françoise Colombani, *Millenium, Stieg & jag* [Stockholm: Natur & Kultur, 2011], p. 54-55). Da primeira vez que Stieg me convidou para visitá-lo em casa, precisou avisar que o nome na placa da porta dizia apenas "Gabrielsson".

sobre uma organização que passava por esse tipo de problema. Não fiquei surpreso ao ver que ele tinha todas as informações que o presidente da organização precisava para avaliar o problema e decidir como proceder.

Embora os nazistas e outros do tipo gostem de chamar a si mesmos de "nacionais", possuem uma rede internacional bem desenvolvida e cruzam, com frequência, fronteiras entre países para buscar cooperação e inspiração uns com os outros. Dentre os observadores dos extremistas suecos, Stieg tinha um olhar internacional singular que, com generosidade, compartilhava com o resto de nós. E, mais do que todos, era capaz de detectar a forma como os extremistas adotavam mensagens e métodos, provenientes de seus colaboradores, em outros países.

Existem algumas semelhanças entre a investigação privada de extremistas e o serviço de inteligência que a polícia empreende contra os mesmos grupos. Em ambos os casos, a coleção de grande quantidade de informação é essencial para revelar padrões e detectar tendências. Existem duas consideráveis diferenças, entretanto. Em primeiro lugar, quando há suspeita de crimes graves, a polícia tem acesso a métodos de investigação, como grampo telefônico, que não estão disponíveis aos investigadores particulares. Em segundo, as investigações policiais são (e deveriam ser) restritas a atividades criminais, ao passo que os investigadores particulares têm liberdade para vasculhar formas odiosas, mas permitidas, de racismo, xenofobia, homofobia e discriminação. É claro que a polícia e os investigadores particulares, às vezes, trocam informações entre si. Tais contatos são normalmente respeitosos e colaborativos, mas, vez ou outra, pode haver certa divergência. Sei de um caso assim, que envolveu Stieg. Em 17 de outubro de 1989, ele me escreveu dizendo:

> Suas informações de que os cavalheiros em Kungsholmen [onde se localiza o quartel de polícia em Estocolmo] pediram a X [outro observador de atividades extremistas] que examinasse mais atentamente um professor em Bergslagen é preocupante. Anna-Lena e eu estamos trabalhando nessa história já há um bom tempo e eles sabem disso em Kungsholmen. Não gosto nem um pouco de juntar uma multidão como essa em Bergslagen, pois existe o risco de cruzarmos o caminho uns dos outros e nos atrapalharmos. Pode ser que o resultado disso seja que a história que estamos investigando com tanto interesse acabe se perdendo. Acho que deveríamos conversar sobre isso, assim que possível.[182]

---

182. Carta de 17 de outubro de 1989 de Stieg Larsson a Sven Ove Hansson. Em posse do autor.

Após o assassinato do primeiro ministro sueco Olof Palme, em fevereiro de 1986, houve especulações de que algum movimento extremista teria sido responsável pelo crime. Observadores dos extremistas foram interrogados pela polícia, em busca de provas e motivos. Nas primeiras semanas após o assassinato, Stieg ficou preocupado com isso, tanto quanto nós. Três semanas após o crime, quando, por alguma razão, eu não pude ser contratado por telefone, ele me enviou a seguinte nota:

> Telefonei para você várias vezes desde o assassinato, para saber se você teria algum palpite ou ideia. Eu tinha alguns, mas todos acabaram não dando em nada.[183]

Apesar de tudo, Stieg não se tornou um dos vários investigadores particulares de olho no assassinato de Palme. Ele sabia muito bem que o crime não poderia ser resolvido sem a investigação de fontes às quais somente a polícia tinha acesso.

Stieg como articulista

Alguns meses antes de conhecer Stieg, em pessoa, eu havia publicado um livro sobre movimentos de direita na Suécia.[184] Uma das pessoas cujo nome era o mais citado no livro me processou por difamação. Isso não me surpreendeu: levar os investigadores ao tribunal é um método comum para desencorajá-los. O processo não me deixou ansioso, porque o livro havia sido baseado, por completo, em documentos escritos que eu poderia apresentar frente ao juiz. Mesmo assim, eu quis aproveitar a oportunidade para apresentar fatos adicionais que vinham causando problemas aos extremistas. Stieg foi capaz de me fornecer documentos bastante úteis para os procedimentos no tribunal, em particular aqueles relacionados à ligação entre organizações de direita ditas respeitáveis e organizações nazistas em outros países europeus. Eu teria vencido o caso, de qualquer forma, mas a ajuda de Stieg contribuiu para que os procedimentos acabassem ficando bem mais prejudiciais ao autor do processo.

Dois anos depois, em 1988, apresentei Stieg a Anna-Lena Lodenius, uma jovem que havia começado a investigar o extremismo direitista e que tinha acesso a fontes muito boas complementares às de Stieg. Logo após se conhecerem, propus que juntassem esforços para redigir

---
183. Carta de 20 de março de 1986 de Stieg Larsson a Sven Ove Hansson. Em posse do autor.
184. Sven Ove Hansson, *Till höger om neutraliteten: bakom fasaden hos näringslivet och moderaterna* (Stockholm: Tiden, 1985).

uma visão geral sobre o extremismo de direita na Suécia e em outros lugares. Convenci (com facilidade) um editor amigo meu (Lars Hjalmarson) a apoiar o projeto. O livro, publicado três anos depois, fornece uma descrição detalhada de todas as organizações nazistas, fascistas e racistas na Suécia, com a visão geral sobre o extremismo internacional de extrema direita. É ainda hoje considerado o principal trabalho sobre o assunto escrito em sueco.[185]

Tive o privilégio de acompanhar de perto a produção do livro. Li e comentei todos os capítulos ao menos duas vezes, além de ter me encontrado com Stieg e sua coautora várias vezes durante o processo. Com base nessa experiência, e não apenas nela, estou em posição de refutar a afirmação de que Stieg não pudesse ter escrito ele mesmo seus romances por não ser tão bom escritor. Recebi muitas páginas diretamente da máquina de escrever de Stieg (ele ainda usava uma máquina de escrever, naquela época). Em algumas ocasiões, cheguei a estar presente durante o processo de escrita. Stieg era um excelente escritor e tinha uma sutileza especial para estruturas dramatúrgicas. Assim como muitos bons autores, gostava que comentassem seu trabalho. Utilizava os comentários de modo eficiente para melhorar sua escrita e, com frequência, encontrava melhores formas de colocar em palavras o que havia escrito antes e até superava as minhas sugestões.[186]

Antissemitismo como indicador

Uma das muitas coisas que aprendi com Stieg foi a importância de reconhecer sinais de antissemitismo na escrita e na propaganda extremistas. Claro que há outras formas também abomináveis de racismo, mas o antissemitismo é um "indicador" que quase sempre revela conexões com movimentos nazistas e fascistas. Se você se deparar com antissemitismo, cave mais fundo e é bem possível que ache uma longa linhagem que remonta ao NSDAP, o partido nazista alemão.

Nas décadas após a Segunda Guerra, o antissemitismo quase nunca era expresso em público, mas, desde o final dos anos 1980, ele é cada vez mais afirmado de forma aberta. Conforme observou Stieg em um artigo que escreveu em 1998, o antissemitismo reconquistou seu lugar como o principal tema de um número cada vez maior de tabloides,

---

185. Anna-Lena Lodenius e Stieg Larsson, *Extremhögern* (Stockholm: Tiden, 1991).
186. Sobre a afirmação de que ele não era capaz de escrever, ver também Eva Gabrielsson, "Min käre Stieg ar ingen handelsvara," *Expressen*, 31 de janeiro de 2010.

panfletos e *sites* de extrema direita.[187] Em outro artigo, escrito dois anos depois, ele criticou os políticos locais do sul da Suécia que não denunciaram expressões de antissemitismo, em uma demonstração contra políticas israelenses da qual haviam participado:

> Protestar contra as políticas do governo de Israel é um direito evidente, sem dúvida, e tão legítimo quanto protestar em outras ocasiões contra as políticas dos governos britânico, francês e sueco. Mas, utilizar tais protestos para atacar todo um grupo étnico (nesse caso os judeus) é antissemitismo clássico e não tem lugar em um contexto democrático.[188]

Denunciando os democratas suecos

Em 1979, Per Enghdal (1909-1994), uma das figuras centrais do fascismo sueco desde os anos 1920, escreveu um artigo em que propunha uma nova estratégia para esse movimento. Ele havia se convencido de que o racismo biológico não era mais politicamente viável. E, portanto, sugeriu que fosse substituído por ataques às diferenças culturais e à imigração. Em resumo, ele propôs a utilização da retórica anti-imigração com o mesmo propósito da retórica racista.[189] Três meses depois, foi formada uma nova organização, a Bevara Sverige Svenkst (BSS, ou Suécia para os Suecos), formada em grande parte por veteranos como Enghdal e de outros grupos nazi-fascistas. Em 1988, esse grupo foi reorganizado na forma de um partido político, o Sverigedemokraterna (SD, os Democratas Suecos). Os primeiros líderes do partido eram, em grande parte, pessoas que já haviam participado de organizações nazi-fascistas. Com início em 1995, o partido tentou limpar sua imagem com a remoção das pessoas com histórico fascista de suas listas de candidatos às eleições.[190] Nas eleições nacionais de 2010, obtiveram 5,7% dos votos, e hoje têm representantes no parlamento sueco. Entretanto, sua estratégia é ainda a mesma determinada no artigo de Enghdal em 1979, ou seja, usar argumentos culturais para atacar os mesmos grupos

---

187. Stieg Larsson, "Judehatet—igen!" *Aftonbladet*, 25 de novembro de 2000. Stieg Larsson, "Antisemitismens återkomst," *Expo*, nº 3, 1998.
188. Stieg Larsson, "Judehatet—igen!" *Aftonbladet*, 25 de novembro de 2000. Em outro artigo, no mesmo jornal, ele criticou uma revista que se dizia ser "conservadora culturalmente" e que abria suas páginas a antisemitas e revisionistas históricos; Stieg Larsson, "Irving strör salt i aldrig läkta sår," *Aftonbladet*, July 7, 2000.
189. Per Engdahl, "Invandringens risker," *Vägen Framåt*, nº 3, abril de 1979.
190. Stieg Larsson, "Den 'nationella rörelsen'—historien om Sverigedemokraterna," in Richard Slätt, ed., *Sverigedemokraterna från insidan: berättelsen om Sveriges största parti utanför riksdagen* (Stockholm: Hjalmarson och Högberg, 2004), p. 19–32.

tradicionalmente atacados pelo racismo tradicional com argumentos biológicos.

Stieg Larsson esteve entre os primeiros a reconhecer a nova estratégia dos Democratas Suecos, ou melhor, a reconhecer que ela nada tinha de nova, e sim que havia sido emprestada de outros extremistas europeus. A mesma estratégia já havia sido aplicada na Grã-Bretanha pelo National Front, formado em 1967 e encabeçado pelo veterano fascista A. K. Chesterton (1896-1973). Stieg escreveu em 1991:

> A estratégia de Chesterton era criar um movimento contra a imigração, com uma aparência moderada o suficiente para conseguir incitar um movimento de massa e atrair os elementos mais reacionários da extrema direita do partido conservador como apoio que conferisse respeitabilidade. Ele simplesmente esperava tornar o racismo respeitável. Isso trouxe a necessidade, frente a tal estratégia, de manter a distância os idiotas extremistas uniformizados.[191]

Foi exatamente essa a estratégia que Enghdal planejou para o extremismo direitista em 1979, plano que ainda hoje é aplicado pelos Democratas Suecos e seus aliados em vários outros países europeus. Stieg percebeu essa conexão e suas perigosas implicações de maneira mais clara do que qualquer outra pessoa.

Democrata determinado

Stieg estava convicto de que era responsabilidade dos democratas, em geral, e dos partidos democratas, em particular, agirem contra o extremismo antidemocrático e racista. O jornal antirracista *Expo*, cuja criação teve Stieg como peça-chave, cooperou desde o começo com organizações políticas para a juventude, tanto de direita quanto de esquerda. Conforme Stieg disse em uma entrevista:

> Precisamos da democracia total. Grupos de nazistas e fundamentalistas loucos têm de ser combatidos, mas isso deve ser feito por meios democráticos.[192]

A Suécia possui uma pequena organização de anarquistas violentos, a Antifascistisk Aktion (AFA, Ação Antifascista), que combate a

---
191. Lodenius e Larsson, *Extremhögern*, p. 144.
192. Håkan Blomqvist, "Stieg Larsson. På barrikaden för demokratin," *Humanisten*, nº 3-4, 2002, p. 40-43.

extrema-direita (e outros inimigos políticos) por meios violentos. Na mesma entrevista, Stieg disse:

> Tive um debate público com um dos líderes da AFA, e ficou bem claro que não compartilho das visões de mundo ou da perspectiva deles. A AFA é um movimento bem pequeno, mas recebem 90% da atenção da imprensa. Tornaram-se quase sinônimo de antirracismo. Mas o grande movimento antirracista pode ser encontrado em escolas, entre professores, nos sindicatos, entre os empresários e políticos.[193]

De acordo com Stieg, um grupo antirracista que utiliza violência "não pode mais chamar a si mesmo de grupo antirracista, senão toda a ideia do que eles são se perderia".[194]

Feminismo e homicídios em defesa da honra

Stieg opunha-se fortemente a todos os tipos de discriminação e não apenas às de variedades racista e xenofóbica. Ele escreveu acerca da violência homofóbica e da discriminação contra as mulheres. Um de seus artigos mais ideológicos foi uma análise sobre a noção de assassinatos em defesa da honra.[195] O ponto de partida era algo bem concreto: no início de 2002, uma jovem imigrante, Fadime Sahindal, foi morta pelo pai, que não conseguia aceitar o estilo de vida independente dela. Na imprensa, isso foi amplamente debatido como exemplo de homicídio em defesa da honra. Era considerado parte de um padrão cultural e o assassinato foi visto como ligado de modo casual ao fato de que o assassino era imigrante e muçulmano.

Três meses antes, outra jovem, Melissa Nordell, havia sido assassinada pelo namorado, que não lhe permitia independência. Nem ela nem o namorado eram imigrantes ou provenientes de famílias imigrantes. Esse assassinato não foi tratado como algo determinado em termos culturais ou como parte de um "padrão cultural". Em vez disso, foi descrito como um crime comum, ou seja, uma exceção à cultura, em vez de algo proveniente desta. E, mesmo assim, esse tipo de assassinato é mais comum entre os suecos não imigrantes do que o "homicídio em defesa da honra" entre os imigrantes. Então, por que quase todas as

---

193. Blomqvist, "Stieg Larsson. På barrikaden för demokratin".
194. Stieg Larsson e Daniel Poohl, *Handbok för demokrater* (Stockholm: Expo, 2004), p. 83.
195. Stieg Larsson, "Svenskt och osvenskt våld mot kvinnor", in Stieg Larsson e Cecilia Englund, eds., *Debatten om hedersmord: feminism eller rasism* (Stockholm: Svartvitt, 2004), p. 99–119.

reportagens de jornal sobre o assassinato de Fadine Sahindal utilizaram explicações que culpam todo um grupo de pessoas?

Embora Stieg não fosse filósofo, seu texto poderia ser usado em um seminário de filosofia. O artigo de Stieg tinha como base um raciocínio filosófico para revelar os preconceitos morais. Ele analisava dois casos, de modo cuidadoso, para conseguir determinar as semelhanças e diferenças entre ambos. Ao fazê-lo, ele nos ensinou uma importante lição: as categorias que tomamos por garantidas podem nos levar a tirar conclusões morais equivocadas.

Contra a pseudociência

Stieg e eu tínhamos ainda outro interesse em comum: a exposição e refutação da pseudociência. Dois anos antes de nos conhecermos, ele expressara sua atitude sobre o tema em um artigo de jornal:

> Fui apresentado, faz pouco tempo, a uma jovem em um café em Estocolmo. A primeira pergunta que ela fez após nos conhecermos foi qual era o meu signo. Ela tinha por volta de 30 anos e, mais tarde, disseram-me que ela havia feito ensino fundamental, ginásio e vários anos de educação universitária. Vinha de família progressista e parecia ser uma mulher normal em posse de todos os sentidos. É difícil encontrar uma desculpa para explicar por que quase 500 anos de iluminismo e progresso científico fracassaram completamente em deixar qualquer impressão na visão de mundo dela.
>
> O mesmo que o seu, respondi. O da vaca.
>
> Então não dissemos mais nada um para o outro. Foi um encontro bem breve.
>
> Sei que pareço um tanto arrogante, mas comecei a ficar irritado com o fato de que mal se pode andar na rua sem que alguém o cutuque para perguntar qual o seu signo. Uma superstição extinta desde os dias de Copérnico acabou virando séria filosofia de vida em 1983.[196]

No mesmo artigo, Stieg afirmava que superstições, como a astrologia, costumam ser apoiadas por argumentos pseudocientíficos que dificilmente podem ser contestados por um não especialista. A astrologia

---

196. Severin [pseudônimo de Stieg Larsson], "Vidskepelsens världsbild" *Internationalen* 39, 1983.

é "apenas um exemplo. Outros são parapsicologia, ufologia, ocultismo, misticismo oriental, biorritmos, I Ching, numerologia, piramidologia, quiromancia (adivinhar o futuro lendo as palmas das mãos), cultos de Atlântida, diversas formas de charlatanismo, cientologia e muito mais".[197]

Dentre os artigos de Stieg para a TT havia várias histórias interessantes e, ao mesmo tempo, educativas sobre mitos e pseudociência. Um artigo desse tipo baseava-se no livro de James Randi, *The Faith Healers*, que revelava alguns dos métodos fraudulentos que os supostos curandeiros usavam para criar a ilusão de serem capazes de curar doenças.[198] Outro artigo recontava algumas recentes descobertas sobre o Piltdown Hoax, os supostos restos de um ser humano pré-histórico encontrado em 1912 que, mais tarde, descobriu-se ser uma fraude 41 anos depois.[199] Outro de seus artigos discutia as várias teorias sobre as possíveis origens históricas do mito de Robin Hood.[200]

Embora Stieg estivesse bastante ocupado com seu trabalho em tempo integral na TT e com o trabalho que fazia nas horas de folga para expor racistas, ele também ajudava os Céticos Suecos, a organização sueca em defesa da ciência contra a pseudociência da qual eu era (e ainda sou) membro ativo. Em 1989, ele me escreveu sobre a *newsletter* da sociedade: "Temos que discutir a *newsletter*, algum dia... A aparência dela agora é fina e desinteressante demais".[201] Se bem me lembro, depois disso, tivemos uma conversa bastante produtiva sobre como melhorar a publicação. Em pelo menos uma ocasião, ele nomeou um dos vencedores do prêmio anual negativo concedido pela sociedade.[202] E também contribuiu generosamente com mais de vinte desenhos e algumas fotos para um livro sobre pseudociência que publiquei em 1986.[203]

Pseudociência racista

Stieg sempre enfatizava que o racismo e a xenofobia eram fundamentados em afirmações pseudocientíficas. A pseudociência biológica tem papel central no racismo até hoje. Atualmente, o revisionismo histórico,

---

197. Severin, "Vidskepelsens världsbild".
198. Stieg Larsson, "Healing ren bluff". *Borås Tidning*, 11 de setembro de 1988; James Randi, *The Faith Healers* (Buffalo, NY: Prometheus Books, 1987).
199. Stieg Larsson, "Bluffen i Piltdown". *Östgöta Correspondenten*, 8 de setembro de 1994.
200. Stieg Larsson, "Robin Hood dikt eller verklighet". *Nya Wermlands- Tidningen*, 5 de janeiro de 1989.
201. Carta de 10 de outubro de 1989, de Stieg Larsson a Sven Ove Hansson. Em posse do autor.
202. Carta sem data de Stieg Larsson a Sven Ove Hansson, recebida em 1994. Em posse do autor.
203. Sven Ove Hansson, *Förklarade mysterier* (Stockholm: Tiden, 1986).

e em particular a negação do Holocausto parecem ser a pseudociência mais importante no extremismo de direita. Stieg chama o revisionismo histórico de "quebra-gelo" por causa do reaparecimento do antissemitismo nos anos 1990.[204]

Em 1989, a editora sueca Legenda traduziu e publicou a biografia de Göring escrita por David Irving. Irving já era conhecido há tempos por suas inclinações pró-nazistas, e fazia pouco tempo que ele se revelara um negador do Holocausto. Stieg e eu ficamos preocupados com a introdução de um pseudocientista pró-nazista no mercado editorial. Então, pesquisamos em conjunto esse assunto. Stieg tinha à disposição materiais sobre a pseudociência de Irving e suas conexões com nazistas, que obtivera junto a fontes britânicas.[205] Não era de se espantar que a editora houvesse publicado antes outras formas de pseudociência (relacionadas a óvnis). Ambos concordamos que a atitude irresponsável dos editores quanto à pseudociência havia aberto caminho para o equívoco que era a publicação do livro sobre Göring. Para levar a sério a exatidão dos fatos, seria necessário consultar historiadores competentes, que teriam dado um conselho contra a publicação. Nossas pesquisas e discussões causaram uma reação feroz dos Céticos Suecos contra o livro de Irving.[206]

Tais fatos foram também, em grande parte, a razão pela qual pedimos a Stieg para escrever um artigo para a *newsletter* dos Céticos sobre o revisionismo histórico. No artigo, que foi publicado em 1990, ele forneceu um curto histórico da negação do Holocausto e mostrou as conexões deste com o fascismo e neonazismo, além de descrever e refutar suas principais afirmações (como a de que a câmara de gás nunca existira, o gás Zyklon-B teria sido usado como desinfetante e outras baboseiras do tipo). É óbvio que as atividades de Irving e suas ligações com organizações neonazistas e antissemitas também foram mostradas.[207]

Em outro artigo publicado vários anos depois, Stieg retomou o tópico da pseudociência no extremismo de direita. Após discutir a biologia nazi-racista, observou que, "desde a Segunda Guerra, o foco dessas discussões saiu da biologia racial tradicional para discussões mais incoerentes sobre diferenças culturais entre raças e pessoas. Assim como ocorria antes, as afirmações baseiam-se em pseudociência, mas as dife-

---

204. Stieg Larsson, "Antisemitismens återkomst", *Expo*, nº 3, 1998.
205. Carta de Sven Ove Hansson a Stieg Larsson, 11 de março de 1990. Carta de Stieg Larsson a Sven Ove Hansson, 19 de março de 1990. Ambas em posse do autor.
206. "I lögnmakares sällskap" (editorial), *Folkvett*, nº. 3–4, 1989, p. 3.
207. Stieg Larsson, "Antisemitismen med nytt ansikte", *Folkvett*, nº 2, 1990.

renças culturais são mais complicadas de definir de modo científico do que as genéticas, o que dificulta a refutação".[208]

Stieg o cético

Stieg era um cético da paranormalidade. Ele se recusava a acreditar nas afirmações sem prova da pseudociência e do misticismo, defendia que a ciência era um caminho para o conhecimento e rejeitava a ideia "pós-moderna" de que todo nosso conhecimento é uma construção social. Ele sabia onde poderiam levar o relativismo e o irracionalismo. O Holocausto não era uma construção social e sim fato histórico incontestável.

Stieg era também um racionalista, no sentido de acreditar na racionalidade humana. Há muitas variedades de racionalismo e o dele era do tipo antielitista: acreditava em mudar a sociedade trazendo fatos e argumentos racionais ao público. Isso, é óbvio, tinha de acontecer em concorrência com as mensagens irracionais. Embora fosse um otimista, ele se preocupava com a intensidade com a qual o pensamento irracional havia se propagado pela nossa sociedade. A internet não facilitou as coisas. "Com a internet, o solitário amalucado isolado em seu sótão tem exatamente os mesmos meios de distribuição que a rádio e a TV públicas da Suécia. Ele tem o mesmo alcance e distribuição. Assim, temos esses grupos irracionais com o mesmo poder de penetração."[209] O único modo de vencer a batalha seria por meio de argumentos convincentes em um debate livre e aberto.

Stieg também tinha outro argumento, de certa forma mais sofisticado, contra algumas das pseudociências mais comuns:

> A astrologia, por exemplo, promove uma visão de mundo determinista. É típico da espiritualidade da Nova Era propagar uma visão de mundo que não deixa espaço para influenciar o mundo por meio das suas próprias ações. É uma forma enrijecedora de espiritualidade que, em muitos casos, vira profecia que se cumpre por si mesma.[210]

Esse é um argumento interessante, não só contra a astrologia, mas também contra o determinismo no sentido filosófico. Se levarmos o determinismo a sério em nossas vidas, então ele nos oferece motivos para evitar tentativas de melhorar nossa condição e contribuir para um mundo melhor. A ideia de Stieg, de que a crença no determinismo pode

---

208. Stieg Larsson, "När rasister leker Gud", *Röd press* 1997, 5:5–7.
209. Severin, "Vidskepelsens världsbild".
210. Blomkvist, "Stieg Larsson. På barrikaden för demokratin".

virar uma profecia que se cumpre por si, é filosoficamente interessante e vale a pena considerá-la com atenção.

Stieg como escritor de ficção

Já escrevi sobre o Stieg Larsson que conheci, o combatente contra o racismo e o obscurantismo. Ao ler seus romances, reconheço grande parte do conhecimento que ele adquiriu por meio de suas investigações. Nos estudos que fez sobre os grupos nazistas, leu inúmeros relatórios de polícia e outros documentos legais que descrevem assassinatos e outros tipos de violência. Isso explica o realismo em suas descrições de crimes. O jornalismo investigativo descrito nos livros tem muito em comum com a própria experiência dele. E, pelo fato de estar sob constante ameaça, tinha de saber tudo sobre segurança pessoal. De fato, ele teria sido um membro competente da equipe da Milton Security (na verdade, chegou a escrever um livreto para jornalistas ameaçados, com informações práticas sobre como evitar vários tipos de ataques).[211]

A vigilância das atividades racistas é uma atividade semelhante a solucionar quebra-cabeças e, quase sempre, envolve desmascarar pseudociência. O investigador deve tentar descobrir o que faz as pessoas acreditarem em ideias estranhas. Como disse Stieg em uma entrevista: "Cinquenta anos se passaram e as pessoas ainda acreditam nisso, em todo o movimento neonazista. Isso não faz qualquer sentido. Eles fazem exatamente o contrário de tudo o que a ciência nos diz para fazer, o oposto da bondade e do altruísmo humanos, o oposto do pensamento racional. E isso é fascinante. Por quê?"[212]

Muitos leitores se impressionam, e com razão, com a enorme quantidade de detalhes que Stieg mantinha em mente e aplicava consistentemente em sua trilogia, mas fiquei ainda mais impressionado por sua habilidade em recordar e combinar quantidades incríveis de informação sobre as organizações racistas. Ele parece ter tido a mesma opinião sobre si mesmo. Na única entrevista que concedeu sobre seus romances, ele disse: "É fácil escrever romances investigativos. É bem mais difícil escrever um artigo de 5 mil caracteres, em que tudo tem de estar 100% correto".[213]

---

211. Stieg Larsson, *Överleva deadline—handbook för hotade journalister* (Stockholm: Svenska journalistförbundet, 2000).
212. Blomkvist, "Stieg Larsson. På barrikaden för demokratin".
213. Lasse Winkler, "En man för historieböckerna". *Svensk Bokhandel*, nº. 18, 2004, p. 12-13.

Em um artigo para a TT sobre os livros de Tarzan, comentou sobre por que haviam sido tão famosos:

Um motivo importante para a fama desses livros é a personalidade única de Tarzan. Ele não tinha superpoderes, nem poderes sobrenaturais e mesmo assim não era como nenhum outro ser humano.[214]

Hoje é difícil ler essas linhas sem pensar em Lisbeth Salander.

As ideias e convicções de Stieg Larsson ficam claras em seus romances: seu feminismo e ódio à discriminação, sua convicção de que as estruturas ocultas de poder deveriam ser trazidas à luz, seu antielitismo e, não menos importante, sua crença no poder da racionalidade humana.

---

214. Stieg Larsson, "Hundra ljus i Tarzans tårta," *Hallandsposten*, July 16, 1988.

8

"Esse não é um Romancezinho Qualquer sobre Crimes Perfeitos": A Trilogia *Millenium* é Ficção Popular ou Literatura?

Tyler Shores

"O livro é o pretexto", observa Mikael Blomkvist, no início de sua missão investigativa em *Os Homens que não Amavam as Mulheres*.[215] Ele está certo. A história da família Vanger oculta suas investigações sobre o desaparecimento de Harriet Vanger décadas antes. E a trilogia *Millenium* é nosso próprio pretexto para explorar uma questão maior sobre nossa experiência de leitura. Por que lemos o que lemos?

Há também uma ligação importante entre os tipos de livro que lemos e as leituras que fazemos. Parecemos compreender que, ao compararmos *Crime e Castigo*, de Dostoievsky com *Os Homens que não Amavam as Mulheres*, de Stieg Larsson, existe uma diferença qualitativa entre o primeiro, como obra literária, e o segundo, como um trabalho de ficção popular. Mas como determinar a diferença entre ficção e literatura, se é que existe alguma? E será que isso importa? Será que essa distinção não é feita por nós, muito antes de abrirmos as páginas de um livro? Podemos usar nossa experiência com a leitura dos romances criminais de Larsson para considerar nossa própria definição

---

215. Stieg Larsson, *The Girl with the Dragon Tattoo*, trad. Reg Keeland (New York: Vintage, 2009), p. 87. (N. T.: Preferimos manter as notas com referência às edições norte-americanas da trilogia *Millenium*).

de literatura e a forma como pensamos a literatura. Larsson nos fornece algumas dicas, para que pensemos em seus romances como mais do que ficção policial: "Esse não é um romancezinho qualquer sobre crimes perfeitos".[216] Mas, se sabemos o que determinado livro não é, então o que ele é?

Ficção popular e crimes perfeitos: por que adoramos mistérios?

A ficção é o domínio do possível, que varia entre o impossível-demais-para-ser-verdade e o possivelmente verdadeiro. Os romances de Larsson pertencem a esta última variedade de ficção realista, incorporando cenários da vida real na Suécia, além de personagens que existem de fato (como o boxeador Paulo Roberto) e eventos históricos que aconteceram de verdade (como o assassinato do primeiro ministro sueco Olof Palme, em 1986).[217] A Suécia fictícia de Larsson inclui camadas divertidas de ficcionalidade, como um personagem dentro de um romance investigativo que lê um romance investigativo. Durante uma pausa na ação, Blomkvist lê um romance de Val McDermid, *The Mermaids Singing*[218], para passar o tempo.[219] É significativo que o livro seja sobre um sádico torturador e *serial killer*. "É medonho", reflete Blomkvist.[220] Apesar dessa ficção dentro da ficção, existe um realismo nu e cru dentro dos romances. Em *Os Homens que não Amavam as Mulheres*, cada seção do livro é introduzida com estatísticas bastante reais de crimes contra as mulheres: "46% das mulheres suecas já sofreram algum tipo de violência perpetrada por homens".[221] A Suécia de Larsson pode ser fictícia, mas os crimes em que se baseiam seus romances estão longe de ser uma invenção.

Como espécie particular de ficção, o gênero de histórias de crime e detetive atrai um interesse literário razoável. Uma possível razão para isso, conforme sugere Peter Brooks, é que a própria estrutura narrativa

---

216. Ibid., p. 502.
217. Os fãs dos livros podem hoje fazer *tours* andando pela Suécia de Larsson, passando até pela loja 7-Eleven, que vende a comida preferida de Lisbeth no combate ao crime: as Billy's Deep Pan Pizzas ("The Real Story behind Stieg Larsson and *The Girl with the Dragon Tattoo*", *Sunday Times*, 2 de maio de 2010).
218. Curiosamente, essa ficção detetivesca escolhida por Blomkvist emprestou seu nome de uma obra literária: o poema literário de T. S. Eliot "The Love Song of J. Alfred Profrock".
219. Larsson, *The Girl with the Dragon Tattoo*, p. 363.
220. Ibid., p. 127.
221. Peter Brooks, *Reading for the Plot: Design and Intention in Narrative* (Cambridge, MA: Harvard University Press, 1992), p. 25.

da história de detetive é emblemática do que nos motiva como leitores: "a história de detetive [é] a narrativa das narrativas, sua estrutura clássica desde a estrutura de toda narrativa".[222] Em outras palavras, quando os personagens buscam pistas e juntam informações em um quebra-cabeças coerente, eles espelham nosso próprio ato de leitura. Blomkvist rumina sobre um caso de assassinato caído no sensacionalismo:

> A investigação de assassinato era como um mosaico despedaçado, por meio do qual ele conseguia desvendar algumas partes, enquanto outras estavam simplesmente desaparecidas. Havia um padrão, em algum lugar. Havia peças demais faltando.[223]

Parte do nosso prazer em ler mistérios é que nos vemos ocupando a mesma posição que os personagens que lemos; nas tramas cheias de quebra-cabeças que Larsson escreveu, nós também buscamos e juntamos os pedaços, espalhados de forma cuidadosa, de informação conforme a história se desenrola.

Desse modo, os romances de Larsson são uma oportunidade perfeita de pensar de modo filosófico sobre por que lemos. Mesmo que seja excitante chegar ao final de um mistério, a filosofia nos mostra que, às vezes, a questão não é como chegamos ao fim. Lisbeth Salander daria uma ótima filósofa, tanto quanto detetive: "Na verdade ela não ligava para as respostas. O processo de solucionar é que era o ponto".[224] Existe algo satisfatório, em termos filosóficos, na trama de uma história de detetive, no sentido de que a busca por respostas acena com uma solução que se encaixará como uma luva. Laura Marcus suspeita que uma das coisas que tornam os romances investigativos um tipo particular de literatura de ficção popular é a tendência ao "tipo de narrativa em que os elementos da trama se combinam e fazem sentido (...) comandados pela sorte e pela contingência, nas quais a criação de uma história coerente resulta em uma ficção que é uma forma de consolo".[225] Parte do consolo que buscamos na ficção é a sensação reconfortante de que a verdade pode ser encontrada. Essa busca

---

222. Stieg Larsson, *The Girl Who Played with Fire*, trad. Reg Keeland (New York: Vintage, 2010), p. 454.
223. Ibid., p. 27.
224. Laura Marcus, "Detection and Literary Fiction", in Martin Priestman, ed., *The Cambridge Companion to Crime Fiction* (New York: Cambridge University Press, 2003), p. 260.
225. I Alfred North Whitehead, *Dialogues of Alfred North Whitehead*, ed. Lucien Price (Jaffrey, NH: David R. Godine, 2001), p. 14.

é certamente um dos temas que conduzem os livros de Larsson: como Harriet Vanger desapareceu? Quem assassinou Dag Svensson e Mia Johansson? Quem esteve por trás do encobrimento do caso Zalachenko? O que era "Todo o mal"? Ao contrário da solução perfeita dada a alguns trabalhos de ficção, nossa experiência com a verdade na vida real nem sempre é assim. Conforme observou certa vez Alfred North Whitehead (1861-1947), com uma frase que ficou famosa: "Não existem verdades inteiras; todas as verdades são meias-verdades".[226]

Enquanto tentamos desvendar a verdade, notamos que os personagens de Larsson leem uma enorme variedade de livros. Blomkvist se permite ler romances de mistério em Hedeby, Lisbeth lê *Dimensions in Mathematics* nas praias em Grenada, enquanto a inspetora Monica Figuerola lê, na cama, acerca das ideias sobre Deus na Antiguidade.[227] Da mesma forma, nossas várias experiências com a literatura ou ficção popular baseiam-se, até certo ponto, em nossas expectativas sobre o que vamos ler. Ao comparar diferenças características entre ficção popular e literatura, Ken Gelder escreveu:

> O leitor de ficção popular ou de gênero, entretanto, é um "viciado" que "devora" um trabalho após o outro. Não existe releitura aqui: assim que uma obra foi lida, é deixada de lado e o leitor prossegue para o próximo exemplo genérico (ou, talvez, para o próximo romance da série).[228]

Ao considerar a natureza serial da ficção popular, seria possível dizer que seus leitores leem de forma horizontal, ávidos por chegarem ao fim de um livro para embarcar em outro da série, ou ler o próximo autor do gênero.

Podemos ver como a natureza serial da ficção funciona nos romances de Larsson, pois, em certo sentido, cada livro funciona como experiência de leitura por si mesmo, mas é mais interessante lê-los como uma única longa história. Os leitores de literatura, por outro lado, tendem a ler de forma vertical, ou seja, de maneira vagarosa para se aprofundarem nos significados. E, assim como podemos dizer que os

---

226. Em um romance repleto de referências à ficção, chega a ser irônico que *Dimensions in Mathematics*, supostamente escrito por L. C. Parnault, seja justamente o livro citado que não existe no mundo real – fato que a Harvard University Press teve de esclarecer em um post em seu blog: <http://harvardpress.typepad.com/hup_publicity/2009/02/dimensions-in-mathematicsa-phantom-a-chimera.html>.
227. Ken Gelder, *Popular Fiction: The Logics and Practices of a Literary Field* (New York: Routledge, 2004), p. 41.
228. Friedrich Nietzsche, *On the Genealogy of Morals and Ecce Homo*, trad. Walter Kaufmann (New York: Vintage, 1989), p. 36.

leitores esperam determinadas coisas da literatura, a literatura espera algo de seus leitores. Friedrich Nietzsche (1844-1900), filósofo em particular literário, descreveu seu leitor ideal em *Ecce Homo*: "Quando tento imaginar o caráter de um leitor perfeito, sempre imagino um monstro de coragem e curiosidade, bem como de sutileza, astúcia e prudência, em resumo, um aventureiro e explorador nato".[229]

Guerra dos mundos: ficção com propósito

Larsson, ele mesmo leitor voraz de histórias de detetive e crimes, inclui várias referências à ficção sueca em seus romances. É significativo que Blomkvist ache três livros da escritora sueca Astrid Lindgren numa prateleira, pois Larsson tirou parte de sua inspiração detetivesca em dois dos personagens mais populares de Lindgren: Pippi Meialonga e Kalle Blomkvist (que servem como apelidos provocadores para Lisbeth e Blomkvist, respectivamente).[230] Em vez de buscar uma definição de o que *é* literatura, talvez fosse melhor obter uma definição por aproximação, tal como as "semelhanças de família"[231] dos conceitos complexos, expressão do filósofo Ludwig Wittgenstein (1889-1951). Nossa compreensão da literatura é formada em comparação com outros tipos similares de obras. Existe um elemento sem dúvida subjetivo a tudo isso e, no fim das contas, "A literatura significa diferentes coisas para diferentes pessoas".[232]

Um dos significados da literatura para os leitores é a capacidade que ela tem de lidar com a "seriedade moral (...) uma inspiração para resolver preocupações humanas mais amplas".[233] Uma das questões tratadas por Larsson em seus romances entra, de forma decidida, na categoria de seriedade moral: violência contra as mulheres, corrupção governamental, ética jornalística, apenas para mencionar algumas. Esse tipo de escrita, de acordo com o filósofo francês Jean-Paul Sartre (1905-1980), é uma "literatura comprometida" com intenção de comprometimento social, e que advoga ou inspira mudanças reais, políticas

---

229. Algo de que ambos os personagens se ressentem, como observa Lisbeth: "Kalle Blomkvist". "Ele odeia esse apelido, e com razão. Se alguém me chamasse de Pippi Meialonga, ganharia um olho roxo" (Larsson, *The Girl with the Dragon Tattoo*, p. 51).
230. Ludwig Wittgenstein, *Philosophical Investigations*, trad. P. M. S. *Hacker* and Joachim Schulte (Oxford: Wiley- Blackwell, 2009).
231. Peter Widdowson, *Literature* (New York: Routledge, 1999), p. 10.
232. Peter Lamarque, *The Philosophy of Literature* (Malden, MA: Blackwell, 2009), p. 32.
233. Curiosamente, o próprio Sartre ganhou um Nobel de Literatura em 1964, mas declinou-o.

e positivas no mundo.²³⁴ Talvez o que distingua os romances de Larsson de outras formas do gênero de ficção popular seja o fato de que ele escolhe mostrar uma "visão completamente feia da natureza humana".²³⁵ Quando a extensão do histórico assassino de Martin Vanger é totalmente revelada em *Os Homens que não Amavam as Mulheres*, Blomkvist mal consegue reagir e apenas pergunta: "Por quê?". A assustadora resposta de Vanger diz muito sobre a visão de Larsson acerca desses crimes invisíveis: "Porque é fácil".²³⁶

Os romances são coletivamente chamados trilogia *Millenium*, o que enfatiza o papel central do jornalismo e da escrita como meios de se chegar à verdade, bem como a capacidade desta como agente de mudanças sociais, sublinhado o tema de como as palavras podem ser uma força para a justiça".²³⁷ No todo, a trilogia evolui de romance de investigação para algo mais. Há uma variedade de vilões que vai desde assassinos, traficantes de sexo, ciclistas e executivos corruptos até políticos corruptos, policiais corruptos e agentes governamentais clandestinos da época da Guerra Fria. Como análogo ficcional de Larsson e de sua cruzada no jornalismo investigativo criminal, Blomkvist é descrito de forma irônica por Lisbeth como: "Um incorrigível mocinho que pensava que conseguiria mudar tudo escrevendo um livro".²³⁸

Os romances de Larsson também têm um propósito moral bem determinado, como reitera Blomkvist, na conclusão da trilogia: "No fim das contas, essa história não tem como mote principal apenas espionagem e agências governamentais secretas; é sobre a violência contra as mulheres e os homens que a facilitam".²³⁹ Quando pensamos sobre por que lemos, podemos considerar a seguinte questão: será que a leitura não seria uma forma de escapismo, uma fuga de nossa existência (em alguns momentos) banal no mundo real para dentro de um mundo fictício

---

234. Alex Berenson, "Book Review: The Girl with the Dragon Tattoo", *New York Times*, 14 de setembro de 2008.
235. Larsson, *The Girl with the Dragon Tattoo*, p. 447.
236. Kate Mosse, "Review: The Girl Who Kicked the Hornet's Nest," *Guardian*, 3 de outubro de 2009.
237. Larsson, *The Girl Who Played with Fire*, p. 603.
238. Stieg Larsson, *The Girl Who Kicked the Hornet's Nest*, trad. Reg Keeland (New York: Alfred A. Knopf, 2010), p. 514.
239. Em um email a seu editor, Larsson escreveu: "Uma regra de ouro tem sido nunca romantizar o crime ou os criminosos, nem estereotipar as vítimas dos crimes. Baseio meu assassino serial em um livro que li sobre três casos autênticos. Tudo o que foi descrito no livro pode ser encontrado de verdade em investigações feitas pela polícia" (Stieg Larsson, *On Stieg Larsson*, trad. Laurie Thompson [New York: Knopf, 2010], p. 14).

bem mais interessante? Ou será que lemos para melhor compreendermos o mundo em que vivemos e assim nos relacionarmos com ele?

É inevitável que as coisas que lemos tenham alguma aplicabilidade às nossas experiências vividas: "Pode-se argumentar que a ficção literária é capaz não apenas de aumentar nosso conhecimento e compreensão do mundo real, mas também contribuir de modo mais direto para nossa habilidade em nos relacionarmos com esse mundo e com outros agentes humanos, de modos que contribuam para nosso bem e com o bem coletivo".[240] A filósofa contemporânea Martha Nussbaum, ao discutir as formas pelas quais a ficção e a literatura conseguem sensibilizar nossa capacidade para o raciocínio moral, escreveu que a leitura fornece "não apenas a compreensão intelectual das proposições; também não é uma simples compreensão intelectual de fatos particulares; ela é percepção. Trata-se de ver uma realidade complexa e concreta com receptividade rica e lúcida; tomar o que está ali, com imaginação e sentimento".[241] A ficção pode nos ajudar a cultivar nossa capacidade para tais raciocínios morais, ao retratar emoções e falhas humanas complexas que encontramos em nossa vida. Lisbeth, por exemplo, com sua moralidade de caráter maniqueísta, culpa Harriet Vanger por não ter evitado que seu irmão Martin passasse décadas a cometer assassinatos.

"Vagabunda", ela disse.
"Quem?"
"Harriet Escrota Vanger. Se ela tivesse tomado uma atitude em 1966, Martin Vanger não teria continuado a matar e estuprar por 37 anos."
"Harriet sabia que seu pai tinha matado mulheres, mas não fazia ideia de que o irmão Martin tinha alguma coisa a ver com isso. Ela fugiu do irmão, que a estuprou e ameaçou revelar que ela afogara o pai, caso ela não fizesse o que ele queria."
"Papo furado."[242]

Será que deveríamos considerar Harriet moralmente culpada pelos crimes posteriores do irmão? Ou deveríamos considerá-la uma vítima? A ficção nos encoraja a usar nossa imaginação para enfatizar e dar aquele salto conceitual entre os personagens e, em potencial, nós

---

240. David Davies, *Aesthetics and Literature* (London: Continuum, 2007), p. 164.
241. Martha Nussbaum, *Love's Knowledge: Essays on Philosophy and Literature* (New York: Oxford University Press, 1990), p. 152.
242. Larsson, *The Girl with the Dragon Tattoo*, p. 499.

mesmos, para imaginar "como é ser um tipo de personagem ou estar em um certo tipo de situação".[243]

Sentir empatia com personagens é um investimento moral de nossa parte. Temos respostas emocionais a eventos ficcionais que sabemos não serem reais. Os filósofos chamam isso de "paradoxo da ficção". O paradoxo levanta a seguinte questão: será necessário acreditar que algo ou alguém de fato existe para nos sentirmos emocionalmente tocados? E, aliás, por que deveríamos nos importar com algo que não é real? Será que apenas entramos em uma "suspensão voluntária da descrença", como colocava o poeta inglês Samuel Taylor Coleridge (1772-1834)? Parte da atração dos livros de Larsson é a complexidade da personagem Lisbeth Salander. Apesar de aparentar ser tão durona, ela é também uma excluída da sociedade, vulnerável e explorada pelos outros. Talvez possamos ver nos personagens de ficção, com toda sua complexidade, contradições e falhas bastante humanas, um reflexo de nós mesmos, e uma semelhança com o que somos.

Tudo é relativo: cultura, ficção e literatura

A experiência da leitura acontece dentro de nós; é a transação entre uma pessoa e as palavras impressas num livro. Ainda assim, existem fatores culturais que, de forma inevitável, exercem papéis sempre imperceptíveis na forma como viemos a compreender a literatura e a ficção popular:

> As livrarias, bibliotecas, catálogos de editoras, festivais e prêmios literários, as resenhas em meios de comunicação em massa, adaptações para o rádio, a TV e o cinema, tudo isso reforça de forma constante a aquisição de "competência literária".[244]

Stanley Fish, em seu livro *Is There a Text in this Class?*, sugere que essa poderia ser uma decisão feita de modo coletivo: a forma como as coisas são lidas tem significados diferentes para diferentes comunidades de leitores. De certa forma, a questão é a clássica "quem veio primeiro: o ovo ou a galinha?": um trabalho de ficção é considerado literatura porque o incluímos em certas expectativas literárias, ou ele é literatura só depois que o reconhecemos e lemos como tal?

A atenção crítica é uma daquelas práticas culturais que contribuem para nossa compreensão coletiva de literatura. Em "O crítico como artista", Oscar Wilde (1854-1900) observou que os críticos são posicionados

---
243. Lamarque, *The Philosophy of Literature*, p. 244.
244. Widdowson, *Literature*, p. 100.

como autoridades culturais na determinação do valor literário, mas essa autoridade depende, paradoxalmente, das próprias coisas que eles buscam criticar. O exame crítico detalhado torna-se um ardiloso barômetro para nossa leitura dos romances de Larsson. Como notou um resenhista da *New Yorker*, "Não se trata de um Tolstoi".[245] De fato, não se trata disso. Mas e daí? Amamos os livros de Larsson por serem histórias incrivelmente envolventes, mas ao mesmo tempo incluem uma boa fatia de coincidências improváveis e listas de descrições minuciosas (como uma descrição completa das compras de Lisbeth na IKEA e como esses móveis foram organizados no apartamento, em *A Menina que Brincava com Fogo*). Dependendo da pessoa para quem se pergunta, a descrição meticulosa pode ser tanto uma tentativa de capturar os mínimos detalhes da vida real, como um exemplo clássico de excesso de informação. E, com tudo isso, suspeitamos, de alguma forma, que a literatura significa mais para nós do que apenas uma sacada bem escrita.

Isso nos leva a uma questão mais amplamente filosófica sobre a cultura, ou seja, a diferenciação entre as chamadas cultura superior e cultura inferior. O crítico cultural britânico Matthew Arnold (1822-1888) popularizou os argumentos relativos à cultura superior e inferior, ao condenar as falhas da cultura superior, que ele acreditava ter levado a uma "anarquia" da cultura inferior (que hoje denominamos como cultura popular). A noção de superior e inferior na cultura é uma distinção complexa e socialmente construída, algo que cria a ideologia prevalecente de uma cultura e, ao mesmo tempo, é criada por ela:

> A autoridade da obra literária, às vezes, deriva da crença de que a obra é uma representação acurada da realidade social e de seus principais pressupostos ideológicos (...) Às vezes a autoridade conferida deriva da crença de que a literatura molda as estruturas e crenças sociais.[246]

Contudo, se a literatura se torna associada à cultura superior de Arnold, poderia parecer que a literatura só pode ser definida em um sentido negativo; que ela necessita de algo semelhante a uma ficção popular para poder definir a si mesma. Como observa Perry Meisel, em *The Myth of Popular Culture*, um argumento melhor poderia ser uma relação dialética entre "superior" e "inferior" para produzir uma cultura "intermediária". "A relação entre superior e inferior, o culto e o popular,

---

245. Joan Acocella, "Why Do People Love Stieg Larsson's Novels?" *New Yorker*, 10 de janeiro de 2011, p. 70-74
246. J. Hillis Miller, *On Literature* (New York: Routledge, 2002), p. 100.

não é herárquica. O popular – inferior – e seu representante literário – o supostamente superior – na verdade estão no mesmo patamar."[247] Quando consideramos uma ficção, como *Os Homens que não Amavam as Mulheres*, é como se houvesse alguma outra coisa pela qual nos interessássemos. "A prosa não é a questão."[248]

Talvez a questão não seja uma proposição e/ou, mas, em vez disso, o desafio de distinguir entre várias gradações para perceber que "os trabalhos que não são de modo algum literários podem ter qualidades literárias, boas ou ruins".[249] Todos os trabalhos de literatura têm um valor social. Eles também têm, em vários níveis, um valor comercial e de entretenimento. Larsson, cansado da interminável luta para manter sua revista *Expose* financeiramente viável, esperava que seus romances criminais viessem a se tornar seu "fundo de pensão".

Os livros da triologia *Millenium* são improváveis *best-sellers*, apesar de, na metade de 2010, o sucesso deles ter se tornado um fenômeno. Até mesmo o termo *best-seller* é em si revelador, quase como se implicasse que o valor de uma obra de ficção ou literatura fosse medido por seu sucesso comercial: *se as outras pessoas estão comprando, eu também devo comprar*.

Stieg Larsson e a garota que redefiniu a ficção criminal?

Os romances de Larsson, como ficção popular, são incomuns por causa de seu firme foco em ética e consciência social. Heather O'Donoghue, crítica de ficção criminal para o suplemento literário do *Times*, reflete sobre a combinação de fatores a partir dos quais as histórias de Larsson exercem atração:

> A base do sucesso de Larsson está na combinação de virtudes literárias sérias (seus romances são bem escritos, bem planejados, com personagens bastante originais e pensados de forma rica e uma análise meticulosa e crível da sociedade moderna) com esse apelo básico, excitante e até mesmo visceral às emoções do leitor: terror, pena, indignação moral e a eletrização de ver o bem finalmente superando o mal.[250]

---

247. Perry Meisel, *The Myth of Popular Culture: From Dante to Dylan* (Malden, MA: Wiley-Blackwell, 2010), p. 18.
248. Charles McGrath, "The Afterlife of Stieg Larsson," *New York Times*, 20 de maio de 2010.
249. Christopher New, *Philosophy of Literature* (New York: Routledge, 1999), p. 3.
250. Barry Forshaw, "The Real Story behind Stieg Larsson and *The Girl with the Dragon Tattoo*", *Sunday Times*, 2 de maio de 2010.

Reconhecemos que os livros de Larsson são sobre crime e detetivescos, mas, na essência, eles parecem ser mais do que isso. Não basta para Larsson que os crimes sejam resolvidos. A corrupção social por trás deles deve ser revelada: "O criminoso vira escândalo".[251] Talvez, dessa forma, as histórias de Larsson forneçam um exemplo do que é possível nesse gênero, um tipo de ficção popular socialmente consciente. O mundo que Larsson criou, numa Suécia fictícia, é repleto de crimes e violência brutal, mas não deixa de ter uma mensagem otimista: existe corrupção no mundo, mas dá para consertá-la.

A linha que divide ficção de literatura é quase sempre difícil de traçar, e essa imprecisão não é necessariamente uma coisa ruim. A ficção e a literatura são formas de complementar nossas próprias experiências de vida. Há uma afirmação famosa de Oscar Wilde que diz: "A vida imita a arte bem mais do que a arte imita a Vida". Entretanto, ambas podem se cruzar. Nós lemos para obter uma compreensão maior da vida e das pessoas à nossa volta, o que por sua vez nos dá uma melhor compreensão acerca do que lemos. Assim como a literatura, uma boa ficção pode ajudar a mudar as formas como vemos nosso mundo. A ficção criminal de Larsson é evidência incontestável disso.

---

251. Ian MacDougall, "The Man Who Blew Up the Welfare State," *n + 1*, 27 de fevereiro de 2010, <http://nplusonemag.com/man-who-blew-up-welfare-state>.

Por que Adoramos Ler sobre Homens que Odeiam Mulheres: o Apelo Catártico de Aristóteles

Dennis Knepp

Imagine uma história sobre uma jovem chamada Lisbeth Salander, que cresce no seio de uma família carinhosa, com pais compreensivos e reconhecedores do talento brilhante que ela tem para a matemática e que fazem o máximo para estimular essa aptidão. Então, psicólogos cuidadosos e humanistas diagnosticam Salander com síndrome de Asperger e instruem sua devotada família sobre como cuidar apropriadamente da garota. Suponha que Salander torna-se então uma grande programadora de computador, cuja capacidade é utilizada para desenvolver uma cura para o câncer. Nessa narrativa alternativa, a adulta Lisbeth Salander ainda é considerada incapaz de lidar com suas próprias finanças (ela é um gênio da matemática, mas não consegue controlar o uso do próprio talão de cheques), mas seu tutor financeiro é um homem bom que a ajuda a comprar computadores caros.

Podemos imaginar todas essas coisas, mas (ai, que tédio) não conseguiríamos ler um livro assim. A narrativa alternativa soa completamente chata. Preferimos ler uma narrativa em que o tutor de Salander, Herr Advokat Nils Bjurman, dá um soco no rosto dela, amarra-a numa cama e a estupra repetidas vezes. A cena é tão violenta e grotesca que nem mesmo o juiz suporta assisti-la durante o julgamento no tribunal e pede que tirem o DVD. Por que, então, lemos todos os detalhes gráficos? Por que preferimos ler essa narrativa perturbadora, em vez de uma alternativa mais agradável?

"Traga-me o machado de matar homens!"

O filósofo grego Platão (428-348 a.C.) testemunhou, na antiga Atenas, o florescimento do teatro em suas duas formas de arte: a tragédia e a comédia. As pessoas gostam das comédias por razões óbvias: é gostoso dar risadas. As antigas comédias de Aristófanes (446-386 a.C.) ainda hoje são engraçadas, em especial aquela com teor sexual, *Lisístrata*. Mas, por que os antigos atenienses adoravam tragédias?

Considere a história de *Agamenon* feita por Ésquilo (524-455 a.C.). O rei Agamenon acabou de voltar, após seis anos de luta na guerra de Troia. Ele sobrevive ao saque de Troia e às traições na viagem de volta só para chegar e ser assassinado pela esposa Climenestra, logo no primeiro dia em casa. Ela o recebe com agrados exagerados, convence-o a tirar a armadura e as armas para tomar um banho e mata o marido nu com um machado.[252] Em antigas pinturas gregas, Climenestra é sempre mostrada com um machado de batalha com duas lâminas. A cena de Salander matando o próprio pai com um machado, no clímax de *A Menina que Brincava com Fogo*, faz parte de uma antiga tradição de mulheres poderosas que assassinam parentes abusivos, de preferência com essa arma, embora Salander tenha que se virar com um machado de cortar lenha. Em *As Coéforas* (sequência escrita por Ésquilo para *Agamenon*), Climenestra grita a seus servos: "Tragam-me o machado de matar homens!"[253] Contudo, após receber seu machado de batalha, Climenestra é morta pelo próprio filho Orestes, que se vinga pela morte do pai. E você achava que os Vangers eram uma família problemática...

Platão argumentou, em *A República*, que esse tipo de violência perturbadora deveria ser censurada, pois as pessoas imitam aquilo que veem. Se as pessoas assistem a cenas de comportamento violento, então irão aprender a fazer coisas ruins. Talvez Platão preferisse que Ésquilo escrevesse uma trilogia, em que o rei Agamenon retornasse vitorioso para casa, vindo da guerra de Troia, para encontrar sua esposa fiel Climenestra à sua espera, com seus filhos felizes, Orestes e Electra. De modo semelhante, talvez Stieg Larsson devesse ter escrito uma trilogia, em que Zalachenko desiste de ser informante e torna-se um bom marido para a esposa e um bom pai para as duas filhas. Espero que Platão esteja errado, porque uma história sobre Zalachenko como homem de família soa incrivelmente tediosa.

---

252. Aeschylus, "Agamemnon", in *Oresteia*, trad. Peter Meineck (Indianapolis, in: Hackett, 1998).
253. Aeschylus, "The Libation Bearers", in *Oresteia*, p. 105.

A catarse de Aristóteles

Aristóteles (384-322 a.C.), o aluno mais famoso de Platão (e de certa forma seu rival), acreditava que as histórias perturbadoras tinham uma razão de ser. Em sua *Poética* ele escreveu sobre como os heróis trágicos precisam ser imagens exageradas de nós mesmos para que consigamos ver nossas características mais claramente. Os heróis trágicos não podem ser como deuses, ou não conseguiríamos nos ver neles. Eles deveriam ser menos do que perfeitos para sermos capazes de simpatizar com seus dilemas e nos colocarmos em seu lugar. Lisbeth Salander é uma personagem assim. Ela é um exagero, mas não é divina. É um ser humano com defeitos, cujas falhas de caráter quase sempre a colocam em situações perigosas.

A personagem exagerada de Salander permite que vejamos seus defeitos de forma mais clara, identificando-nos com ela. De acordo com Aristóteles, é de importância crucial que nos coloquemos na pele de Salander, pois isso nos permite sentir pena e terror. Sentimos pena e compaixão por ela, porque não merece aquele sofrimento; também sentimos terror ao reconhecer que somos como ela e, portanto, também poderíamos passar por situações parecidas.[254] Pelo fato de Salander ser exagerada, isso fica mais claro para nós. Percebemos que o ódio intenso que ela sente por figuras de autoridade a coloca em uma situação em que Bjurman pode atacá-la sem se preocupar em ser denunciado por ela às autoridades. O que ela vê como independência desafiadora, poderíamos ver como falta de cuidado. Sentimos pena e compaixão quando Bjurman a ataca, pois nenhuma jovem merece sofrer de modo tão terrível, e sentimos terror, porque imaginamos um tipo de impotência que nos põe a todos em situações perigosas.

Aristóteles escreveu que alcançamos "por meio da pena e do terror uma catarse de tais emoções".[255] Existe um debate entre os estudiosos de Aristóteles com relação ao significado da palavra *catarse*. Durante séculos o termo foi compreendido tradicionalmente como "purgação".[256]

---

254. Ver o glossário de Richard Janko para sua tradução de *eleos* como "pena" e *phobos* como "terror", na Poética de Aristóteles (Indianapolis, in: Hackett, 1987), p. 217 e 224.
255. Aristotle, *Poetics*, trad. Richard Janko (Indianapolis, in: Hackett, 1987), 49b27, p. 7.
256. Ver o glossário de Richard Janko para catarse na página 200 de seu livro, bem como a instrução sobre as páginas vxi-xx. Para uma análise semelhante, ver o termo *katharsis*: "purgação, purificação", em F. E. Peters, *Greek Philosophical Terms: A Historical Lexicon* (New York: New York University Press, 1967), p. 98–99. Após discutir o uso de *katharsis* em antigas práticas médicas, Peters escreveu acerca do uso que Aristóteles fazia do termo: "Aristóteles deu um passo além e incorporou-o em sua teoria da arte, o que teve o resultado bastante conhecido de a tragédia ser definida em termos de algo capaz de efetuar uma *katharsis*/purgação homeopática do *pathe* da pena e do medo (*Poet.* 1449b)", p. 98. Observe que Peters usa a expressão "bastante conhecido".

A analogia aqui é com as antigas práticas médicas. No mundo antigo, os médicos não tinham remédios como penicilina, antibióticos e aspirina, e sequer sabiam da existência dos germes. Eles acreditavam que era preciso expurgar as coisas ruins de uma pessoa para curá-la. Assim, os doutores prescreviam vômito, diuréticos e sangrias para expulsar a doença do paciente. Essa purgação era descrita como "catarse". Para Aristóteles, a analogia parece ser que assistir ou ler cenas perturbadoras permite que nos limpemos das emoções negativas que são a pena e o terror. Em seguida, sentimo-nos melhor por termos regurgitado essas emoções.

Pegando um exemplo diferente, pense em um show de *heavy metal*. Eu já fui a muitos (Slayer é minha banda favorita!), e sempre volto meio detonado para casa. Meus ouvidos zumbem por vários dias, meu pescoço dói por ter balançado a cabeça, meus pés doem por ter pulado, fico rouco e, às vezes, saio com belos hematomas por causa da prática de trombar com outros fãs no show. Eu pagaria para ver os amigos de Salander da Evil Fingers e até usaria a camiseta. Mas, por que eu iria me colocar, de propósito, em uma situação nociva? Porque assim posso vivenciar a raiva em um ambiente relativamente seguro, de modo que depois eu me sinta menos raivoso. Posso gritar letras violentas de música sem passar de fato por nenhuma violência real. Um show de *heavy metal* é como andar em uma montanha russa: todas as emoções do perigo, sem o perigo. Ao vivenciar o ódio, consigo expurgar e sentir menos ódio.

Embora essa limpeza da raiva faça certo sentido, a teoria da catarse pressupõe que seja bom expurgar também as emoções da pena, da compaixão, do terror e do medo. É uma teoria estranha. Uma pessoa sem compaixão ou medo seria um monstro como Ronald Niederman. Quando Niederman sequestra Miriam Wu, leva-a a um armazém abandonado, espanca-a e ameaça decepar-lhe os membros com uma serra elétrica, ele não sente pena dela e de seus gritos. Ele não tem compaixão. Quando o boxeador profissional Paolo Roberto aparece no armazém para salvar Miriam Wu e começa a socar a cara de Niederman, o monstro não sente medo. Ele não tem sentimento de terror. Se a teoria de Aristóteles defende a criação de monstros sem sentimentos como Niederman, então temos de rejeitá-la. Sugerir que a arte transforma as pessoas em monstros é basicamente sugerir que a arte faz mal. Então, voltamos à ideia de Platão, segundo a qual os artistas deveriam escrever apenas histórias boas com personagens bondosos que fazem coisas bacanas. Voltamos à chatice.

O esclarecimento de Nussbaum

A eminente estudiosa de Aristóteles, Martha Nussbaum, propõe uma interpretação diferente da catarse de Aristóteles. De acordo com ela, a catarse é utilizada de modo metafórico em contextos medicinais. Originalmente, queria dizer "clarificação ou limpeza". Nussbaum fornece exemplos de catarse como "água limpa e transparente, livre de lama e outras sujeiras orgânicas; um espaço livre de objetos; grão debulhado, livre da casca; a parte de um exército que não está funcionalmente deficiente ou impedido; e, de modo significativo, o discurso que não está maculado por alguma obscuridade ou ambiguidade".[257] Na medicina da Antiguidade, quando um médico grego prescrevia um purgante ou diurético para livrar o corpo da bile prejudicial, isso era uma catarse porque clarificava ou limpava a saúde. De posse dessa compreensão de catarse/clarificação, Nussbaum cria uma melhor compreensão da teoria de Aristóteles: "a função da tragédia é alcançar, por meio de medo e da pena, a clarificação (ou iluminação) relativa às experiências do tipo amedrontador ou inspiradoras de pena".[258] Quando Aristóteles escreveu que os espectadores atenienses de uma tragédia grega tinham uma catarse das emoções mencionadas, significava que essa audiência passava a compreender melhor tais emoções. A arte é educativa.

Os antigos atenienses que assistiam *Agamenon*, de Ésquilo, compreenderiam como os deuses são capazes de fazer exigências contraditórias que destroem homens de bem.[259] Não se trata de expurgar o medo para que nos tornemos destemidos, mas sim de uma compreensão do medo: o mundo é um lugar confuso e a arte serve para clarificar e retirar a confusão que nos enfeitiça.

Munidos da teoria da catarse/clarificação, podemos então retornar o horrendo estupro de Lisbeth por Bjurman. O mundo é um lugar perigoso e assustador, onde esse tipo de violência contra jovens mulheres acontece o tempo todo. Larsson inicia a parte dois de *Os Homens que não Amavam as Mulheres* com a arrepiante epígrafe: "46% das mulheres suecas já sofreram algum tipo de violência cometida por um homem".[260] Isso não é só simples estatística, um factoide lido por alguns gatos pingados. Na trilogia de Larsson, milhões de pessoas puderam ler com detalhes arrepiantes como essas coisas acontecem. É uma função do poder. Bjurman é tutor de Salander. Em seu debate sobre tutela, Larsson escreveu: "Tirar de alguém o controle sobre sua própria vida, ou seja, a conta no banco é uma das maio-

---

257. Martha Nussbaum, *The Fragility of Goodness: Luck and Ethics in Greek Tragedy and Philosophy*, edição atualizada (New York: Cambridge University Press, 2001), p. 389.
258. Nussbaum, *The Fragility of Goodness*, p. 391.
259. Ver "Aeschylus and Practical Conflict" em *Fragility of Goodness*, p. 25–50, de Nussbaum, sobre as exigências contraditórias dos deuses gregos e como isso conduz à trágica derrocada de *Agamenon*.
260. Stieg Larsson, *The Girl with the Dragon Tattoo*, trad. Reg Keeland (New York: Vintage, 2009), p. 127.

res infrações que a democracia pode impor, especialmente quando se aplica a pessoas jovens".[261] Bjurman justifica o estupro do seguinte modo: "Ela tinha de entender quem é que mandava".[262] Mais tarde o estuprador serial Martin Vanger descreve "o sentir-se como um deus ao ter controle absoluto sobre a vida e a morte de alguém".[263] Vanger é um homem de posses e poder, que persegue mulheres sem posses nem poder. Como resultado de ler a trilogia, podemos entender que os homens que odeiam as mulheres usam seu poder e autoridade para abusar de jovens indefesas. Tomamos conhecimento dos perigos de um programa tutelar. Podemos compreender melhor a pena que sentimos de Salander. Ela não merece esse abuso de um homem cujo dever seria ajudá-la. E podemos ter uma compreensão mais abrangente de nossos próprios medos, pois poderíamos estar em uma situação em que alguma outra pessoa tivesse poder absoluto sobre nós e abusasse desse poder. A leitura da trilogia de Larsson é educativa, até mesmo inspiradora. Ela nos afeta. É possível até que sejamos estimulados a agir para criar um mundo em que jovens mulheres não estejam submetidas à autoridade absoluta de um único homem.

A vingança satisfatória de Salander

As tragédias da Antiguidade certamente não vinham com finais felizes! Ésquilo escreveu sobre Climenestra, que assassina Agamenon. Sófocles (497-406 a.C) escreveu sobre o rei Édipo, que, sem saber, mata o próprio pai e casa com a mãe. Eurípides (480-406 a.C.) escreveu sobre a rainha Medeia, que matou os próprios filhos.

Em contraste, Salander se vinga. Na visita seguinte a Bjurman, Salander o atordoa com um Taser, tira-lhe a roupa e o amarra com as pernas abertas. Bjurman sabia que o poder não era mais dele: *"Ela havia tomado o controle"*.[264] Ela tatua EU SOU UM PORCO SÁDICO, UM PERVERTIDO E UM ESTUPRADOR no peito dele. É cruel, mas será que Bjurman não merece? Aristóteles escreveu que assistir a "uma pessoa absolutamente perversa cair em desgraça" não chega a ser trágico, mas "pode conter satisfação moral".[265] E, com certeza, a vingança de Salander é satisfatória.

---

261. Ibid., p. 225.
262. Ibid., p. 246.
263. Ibid., p. 448.
264. Ibid., p. 258.
265. Aristotle, *Poetics*, 53a1–3, p.16.

A Tatuagem de Dragão e o Leitor *Voyeur**

Jaime Weida

A trilogia *Millenium* contém todos os elementos de uma ficção criminal bem-sucedida: o cenário exótico para seus leitores internacionais, sequências de suspense de arrepiar, quebra-cabeças confusos e quantidade suficiente de sexo e violência para deixar tudo mais interessante. Contudo, centenas de livros de ficção criminal e investigativa são publicados todos os anos contendo esses mesmos elementos. Então, a chave do sucesso da trilogia de Stieg Larsson pode ser resumida em duas palavras: Lisbeth Salander.

Na revista feminista popular *Bust*, Salander foi anunciada como modelo de comportamento, uma "*hacker* subversiva, feminista feroz e gênio vingativo".[266] Salander projeta uma aura arrojada de contracultura; foi machucada, mas se vinga de forma brutal daqueles que lhe fizeram mal. Além disso, ela sabe das coisas: é uma *hacker* brilhante e investigadora particular com memória fotográfica. Sua rebeldia é incomparável, pois ela conta apenas consigo mesma e não precisa depender de ninguém. Salander já foi descrita como "heroína feminista contemporânea (...) [uma] micreira, gótica, bissexual, que se recusa a engolir sapo".[267] A agência de notícias *online* True/Slant a chamou de

---

*N.E. Conforme o dicionário Houaiss, *voyeur* significa "indivíduo que experimenta prazer sexual ao ver estímulos sexuais, objeto associados à sexualidade ou o próprio ato sexual praticados por outros".

266. "The Girl Who Kicked the Hornet's Nest (resenha)", *Bust*, 2010, p. 54. (N.T.: Preferimos manter as notas com referência às edições norte-americanas da trilogia *Millenium*.

267. Taraneh Ghajar Jerven, "The Girl Who Doubted Stieg Larsson's Feminism", *Bitch Magazine: Feminist Response to Pop Culture* 48, 2010, p. 9.

"exterminadora em miniatura".²⁶⁸ E a ativista feminista Laurie Penny escreveu:

> Lisbeth Salander é uma personagem muito poderosa, uma justiceira misândrica* com uma queda por roupas pretas sadomasoquistas e artificialidades tecnológicas, como se fosse o assustador resultando de um cruzamento entre Batman e Valerie Solanos (...) Salander é esperta, corajosa, sempre vence e não deixa que ninguém lhe diga o que fazer. Não espanta que tantas mulheres desejem secretamente ser como ela.²⁶⁹

A companheira de Larsson, Eva Gabrielsson, relatou que Larsson escreveu os livros para protestar contra a violência direcionada às mulheres (o título original da trilogia sueca, *Homens que Odeiam as Mulheres*, foi rejeitado pelos editores de língua inglesa, por acharem que era "agressivo demais"). Como escreveu Penny, "Larsson (...) tinha nojo da violência sexual por haver testemunhado o estupro coletivo de uma jovem quando tinha 15 anos. De acordo com alguns de seus amigos, o autor nunca se perdoou por não haver conseguido ajudar a garota, cujo nome era Lisbeth, assim como a jovem heroína da trilogia, ela mesma uma sobrevivente do estupro".²⁷⁰ Na introdução de todos os capítulos da trilogia, há estatísticas sobre a violência contra as mulheres: por exemplo, "46% das mulheres suecas já sofreram algum tipo de violência perpetrada por homens" e "13% das mulheres suecas já sofreram com ataques sexuais violentos fora de um relacionamento sexual".²⁷¹

Então qual é o problema? Eu seria a última pessoa a criticar Larsson por querer chamar a atenção do público para a questão dos abusos bastante reais perpetrados contra as mulheres, e eu, sinceramente, espero que a enorme popularidade de seus livros tenha ajudado a conscientizar o público sobre esse tipo de violência. Entretanto, temo que, por mais nobre que tenha sido o objetivo de Larsson, ele possa ter causado um efeito com potencial danoso. Embora Lisbeth seja, sem sombra de dúvidas, "arrojada", ela foi deliberadamente "estilizada" para estimular

---

268. Susan Toepfer, "'Girl with the Dragon Tattoo': Lisbeth Salander Makes My Day", em <http://trueslant.com/susantoepfer/2010/05/24/girl-with-the-dragon-tattoo-lisbethsalander-makes-my-day/>.
* N.T.: Misândrica: que odeia homens.
269. Laurie Penny, "Girls, Tattoos and Men Who Hate Women", *New Statesman*, <www.newstatesman.com/blogs/laurie-penny/2010/09/women-girl-real-violence>.
270. Penny, "Girls, Tattoos and Men Who Hate Women".
271. Stieg Larsson, *The Girl with the Dragon Tattoo*, trad. Reg Keeland (New York: Vintage, 2009), p. 127; ibid., p. 273.

o leitor. Na superfície, Salander pode até parecer uma "garota rebelde" para o século XXI, mas em um nível mais profundo, seu personagem é mostrado como um espetáculo sexual para o prazer voyeurista dos leitores.

Escapismo ou denúncia?

A ficção criminal ou investigativa funciona como escapismo. Os leitores vivenciam, de forma indireta, a excitação de perigosos e sangrentos assassinatos enquanto resolvem o mistério junto aos protagonistas. Não tenho nada contra a leitura por escapismo; de outro modo, muitas ficções (incluindo os gêneros inteiros de horror, ficção científica e fantasia) seriam substituídas por textos realistas excruciantes e naturalistas ao máximo.

No caso de *Os Homens que não Amavam as Mulheres*, entretanto, o leitor se move para além do escapismo, em direção ao *voyeur* perverso. No ensaio "Prazer visual e cinema narrativo", Laura Mulvey escreveu que, no cinema,

> [O] olhar masculino projeta sua fantasia na figura feminina, criada de acordo com tal fantasia. No papel tradicional exibicionista, as mulheres são observadas e mostradas de modo simultâneo, sendo sua aparência uma forma de causar forte impacto visual e erótico (...) As mulheres mostradas como objetos sexuais são o motivo condutor do espetáculo sexual.[272]

Essas afirmações também se aplicam aos leitores do texto impresso que, enquanto leem, projetam suas fantasias em Lisbeth Salander. Por ser difícil se sentirem semelhantes a Salander, os leitores homens e mulheres têm menos probabilidade de se verem refletidos nela e, portanto, tendem a fantasiar com ela como objeto externo. Considere a primeira descrição de Salander em *Os Homens que não Amavam as Mulheres*:

> Salander era uma jovem pálida e anoréxica, de cabelo curto como um pavio, com *piercings* no nariz e nas sobrancelhas. Tinha no pescoço uma vespa tatuada medindo por volta de uma polegada, um loop tatuado em torno do bíceps esquerdo e outro cercando o tornozelo (...) ela tinha uma tatuagem de

---

272. Laura Mulvey, "Visual Pleasure and Narrative Cinema", in Vincent B. Leitch, ed., *The Norton Anthology of Theory and Criticism* (New York: W. W. Norton, 2001), p. 2, 186.

dragão na omoplata esquerda (...) e tingia o cabelo de preto como um corvo. Parecia que ela havia acabado de sair de uma orgia de sete dias com uma gangue de roqueiros (...) Nascera magra, com ossos finos, que lhe davam uma aparência de menina, membros delicados e mãos pequenas, pulsos estreitos e seios infantis. Tinha 24 anos, mas às vezes parecia ter 14.[273]

Mais tarde o leitor também descobre que ela media "um metro e cinquenta e pesava 40 quilos".[274] É provável que o público feminino do livro não tenha, nem queira ter, de fato, a aparência drástica de Salander; na verdade, se ela fosse dois centímetros mais baixa poderia ter sido classificada como "anã" ou "baixinha".

Larsson mostra a identidade e os encontros sexuais de Salander de uma maneira que a faz parecer um objeto sexual. Suas experiências são um espetáculo excitante ao público masculino, em vez de simplesmente um alerta contra o estupro e o abuso sexual. Ela se torna o equivalente à pornografia de tortura para os homens que leem a trilogia, bem como objeto de seus desejos sexuais.[275] Blomkvist, Berger e Salander, todos têm vidas sexuais ativas, mas as cenas de sexo mais explícitas nos livros são aquelas em que Lisbeth está sofrendo abuso ou sendo explorada. Alguns leitores poderiam interpretar a história como um alerta; a ideia é que os leitores sintam horror com essas cenas ao se depararem frente a frente com a realidade explícita da violência contra as mulheres. Mas parece haver uma outra dimensão presente. Como escreveu Penny:

> Está claro que o autor do sucesso *Millenium* não tinha a intenção de glamorizar a violência contra as mulheres. Infelizmente, é bem difícil impedir que o coração dispare quando estupros e assassinatos acontecem em abundância de detalhes com trilha sonora interessante (...) Incluir uma vibrante fantasia vingativa

---

273. Larsson, *The Girl with the Dragon Tattoo*, p. 38.
274. Larsson, *The Girl with the Dragon Tattoo*, p. 113.
275. *Pornografia de tortura* é um termo por vezes usado para descrever filmes e outros tipos de trabalhos de mídia que mostram de forma gráfica uma violência extrema, às vezes em conjunto com situações sexuais gráficas. Nos vários trabalhos desse gênero, a violência é direcionada em especial às mulheres. Um exemplo bastante citado desse gênero é o filme de Gaspar Noe, *Irreversível*, que contém uma cena de nove minutos mostrando uma mulher grávida sofrendo um estupro anal. A pornografia de tortura também pode estar ligada a gêneros mais extremos, como os filmes *snuff*, que retratam mortes ou assassinatos. Ainda se discute se os filmes *snuff* existem de fato; muitos dos supostos filmes desse gênero, como *Cannibal Holocaust*, foram, na verdade, filmados utilizando-se efeitos especiais, enquanto se revelou que outros eram apenas lendas urbanas. Mesmo assim, a pornografia de tortura e gêneros relacionados representam um retrato da violência que se presume ser, ao mesmo tempo, repelente e sedutora ao consumidor.

pseudo feminista na categoria dos dramas criminais de qualidade duvidosa chega a atrapalhar a mensagem de Larsson. A série parece sussurrar: "A violência misógina é aterradora... Quer mais um pouquinho?".[276]

Taraneh Ghajar Jerven concorda, dizendo que "As vívidas cenas escritas por Larsson contendo violência sexual contra mulheres e, em particular, contra Salander, ocorrem de forma tão frequente que fica difícil não questionar se estariam sendo uma forma de excitação em vez de crítica social".[277] Ela observa a proliferação desse nível de violência nos livros, dizendo que "estão repletos de cenas em que as mulheres são incendiadas, decapitadas e sufocadas com absorventes íntimos (...) uma garota é estuprada tanto pelo pai quanto pelo irmão; as prostitutas são assassinadas a torto e a direito".[278] Existe também um desconfortável elemento de pedofilia presente nas cenas de abuso envolvendo Salander; ela é quase sempre descrita como tendo uma aparência física adolescente, e "Todo o Mal" começou quando ela ainda não tinha 13 anos. Anna Westerståhl Stenport e Cecilia Ovesdotter Alm escreveram: "Em termos de sexualidade, Salander é uma fantasia da cultura popular – de aparência adolescente, mas sexualmente experiente".[279]

Grande parte do sexo consensual na trilogia acontece "fora da tela"; o leitor fica a par dele, mas Larsson não o descreve em detalhes. Esse, entretanto, não é o caso da violência sexual. Por exemplo: quando Bjurman, o novo tutor inescrupuloso e perverso de Salander, a obriga a fazer sexo oral, todos os aspectos do encontro são apresentados ao leitor de forma gráfica, desde o cheiro dos genitais de Bjurman até a duração e a mecânica do ato em si. Quando Salander prepara uma armadilha para Bjurman, para chantageá-lo e retirar o controle que ele tem sobre o dinheiro e os atos dela, calcula mal o nível de sadismo dele, que a amarra à cama e a violenta com sexo anal, o que Larsson, mais uma vez, descreve em todos os detalhes.

A amante de Salander, Miriam Wu, é ligada à comunidade sadomasoquista (e o leitor é lembrado desse fato com constância) e, em determinado ponto de *A Menina que Brincava com Fogo*, Salander e Wu começam uma brincadeira sexual. Wu diz a Salander: "Hoje acho que vou ser uma vagabunda dominadora. Sou eu quem dá as ordens".[280] Ela ordena que Sa-

---
276. Penny, "Girls, Tattoos and Men Who Hate Women".
277. Jerven, "The Girl Who Doubted Stieg Larsson's Feminism" p. 9.
278. Ibid, p. 9.
279. Anna Westerståhl Stenport e Cecilia Ovesdotter Alm, "Corporations, Crime and Gender Construction in Stieg Larsson's *The Girl with the Dragon Tattoo*", *Scandinavian Studies* 81, nº 2 (2009): 168.
280. Stieg Larsson, *The Girl Who Played with Fire*, trad. Reg Keeland (New York: Vintage, 2010), p. 138.

lander tire a roupa e deite no chão, amarra seus braços e põe uma venda nela. Salander até mesmo pensa: "É parecido com o jeito que Nils Filho da Puta Bjurman a tinha amarrado dois anos atrás".²⁸¹ Ainda assim, é a única cena na trilogia em que Salander é descrita como excitada sexualmente. "Salander sentia apenas uma antecipação (...) Fazia tempo que não ficava tão excitada."²⁸² Além disso, o ato sexual é descrito em detalhes maiores do que todos os encontros sexuais anteriores entre pessoas do mesmo gênero: "Ela sentia a língua de Mimmi na barriga e os dedos dela na parte de dentro de suas coxas".²⁸³ Larsson faz uma ligação entre violência sexual e erotismo e fornece também oportunidades para o "olhar masculino" do voyeurismo do leitor.

Como diz Jerven, "as cenas de abuso contra as mulheres não eram suficientemente explícitas" para Larsson.²⁸⁴ Durante o estupro de Salander, o leitor é "presenteado" com uma descrição da "dor excruciante enquanto [Bjurman] forçava algo em seu ânus", bem como o fato de que ela "passara a semana na cama com dores abdominais e sangramento no reto".²⁸⁵ Conforme observa Jerven, "[a] defesa disso sustenta que tudo bem mostrar a violência contra as mulheres, porque ao mostrá-la, ele está criticando a forma como esse tipo de coisa é disseminado e problemático".²⁸⁶ Essa parece ser uma boa explicação, considerando-se a proliferação de tais casos na trilogia.

No terceiro livro, Larsson fornece ainda *mais* detalhes do estupro. Blomkvist encoraja Salander a criar um registro por escrito dos abusos que sofreu, como parte de sua estratégia de defesa no julgamento por assassinato; ali, ela "identificou os implementos que ele havia usado durante o estupro, dentre os quais um chicote curto, um supositório, um vibrador e pregadores, com os quais ele prendeu os mamilos dela".²⁸⁷ Salander escreve: "Ele me perguntou se eu gostava de ser espetada e, então, saiu do quarto e voltou com uma agulha, que enfiou no meu mamilo direito".²⁸⁸ Salander também comenta "Todo o Mal" que moldou sua vida; na instituição para doentes mentais, ela ficou "amarrada (...) a uma cama com suporte de aço por mais de um ano", foi obrigada a ingerir drogas psicotrópicas e colocada

---

281. Ibid.
282. Ibid.
283. Ibid.
284. Jerven, "The Girl Who Doubted Stieg Larsson's Feminism", p. 9.
285. Larsson, *The Girl with the Dragon Tattoo*, p. 250; ibid., p. 252.
286. Jerven, "The Girl Who Doubted Stieg Larsson's Feminism", p. 9.
287. Stieg Larsson, *The Girl Who Kicked the Hornet's Nest*, trad. Reg Keeland (New York: Alfred A. Knopf, 2010), p. 319.
288. Ibid., p. 320.

em situações de privação sensorial com frequência.²⁸⁹ O relato inteiro do julgamento se lê como um passo a passo excruciante dos abusos enormes e aparentemente infinitos que ela sofreu.

Audiência insensível

Ao terminar de ler a trilogia, é possível que o leitor esteja cansado desses relatos violentos, bem como insensível a eles. No meu caso, quando cheguei na descrição de "Todo o Mal", no segundo livro, fiquei surpreso por não ser *pior* do que eu imaginava! Como escreveu Gail Dines, "em vez de ser definida como 'desviada', a violência dos homens contra as mulheres foi analisada e compreendida como *previsível* em uma cultura de ódio às mulheres".²⁹⁰ Embora Salander nunca se culpe pelo estupro, ela também o vê como algo previsível. Nas palavras de Larsson: "Quando tinha 18 anos, Salander não conhecia uma única garota que, em algum momento, não tivesse sido forçada a realizar algum tipo de ato sexual contra a vontade (...) No mundo dela, essa era a ordem natural das coisas. Como garota, ela era uma vítima natural".²⁹¹ Isso não impede que Salander se vingue de seu agressor, mas também demonstra uma perspectiva básica da trilogia: tais agressões são inevitáveis, inescapáveis e devem ser esperadas. A resposta de Salander: "Não adianta ficar reclamando", mostra esse imutável estado de coisas.²⁹² Stenport e Alm concordam:

> O fato de Salander ser essencial para encobrir todos os crimes de violência sexual cometidos contra as mulheres no [primeiro] romance, incluindo os crimes selvagens direcionados a ela, cristaliza uma ordem mundial em que a noção de solidariedde feminista e regulação social neutra em termos de gênero é apagada por completo.²⁹³

Os filmes suecos receberam classificação "R" [só poderia ser visto por maiores de 18 anos], então, o espectador poderia esperar que a violência sexual dos livros estaria levemente minimizada na tela. As cenas de estupro, entretanto, ainda são mostradas em forma gráfica e com visual perturbador. Mas existe uma mudança de foco. O estupro anal acontece sem as torturas

---

289. Ibid., p. 487.
290. Gail Dines, "From Fantasy to Reality: Unmasking the Pornography Industry", in Robin Morgan, ed., *Sisterhood Is Forever: The Women's Anthology for a New Millennium* (New York: Washington Square Press, 2003), p. 306.
291. Larsson, *The Girl With the Dragon Tattoo*, p. 228.
292. Ibid.
293. Stenport e Alm, "Corporations, Crime, and Gender Construction in Stieg Larsson's *The Girl with the Dragon Tattoo*," p. 170-171.

e instrumentos adicionais que Salander descreve nos livros. Além do mais, a cena em que ela se vinga de Bjurman é bem mais longa e explícita do que as cenas de estupro. Na tela, ela o sodomiza com um vibrador, chutando-o repetidas vezes. A câmera também se demora na imagem do peito espancado, ensanguentado e grosseiramente tatuado dele. Nos livros, a visão do leitor é direcionada, de forma essencial, à violência contra Salander; no filme, o olhar do espectador se concentra na vingança que ela perpetra por causa dessa violência.

No primeiro filme, Salander participa mais diretamente da morte de Martin Vanger. Na versão de Larsson, ela sai dirigindo após ver o carro dele pegar fogo. No filme sueco, ela força o veículo dele para fora da estrada e fica ali para assisti-lo queimar até a morte e recusa-se a atender a seus pedidos de ajuda. Ao reportar essa morte a Blomkvist, ela admite que poderia tê-lo salvo, mas afirma que ele merecia morrer. Em certo sentido, essas mudanças na trama, na tela, podem ser vistas como algo que dá mais força a Salander, para além de seu papel no romance. Entretanto, existe também outra explicação possível: socialmente, a violência contra as mulheres é considerada menos aceitável que a violência contra os homens.

A bissexualidade de Salander é também muito menos aberta nos filmes: há uma única cena em que ela anda nua perto de outra mulher, que o espectador deduz ser Wu, mas que depois não aparece mais. Como contraste, a cena de sexo entre Salander e Blomkvist é bastante lenta e explícita e o final do filme deixa espaço para uma continuação da relação romântica deles. Assim, as mudanças nos filmes podem servir para torná-los mais "aceitáveis" ao público.

Lisbeth Salander: uma heroína complexa

A ABC News relatou um fato reconfortante acerca de *Os Homens que não Amavam as Mulheres*:

> A Music Box Films, que distribui nos Estados Unidos "Os Homens que não Amavam as Mulheres", tem enviado o filme sueco a centros de auxílio às vítimas de estupro e grupos universitários que irão mostrá-los às vítimas de ataques sexuais.
>
> Até agora, 125 deles se inscreveram e estão preparados para doar milhares de DVDs de graça.

A empresa fez uma parceria com a Rape, Abuse, and Incest National Network (RAINN) para utilizar os filmes como parte de um programa educacional em prol das vítimas desse tipo de trauma e também para conscientizar as pessoas em relação à prevenção contra esse tipo de violência.[294]

O artigo também relata que Amanda Sandberg, 24 anos, sobrevivente de um estupro violento, reagiu aos livros e ao primeiro filme dizendo: "É catártico ler os livros e, quando assisti ao primeiro filme, fiquei bastante sensibilizada (...) Foi a primeira vez que vi uma sobrevivente ser retratada de forma ativa e agressiva". Embora o subtexto dos livros possa ser complicado e de certa forma contraditório, a história ao menos tem funcionado, em parte, em um nível social, o que era a intenção de Larsson.

Apesar de ser fã dos livros e de Lisbeth Salander, acredito que deveríamos investigar de forma mais completa o subtexto nos romances e as complexidades da personagem Salander, em vez de a aceitarmos cegamente como um modelo de comportamento feminista. Apesar de os livros e os filmes denunciarem e condenarem, num certo grau, a violência sexual contra as mulheres, além de louvarem a recusa de Salander ao papel de vítima, eles também apelam para a curiosidade libidinosa dos leitores/espectadores, seus anseios vouyeuristas, ao transformarem Salander em um espetáculo sexual. Como escreveu Dines: "Nenhuma mulher foi posta nessa terra para ser machucada ou humilhada para facilitar a masturbação masculina".[295] Poderíamos considerar até que ponto somos cúmplices do abuso contra as mulheres, ao mesmo tempo em que continuamos a apreciar a história contada por Larsson e as lições que ela traz.

---

294. Susan Donaldson James, "Rape Victims Applaud Power of Stieg Larsson Films to Educate," <http://abcnews.go.com/Health/MindMoodResourceCenter/stieg-larssonsfilm-girl-dragon-tattoo-teaches-college/story?id=11490699>.
295. Dines, "From Fantasy to Reality: Unmasking the Pornography Industry", p. 314.

PARTE QUATRO

"TODO MUNDO TEM SEGREDOS"

"Como pode um homem esconder seu caráter?"
– Confúcio

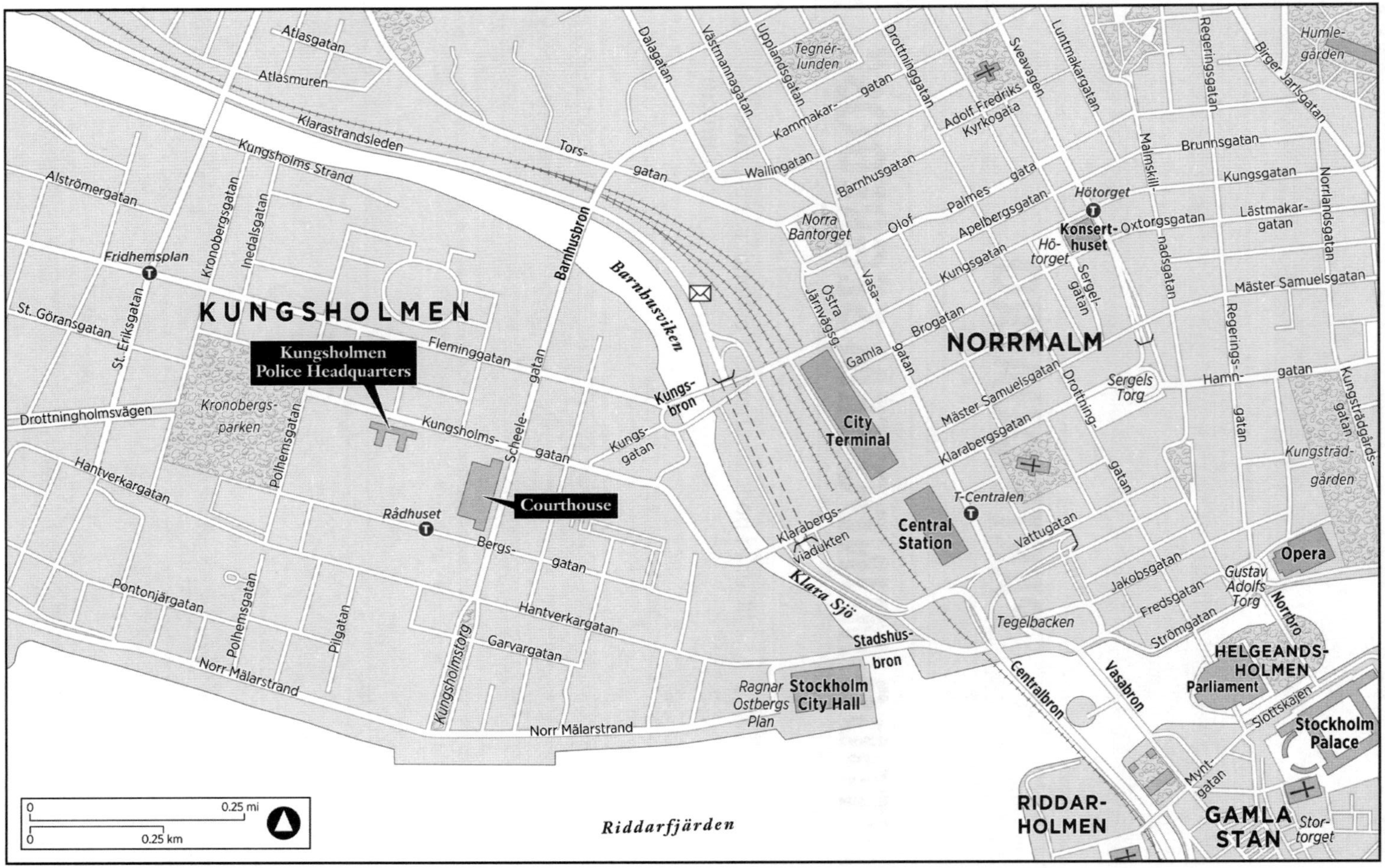
KUNGSHOLMEN
NORRMALM
GAMLA STAN
RIDDARHOLMEN
HELGEANDSHOLMEN
Kungsholmen Police Headquarters
Courthouse
City Terminal
Central Station
Stockholm City Hall
Stockholm Palace
Parliament
Opera
Riddarfjärden
Barnbusviken
Klara Sjö
Fridhemsplan
Rådhuset
T-Centralen
Hötorget
Konserthuset
Hötorget
Sergels Torg
Gustav Adolfs Torg
Norrbro
Vasabron
Centralbron
Stadshusbron
Kungsbron
Barnhusbron
Klarabergsviadukten
Tegelbacken
Ragnar Ostbergs Plan
Stortorget
Tegnérlunden
Norra Bantorget
Humlegården
Kungsträdgården
Kronobergsparken
Kungsholmstorg
Atlasgatan
Atlasmuren
Klarastrandsleden
Kungsholms Strand
Alströmergatan
Kronobergsgatan
Inedalsgatan
St. Göransgatan
St. Eriksgatan
Drottningholmsvägen
Polhemsgatan
Fleminggatan
Kungsholmsgatan
Scheelegatan
Hantverkargatan
Bergsgatan
Pontonjärgatan
Pilgatan
Garvargatan
Norr Mälarstrand
Kungsgatan
Torsgatan
Dalagatan
Västmannagatan
Upplandsgatan
Kammakargatan
Wallingatan
Barnhusgatan
Drottninggatan
Adolf Fredriks Kyrkogata
Olof Palmes gata
Apelbergsgatan
Östra Järnvägsg.
Vasagatan
Gamla Brogatan
Sveavägen
Luntmakargatan
Malmskillnadsgatan
Oxtorgsgatan
Sergelgatan
Mäster Samuelsgatan
Klarabergsgatan
Vattugatan
Jakobsgatan
Fredsgatan
Strömgatan
Regeringsgatan
Brunnsgatan
Lästmakargatan
Norrlandsgatan
Birger Jarlsgatan
Hamngatan
Kungsträdgårdsgatan
Slottskajen
Myntgatan
0 0.25 mi
0 0.25 km

11

A *Hacker Republic*: Viciados em Informação em uma Sociedade Livre

Andrew Zimmerman Jones

Em julho de 2010, um personagem enigmático subiu ao palco da conferência TEDGlobal em Oxford. Identificado por várias fontes como criminoso ou ativista, *hacker* ou jornalista, terrorista digital ou humanitarista, Julian Assange era o cofundador e imagem pública do Wikileaks. Uma enquete informal entre o público da TEDGlobal mostrou que a maioria achava ser ele mais um "herói do povo" do que um "encrenqueiro perigoso".[296] (A possibilidade de que ele fosse ambas as coisas, assim como Lisbeth, não foi levantada.)

O Wikileaks proclama: "Ajudamos você a extrair a verdade com segurança. Auxiliamos as pessoas de todos os países que desejam revelar comportamentos antiéticos de seus governos e instituições. Nossa meta é causar o máximo impacto político".[297]

Funciona da seguinte forma: uma pessoa bota as mãos em gravações ou documentos prejudiciais que ela sente que deveriam ser revelados. Essa pessoa envia, de forma anônima, as gravações ou documentos ao Wikileaks, que então verifica a autenticidade do material e coordena sua publicação.

---

296. Entrevista na TEDGlobal, 2010, "Julian Assange: Why the World Needs Wikileaks". Vídeo e texto disponível no <www.ted.com>.
297. Wikileaks mirror homepage, <http://mirror.wikileaks.info/>.

Desde que foi fundado em 2006, o Wikileaks tem disseminado informações de todos os tipos, como os emails do "Climategate",* manuais secretos de cientologia e provas de corrupção no governo africano. Só em 2010, o Wikileaks soltou um vídeo que mostrava soldados norte-americanos atacando um grupo composto principalmente por civis desarmados em Bagdá, uma compilação com mais de 76.900 documentos sobre a guerra no Afeganistão e os "Registros da Guerra no Iraque" (que consistiam em mais de 400 mil documentos). E, no que ficou sendo, talvez, o episódio mais infame, o Wikileaks começou a publicar mais de 250 mil mensagens diplomáticas confidenciais do governo dos Estados Unidos. Considerando tudo isso, o Wikileaks tem um currículo de impacto social que, com certeza, faria a equipe da *Millenium* ficar ligada e atenta.

A controvérsia que envolve Assange começou muito cedo, quando "na adolescência tornou-se o *hacker* ético mais famoso da Austrália".[298] Após alguns dos maiores sucessos do Wikileaks, Assange tornou-se o epicentro de uma investigação criminal internacional e foi acusado (em várias instâncias) de roubo, espionagem, auxílio a terroristas e estupro. Ele reagiu e disse que o ataque era uma campanha contra a sua imagem perpetrada pelos governos que ele havia denunciado. Parece familiar? Críticos já disseram que o Wikileaks é "uma história tão intrigante e confusa quanto o grande sucesso de Stieg Larsson", e que "tem mais reviravoltas, complexidades e teorias conspiratórias do que qualquer um dos *best-sellers* de Stieg Larsson".[299] O editor-chefe do *New York Times*, ao escrever a introdução de um *e-book* sobre as interações do *New York Times* com o Wikileaks e Assange, deu ao texto o seguinte título: "O Rei do Castelo de Gelo".[300]

---

*N.T.: Os emails revelados na controvérsia conhecida como "Climategate" sugeriam que cientistas da Unidade de Pesquisa Climática da Universidade de East Anglia, na Inglaterra, estariam alterando e escondendo documentos que mostravam ser o aquecimento global uma "conspiração científica".
298. *Personal Democracy Forum*, PDF Conference 2010: Palestrantes.
299. Angella Johnson, "Supporters dismissed rape accusations against Wikileaks founder Julian Assange ... but the two women involved tell a different story" ["Apoiadores descartaram acusações de estupro contra Julian Assange... mas as duas mulheres envolvidas contam uma versão diferente"], *Daily Mail*, 29 de agosto, 2010; Dana Kennedy, "'Sex by Surprise' at Heart of Assange Criminal Probe," *AOL News*, December 2, 2010.
300. Alexander Star, "Open Secrets: Wikileaks, War and American Diplomacy," *New York Times*; janeiro de 2010.

O que é um *hacker*?

Lisbeth Salander não é uma *hacker* famosa como Julian Assange, mas se orgulha de ser uma das melhores. A cultura *hacker* é a única que ela aceita totalmente. Não se trata de um tipo de passatempo, como sua conexão com a banda de rock Evil Fingers. Mesmo assim, apesar de a atividade *hacker* ser um dos principais componentes de sua personalidade, Lisbeth a esconde de todo mundo, exceto da *Hacker* Republic e de Blomkvist. Considerando a reputação dos *hacker*s, não é difícil entender o porquê.

O próprio Assange não se anima a aceitar o rótulo de *"hacker"*, hoje em dia. Quando questionado na TEDGlobal sobre seu passado *hacker*, ele respondeu: "Bem, eu era jornalista... Era um jornalista ativista bem jovem... Publicava uma revista quando era adolescente e fui perseguido por isso. Então você tem de ter cuidado com a palavra *hacker*... Existe um método que pode ser empregado para várias coisas. Infelizmente, nesse momento, está sendo usado pela máfia russa para roubar das contas bancárias da sua avó. Então essa expressão já não é mais tão bacana quanto costumava ser".[301]

Grande parte das pessoas utiliza o termo *hacker* para falar de alguém que invade um sistema de computador para obter acesso a informações privadas e, tanto Assange quanto Larsson e Salander, parecem utilizar o termo dessa forma. Nem todo mundo concorda, no entanto. A comunidade *hacker* tende a ver sua atividade como um esforço criativo para superar problemas, dentro e fora do universo informático. Uma base de dados *online* de terminologia *hacker*, o *Jargon File*, aplica um termo bem diferente, *cracker*, àqueles que usam suas aptidões de modo destrutivo: burlar sistemas de segurança, criar vírus de computador ou formas de danificar sistemas de computador.[302]

O professor sueco de comunicação Jonas Löwgren (melhor começar a envolver os suecos desde já) identificou três formas distintas de hackeamento, baseadas principalmente em suas origens: hackeamento por *hobby*, hackeamento acadêmico e hackeamento de redes.[303] Os *hacker*s que têm essa atividade como *hobby* começaram em suas garagens com kits de rádioamador; os *hacker*s acadêmicos começaram no MIT [Instituto de Tecnologia de Massachussetts] ao projetarem modelos de trens; e os *hacker*s de rede começaram ao enganar os sistemas telefônicos

---

301. Entrevista na TEDGlobal 2010, ibid.
302. *The Jargon File*, mantido por Eric Raymond. Glossário: *cracker*.
303. 23 de fevereiro de 2000, anotações de palestra feita por Jonas Löwgren: "*Hacker* culture(s)".

para poder fazer chamadas interurbanas de graça.[304] Esses três caminhos levaram aos computadores.

Para esses primeiros *hackers*, "um projeto ou produto feito não só para realizar algum objetivo construtivo, mas que também desse um certo prazer desenfreado a quem se envolvesse nele, era chamado de 'hack'".[305] O *hacker* acadêmico, assim como o *hacker* por *hobby*, era motivado pelo puro entusiasmo de ir além dos limites do sistema, mas em geral acabava publicando algum artigo acadêmico em algum momento.

Embora o conceito de hackeamento tenha debutado em torno da eletrônica e dos computadores, hoje em dia ele é aplicado com regularidade fora dessas áreas. De acordo com Burrell Smith, criador do computador Macintosh, "Os *hackers* podem fazer praticamente qualquer coisa (...)" Você pode ser um marceneiro *hacker* (...) Acho que tem a ver com a habilidade e com a importância que você dá ao que está fazendo.[306] (O uso original do termo *hacker* designava "alguém que fabrica móveis com um machado"; então, em certo sentido, a expressão "marceneiro *hacker*" pode ser considerada redundante.)[307]

Os próprios *hacker*s definiram o termo de modos diferentes (oito, para ser mais exato), que variam desde um escopo mais reduzido até um mais vasto e que inclui:

- "Alguém que programa de forma entusiástica (até mesmo de modo obsessivo) ou que gosta de programação, em vez de apenas teorizar sobre isso".
- "Um especialista em um programa em particular ou alguém que trabalha nele ou faz uso dele com frequência".
- "Um especialista ou entusiasta de qualquer tipo".
- "Alguém que gosta do desafio intelectual de superar de modo criativo as limitações circundantes".
- "Um intrometido curioso que tenta descobrir informações secretas bisbilhotando".[308]

Quando Benjamin Franklin construiu as primeiras lentes bifocais, ele estava hackeando monóculos. Na verdade, toda empreitada científica

---

304. Stephen Levy, *Hackers: Heroes of the Computer Revolution* (Sebastopol, CA: O'Reilly Media, 2010), capítulo 1.
305. Ibid., p. 10.
306. Ibid., p. 459.
307. *The Jargon File*, Glossário: *hacker*.
308. *Ibid.*

pode ser vista como uma tentativa de hackear a natureza. É o que McKenzie Wark sugere, ao descrever "a classe *hacker*, que encontra novas formas de tornar a natureza produtiva, que descobre novos padrões nos dados deixados pela natureza".[309]

É cada vez mais comum pensar a ciência em termos de uma empreitada *hacker*. A manipulação genética é chamada de "hackeamento do genoma". O recente livro *Hack the Planet* descreve o potencial da tecnologia para remediar as questões climáticas antes que se tornem irreversíveis, enquanto *Astronomy Hack: Tips and Tools for Observing the Night Sky* é um livro introdutório popular para quem gosta de passar o tempo olhando as estrelas.

A ética *hacker*

Em 1984, Stephen Levy foi um dos primeiros jornalistas a esboçar uma "ética *hacker*".[310]

- O acesso a computadores – e a qualquer outro meio que possa ensinar algo sobre como funciona o mundo – deveria ser ilimitado e total. Renda-se sempre ao Imperativo Mão-na-Massa!
- Toda informação deve ser de graça.
- Desconfie das autoridades, promova a descentralização.
- Os *hackers* devem ser julgados segundo suas habilidades e não por critérios enganosos, como formação acadêmica, idade, raça ou *status*.
- É possível criar arte e beleza em um computador.
- Os computadores podem mudar nossas vidas para melhor.

Nessa curta lista começamos a ver algumas das razões pelas quais essa cultura agrada a Lisbeth. A cultura *hacker* não é boa nem má; em vez disso, ela se concentra na obtenção de resultados, depende apenas de si mesma e se enraiza em uma aceitação antiautoritária da individualidade. Nenhum cidadão deve nada a nenhuma pessoa em especial; responde apenas pelo trabalho que é feito.

Na metade dos anos 1990, ficou claro que os computadores não eram um modo periférico de tecnologia, acessíveis apenas a uma elite de *nerds* enfurnados em garagens: em vez disso, estavam se tornando

---

309. McKenzie Wark, *A Hacker Manifesto* (Cambridge, MA: Harvard University Press, 2004), parágrafo 042.
310. Levy, *Hackers: Heroes of the Computer Revolution*, p. 27–38.

essenciais para a forma como as pessoas conduziam a vida, as indústrias conduziam seus negócios e, os governos, suas burocracias. O poder com potencial destrutivo do hackeamento estava claro. Em 1997, um professor de antropologia (ciberantropologia, na verdade) analisou escritos *hackers* e propôs um novo conjunto de preceitos éticos para o *hacker* dos anos 1990.[311] A nova ética incluía preocupações quanto ao abuso e era concentrada na privacidade e na responsabilidade social.

Lisbeth faz uma alusão a esse senso mais forte de responsabilidade social, ao dizer: "Eu também tenho princípios (...) Eu os chamo *Princípios Salander*. Um deles é de que um canalha é sempre um canalha e, se eu puder ferrar com ele vasculhando sua ficha suja, então ele merece." [312] Assange identifica motivações similares, ao descrever os valores centrais de seu próprio trabalho. "Homens capazes e generosos não criam vítimas; eles cuidam das vítimas".[313] Essa é uma afirmação que poderia ter sido feita sobre Blomkvist, Palmgren ou Armansky.

Embora Lisbeth não tenha qualquer problema em explodir cabeças na vida real, sua atividade *hacker* enfatiza a dissimulação. Ela é capaz de implantar programas secretos que criam redes de cópias exatas de conjuntos de dados (*mirrors*) em toda a internet, mas ela não cria vírus só para causar o caos. "Ao invadir o computador [de Armansky], ela não estava sendo maliciosa: só queria saber em que empresa estava trabalhando, ver como era sua organização".[314]

Assange também valoriza a dissimulação, como disposto nas orientações de um livro escrito em 1997: "não danifique os sistemas de computador que você invadir (incluindo derrubá-los); não altere as informações desses sistemas (a não ser para alterar logs e apagar seus rastros); e compartilhe as informações." [315] Lisbeth também parece viver com base nessas regras.

Em outra análise, a ética *hacker* é exemplificada por um conjunto de valores essenciais. Os *hackers* fundem *paixão* com *liberdade*, criando *valor social* com *abertura* (e que resulta em reconhecimento) e enfa-

---

311. Steven Mizrach, "Is There a *Hacker* Ethic for 90s *Hackers*?" 1997, <http://www2.fiu.edu/~mizrachs/hackethic.html>.
312. Stieg Larsson, *The Girl with the Dragon Tattoo*, trad. Reg Keeland (New York: Vintage, 2009), p. 344
313. Entrevista na TEDGlobal, 2010, ibid.
314. Larsson, *The Girl Who Played with Fire*, trad. Reg Keeland (New York: Vintage, 2010), p. 107.
315. Suelette Dreyfus, com Julian Assange, *Underground: Hacking, Madness and Obsession on the Electronic Frontier* (London: Mandarin Publishing: 1997/2001).

tizam a *atividade* em prol do objetivo de *cuidar*.[316] Um *hacker* que vive de acordo com esses princípios é capaz de atingir o objetivo de todos os verdadeiros *hackers*: um estilo de vida baseado em criatividade.

Lisbeth com certeza se sai bem nesse quesito, embora até mesmo ela pareça se surpreender ao admitir que aprecia o reconhecimento de sua excelência:

> [Blomkvist] havia lhe perguntado, de repente, se ela era uma boa *hacker*.
> Para sua própria surpresa, ela respondeu: "É provável que eu seja a melhor na Suécia. Deve haver dois ou três outros mais ou menos no mesmo nível".

Ela não duvidava da exatidão de sua resposta. Plague já fora outrora melhor, mas já fazia bastante tempo que ela o havia superado. Por outro lado, era engraçado dizer essas palavras. Ela nunca tinha feito isso antes. Nunca havia tido a oportunidade de ter esse tipo de conversa com alguém de fora e gostou do fato de ele ter ficado impressionado com os talentos dela.[317]

A relação entre Blomkvist e Salander baseava-se, principalmente, na sinergia entre seus objetivos éticos. Blomkvist dedica a vida como jornalista a desvendar informações e torná-las disponíveis ao público, na crença de que "toda informação deve ser livre". Lisbeth, entretanto, está acionada em modo de sobrevivência. Sua atividade *hacker* é motivada, principalmente, por seus interesses particulares e também pelo reconhecimento que ela recebe de seus amigos: Plague, Trinity e outros membros da *Hacker Republic*. Isso tudo muda quando Blomkvist dá a ela a oportunidade de denunciar Wennerström. Embora o papel pessoal dela seja desconhecido da maioria, o resultado positivo é a clara justificação de seus talentos frente ao mundo.

Não espanta que Salander e Blomkvist acabem se conectando de forma íntima. Afinal, ele dá um sentido mais profundo ao trabalho, a atividade *hacker*, tão essencial ao ser dela.

---

316. Pekka Himanem, *The Hacker Ethic and the Spirit of the Information Age* (New York: Random House, 2001), p. 139–141.
317. Larsson, *The Girl with the Dragon Tattoo*, p. 395. (N.T.: Preferimos manter as notas com referência às edições norte-americanas da trilogia *Millenium*).

Hacker do milênio

Muitos jovens de hoje não pensam na propriedade da mesma forma que seus pais pensavam. A revolução digital e a popularização da cultura *hacker* resultara num mundo em que as fronteiras da propriedade vêm mudando rapidamente.

Hoje em dia, os jovens são ases em tecnologia, baixam músicas e filmes sem sequer depender de algo tão prosaico, como um CD ou DVD. Esses novos métodos dão origem a todo tipo de questões de direitos de propriedade, o que inclui como aplicar de forma apropriada a proteção aos direitos autorais da era digital. Salander é descrita como "uma viciada em informação com um viés de criança delinquente acerca da moral e da ética".[318] Essa poderia ser a descrição dada por um editor, produtor, artista ou autor a alguém que baixa da internet, de graça, seu conteúdo com direitos reservados (Julian Assange, aliás, poderia muito bem ser esse alguém).

Essa transformação na forma como vemos a propriedade intelectual vem diretamente da ética *hacker*. "Roubar (...) de uma grande instituição, como uma corporação ou o governo, é ok. Roubar (...) de um indivíduo ou alguma pequena organização não lucrativa não é ok. (...) Assim, a nova ética *hacker* (...) não aceita o roubo; ela apenas define que certas coisas (a informação, por exemplo) não são propriedade pessoal, ou que certas ações (como utilizar o serviço telefônico) são 'empréstimo' em vez de 'roubo'." [319]

Essa crença na liberdade de informação também tem manifestações positivas. A fonte de informação mais potente já inventada é o Wikipedia, a enciclopédia escrita por voluntários que é acessível gratuitamente a qualquer pessoa no mundo e que, com seus artigos, cobre praticamente qualquer assunto imaginável. O Wikipedia é a manifestação definitiva da ideia segundo a qual "a informação quer ser livre, mas em todos os cantos está acorrentada".[320]

Lisbeth sente-se confortável em ter acesso a informações que ela deseja a qualquer momento, o que faz com que Blomkvist diga: "Precisamos conversar sobre o que é seu e o que é meu".[321] Todo mundo quer a segurança de suas próprias informações, é claro. Lisbeth não mede esforços para manter sua privacidade, sem considerar a de ninguém

---

318. Ibid., p. 384.
319 Mizrach, "Is There a *Hacker* Ethic for 90s *Hacker*s?"
320. Wark, *A Hacker Manifesto*, parágrafo 126.
321. Larsson, *The Girl with the Dragon Tattoo*, p. 383.

mais. E, é óbvio, o Wikileaks não poderia funcionar sem uma névoa de anonimato com que cerca seus informantes.

O cidadão poderoso

As pessoas, os negócios e os governos querem ter privacidade. Em seu livro de não ficção, *The Transparent Society*, o autor de ficção científica David Brin explora a questão, ao distinguir entre a privacidade dos cidadãos individuais e a privacidade "dos poderosos", em que se incluem os governos e as corporações. Então onde traçar o limite entre o cidadão e os poderosos na trilogia *Millenium*?

Ao final de *Os Homens que não Amavam as Mulheres*, Blomkvist concorda em esconder a verdade sobre Martin Vanger. Esse ato teria sido feito em prol do interesse na privacidade de Harriet Vanger ou de poderosos interesses da Vanger Corporation? Nesse caso, o sigilo serve a ambos. É Salander quem esclarece a Blomkvist: "e o que é pior, o fato de que Martin Vanger a violentou no chalé, ou o fato de que você vai fazer isso no jornal?"[322] Momentos depois, ela extorque a Vanger Corporation para que esta ofereça alguma forma de justiça social, como dinheiro, para as várias vítimas de Martin e para outras vítimas de violências desse tipo.

A situação não é assim tão simples para Blomkvist, pois abrange dois universos: o pessoal e o dos poderosos. Suas considerações éticas incluem a crença de que "os filhos da puta também têm direito a uma vida privada".[323] Mesmo assim, ele também pensa em relatar a verdade, e havia sido cometido um crime que valia a pena relatar. "Ele, que havia censurado de modo tão severo seus colegas por não publicarem a verdade, estava ali discutindo, até mesmo negociando, o acobertamento mais macabro do qual já tivera notícia." [324]

Embora Blomkvist consinta com o acobertamento, fica claro que ele ainda tinha reservas e, como jornalista, o próprio Larsson pode ter vivenciado certa dissonância cognitiva em relação à decisão de Blomkvist. De fato, talvez seja por isso que ele coloca Henrik Vager em defesa de Blomkvist:

> Você teve de escolher entre o seu papel como jornalista e o seu papel como ser humano. Eu nunca poderia ter comprado seu silêncio. E estou bem certo de que você nos teria ex-

---

322. Ibid, p. 514.
323. Larsson, *The Girl with the Dragon Tattoo*, p. 344
324. Ibid., p. 514.

posto se, de alguma forma, fosse descoberto que Harriet sairia prejudicada, ou se pensasse que eu sou um cretino.[325]

Salander, entretanto, nunca teve de fazer tal escolha. Como *hacker*, ela seguia seus próprios princípios e foi capaz de abrir uma trilha de certeza moral a partir de um caminho que, para o jornalista Blomkvist, conduzia a um dilema ético.

Vigiando os vigilantes

David Brin inicia sua análise da privacidade com a descrição de duas cidades futurísticas de alta tecnologia que não têm crimes graças à instalação onipresente de câmeras de vigilância. Em uma das cidades, as câmeras enviam imagens a um departamento policial central, a partir do qual o governo mantém um controle rígido sobre seus cidadãos. Na outra, qualquer cidadão pode acessar qualquer câmera a qualquer momento. A tecnologia está aqui, e a questão que ele levanta é: "Quem, no fim das contas, controlará as câmeras?"[326] Serão os poderosos ou os cidadãos?

Brin defende a transferência do acesso e da autoridade aos cidadãos para reforçar a responsabilidade. Se tentarmos manter as pessoas afastadas desses fatores, então as corporações e os governos (detentores de mais recursos) irão achar um meio de obter controle sobre eles. Dessa forma, são os indivíduos que perdem no quesito privacidade. Essa conclusão se baseia no raciocínio um tanto similar ao veredicto dado, em 2010, pela Suprema Corte dos Estados Unidos, no caso *Cidadãos Unidos contra Comissão Federal Eleitoral*: se dermos acesso e autoridade aos indivíduos, as corporações (e o governo) obterão esse acesso e essa autoridade de forma automática, por serem entidades compostas por indivíduos. Ninguém sai perdendo, e a maioria ganha.

Brin traça uma abordagem descentralizada, transparente e semelhante ao Wikileaks para criação de responsabilidade. Oito anos depois da publicação do livro de Brin, o Wikileaks foi fundado e passou a iluminar os cantos escuros dos "poderosos" de que fala Brin, enquanto, ao mesmo tempo, protegia a privacidade de suas próprias fontes, a quem Assange descreve como "vigilantes clássicos". Nas palavras do próprio Assange, "É muito raro sabermos [a identidade do informante]. E, se

---

325. Ibid., p. 586
326. David Brin, *The Transparent Society: Will Technology Force Us to Choose between Privacy and Freedom?* (Reading, MA: Perseus Books, 1998), p. 6.

em algum momento a descobrimos, então destruímos essa informação o mais rápido possível".[327]

Isso reflete os valores conflitantes na ética *hacker* (no livro *Transparent Society* de Brin): a privacidade aliada à abertura generalizada das áreas de interesse público. "Há pressões [sic] enormes no sentido de harmonizar a legislação da liberdade de expressão e a legislação da transparência no mundo inteiro. (...) Por esse motivo, essa é uma época bastante interessante de ser viver, porque, com um esforço mínimo, podemos mudá-la para um ou outro lado".[328]

Assange orgulha-se de suas proezas, proclamando suas façanhas sem nenhum constrangimento, assim como faz Lisbeth. Em resposta às crescentes preocupações relativas à quantidade de documentos secretos que o Wikileaks publica, Assange respondeu: "É preocupante, não é?, que os meios de comunicação do resto do mundo estejam fazendo um trabalho tão ruim, que um pequeno grupos de ativistas seja capaz de publicar uma quantidade desse tipo de informação maior do que toda a imprensa mundial junta".[329]

Os que acreditam ser Assange um sujeito ético poderiam pensar, como Palmgren pensava de Salander, que sua "noção de moralidade nem sempre coincidia com a do poder judiciário".[330] E, com certeza, o poder judiciário não ignora a existência de Assange.

O castelo de ar

Os Estados Unidos não sabem ao certo como (ou se devem) processar Assange por roubo de documentos secretos do governo. O soldado que se acredita ser o responsável, Bradley Manning, é mantido em uma prisão militar, mas não está claro se Assange ou o Wikileaks de fato transgrediram alguma lei. Assange afirma que não tinha contato com Manning e que, na verdade, nunca tinha ouvido esse nome até que a imprensa noticiou a prisão dele, o que combina com a descrição de como o Wikileaks trabalha junto a seus informantes. O governo não consegue acusar Assange de nada, se não estabelecer que ele colaborou com Manning, encorajando-o a roubar documentos.

Em *Os Homens que não Amavam as Mulheres*, Blomkvist colabora com Lisbeth, encorajando-a a roubar as informações sobre Wennerström. Embora a trate como informante, ele está ultrapassando

---
327. Entrevista na TEDGlobal, 2010.
328. Ibid.
329. Ibid.
330. Larsson, *The Girl Who Played with Fire*, p. 150.

uma fronteira ética aqui, fronteira esta que o Wikileaks foi estruturado para evitar. Isso não necessariamente protege Assange ou o Wikileaks da prisão. Os jornalistas detêm certas proteções legais para a obtenção de informações, mas é duvidoso o *status* de Assange como jornalista (apesar de ele se classificar como tal). O *New York Times*, pelo menos, "considerou Assange, o tempo todo, como um informante, e não sócio ou colaborador".[331]

Assange identifica-se claramente como ativista, em vez de repórter objetivo e imparcial dos acontecimentos. O Wikileaks soltou os vídeos completos e sem edição do ataque de um helicóptero em Bagdá, mas também colocou-os juntos em um filme de propaganda antiguerra, chamado "Assassinatos Colaterais"... uma adaptação dos acontecimentos que "não chamou a atenção para o iraquiano que manejava um lança-granadas".[332]

Além de tudo isso, Assange vem tentando se defender contra acusações de estupro (justo na Suécia). Os detalhes da alegação estão escondidos por detrás de advogados e leis suecas de proteção à privacidade. Fazendo-se uma interpretação generosa, parece que Assange foi exposto ao mundo como alguém que trata as mulheres (ao menos aquelas com quem ele dorme) de maneira odiosa, o que faz com que se questione seu título de "herói do povo".

Não está claro se Assange será considerado culpado por crimes sexuais na Suécia ou por crimes de espionagem nos Estados Unidos, mas está claro que o papel e os direitos da transparência em nossa sociedade da informação serão testados legalmente. Mesmo sem ações oficiais legais, os servidores do Wikileaks foram derrubados, de modo voluntário, pelo *site* de hospedagem, Amazon.com, forçando o Wikileaks a se realocar em outros servidores europeus. E o PayPal suspendeu a conta que o Wikileaks usava para receber doações.

Já faz anos que os *hackers* se preparam para uma batalha assim, e foram lançados ataques cibernéticos contra os críticos do Wikileaks. John Perry Barlow, cofundador da organização em defesa dos direitos digitais, a Electronic Frontier Foundation, mandou a seguinte mensagem em seu twitter: "A primeira infoguerra séria foi travada. O campo de batalha é o Wikileaks. Vocês são as tropas".[333]

---

331. Bill Keller, "Dealing with Assange and the Wikileaks Secrets," *New York Times*, 26 de janeiro, 2011.
332. Star, *Open Secrets*.
333. Raphael Satter e Peter Svensson, "Wikileaks Fights to Stay Online amid Attacks", Associated Press, 3 de dezembro de 2010.

De todos os rótulos dados a Lisbeth Salander, em toda a trilogia *Millenium*, o único que ela aceita de bom grado é *"hacker"*. Não é uma escolha aleatória ou simples conveniência ficcional. O uso apropriado da informação e os danos causados pela ocultação dela estão no cerne da trilogia. Ao criar seus dois personagens principais, como um jornalista e uma *hacker*, Stieg Larsson concebeu um novo tipo de herói para nossa era moderna da informação.

12
Explodindo o Castelo de Ar: A "Seção" Oculta em cada Instituição

Adriel M. Trott

A expectativa geral é de que Lisbeth deva ter direito, tanto quanto qualquer outra pessoa, de ser protegida de modo apropriado pelas agências governamentais relevantes. Stieg Larsson sugere que instituições, como a força policial, a imprensa e o serviço de inteligência sueco, apenas precisam se livrar de um tipo poluente de homens machistas e que colocam seus interesses acima de tudo. As instituições em si não são o problema. O problema são as maçãs podres que apodrecem o cesto. O problema é com o Advokat Nils Erik Bjurman, e não com o conselho tutelar; é com o Dr. Teleborian, e não com as instituições psiquiátricas; com Hans Faste, e não com a polícia; com o promotor Ekström, e não com o poder judiciário; é com Evert Gullberg, e não com a polícia secreta. Larsson chega até mesmo a dizer:

> Não acredito em culpa coletiva. A culpa diz respeito apenas aos que estão envolvidos de forma direta com ela. O mesmo vale para a Säpo. Não duvido que haja excelentes pessoas trabalhando na Säpo. Isso tem a ver com um pequeno grupo de conspiradores.[334]

---

334. Stieg Larsson, *The Girl Who Kicked the Hornet's Nest*, trad. Reg Keeland (New York: Alfred A. Knopf, 2010), p. 212. (N.T.: Preferimos manter as notas com referência às edições norte-americanas da trilogia *Millenium*.)

A noção de que não há uma culpa coletiva sugere que o problema não é inerente às instituições, e sim responsabilidade dos indivíduos que as compõem. Por exemplo, Edklinth e Figuerola não percebem que a instituição tende a ir contra as mulheres e recorrem ao primeiro ministro para exigir que ele inicie uma investigação para limpar a seção dos corruptos.

Mas, quando se trata da forma como a lei é aplicada, então já não estamos mais falando de indivíduos. Mia Johansson acabou de completar uma dissertação que, ao lado da pesquisa de Dag Svensson, revela grande quantidade de homens poderosos que abusam das mulheres. A dissertação de Johansson, *From Russia with Love*, expõe uma cafetina que tem um prostíbulo e trafica garotas russas forçadas à prostituição. Ela é condenada por comandar o prostíbulo, mas inocentada pelo crime bem pior que é o tráfico de seres humanos. A lei é incapaz de proteger as garotas que testemunham contra a cafetina. A polícia não consegue descobrir o paradeiro das garotas ou não está disposta a isso. Ao ser perguntada sobre as rígidas leis que a Suécia tem contra o tráfico e o comércio sexual, Svensson responde: "A lei não passa de fachada".[335]

Essa afirmação aponta para um problema mais profundo que há tempos perturba os filósofos. Se uma lei pode ser pura fachada, talvez exista algo fundamentalmente errado com a natureza das instituições legais. A trilogia de Larsson sugere que a remoção de alguns personagens problemáticos de tais instituições não basta para tratar do problema fundamental.

Algumas maçãs podres ou a árvore maldita inteira?

As instituições são organizações estabelecidas por e para uma comunidade com objetivo de instituir a lei. A palavra *instituto* vem do latim "fazer ficar de pé". Uma instituição ajuda a comunidade a se apoiar sobre os próprios pés, a ser estável e a se preservar como o que é ao longo do tempo. Jean-Jacques Rousseau (1712-1778) descreve o governo como aquilo que une a vontade do povo com o poder que coloca essa vontade para funcionar.[336] A vontade do povo é expressa por meio da lei, de modo que as instituições são organizações que dão vida à lei e criam estabilidade para a comunidade. A polícia, os tribunais, os hospitais psi-

---

335. Stieg Larsson, *The Girl Who Played with Fire*, trad. Reg Keeland (New York: Vintage, 2010), p. 98.
336. Jean-Jacques Rousseau, "The Social Contract," in A. Ritter and J. C. Bondanella, eds., *Rousseau's Political Writings*, trans. J. C. Bondanella (New York: W. W. Norton, 1988), p. 118–122.

quiátricos, a polícia secreta, a imprensa e até a família são instituições cuja função é expressar a vontade do povo na trilogia *Millenium*.

Sendo as instituições aquilo que faz funcionar a lei, a instituições governamentais precisam operar conforme opera a lei: de forma neutra e imparcial. Aristóteles explica a posição daqueles que apoiam o jugo da lei acima do jugo dos homens: "a lei é a razão desprovida de desejo". Mesmo assim, ele prossegue explicando que a lei é feita e aplicada por seres humanos e até ela inclui certos elementos de desejo humano.[337] Assim como Aristóteles, Larsson suspeita de instituições defensoras da neutralidade, particularmente porque teriam uma necessidade inerente de se preservar. Rousseau explica que o governo normalmente se torna mais forte do que a vontade do povo porque é mais concentrado.[338] Ele encoraja a vigilância para manter o poder governamental igual à vontade do povo. O fato de o governo ficar mais forte quando é mais concentrado, faz com que as instituições que o formam tendam a ter mais poder para preservar e proteger a si mesmas do que a vontade do povo para fazer valer a lei.

Ao que parece, as instituições são incapazes de ter a neutralidade que lhes é exigida para proteger de modo igualitário aqueles que necessitam da proteção da lei. Considere, por exemplo, a descrição feita por Larsson da agência de inteligência sueca, a Säkerhetspolisen, ou Säpo, cuja função era um suposto controle de pessoal. A Säpo foi secretamente tomada por dentro pela "Seção", que afirma ser a "última linha de defesa".[339] Em seu esforço para proteger o pai de Salander, Zalachenko, a Säpo fez com que Salander fosse mantida em uma instituição psiquiátrica, quando o que ela de fato precisava era de orientação e apoio. A polícia não só fracassou em processar Zalachenko por seus crimes, incluindo ataques selvagens contra a mãe de Salander, como a Seção fez com que os crimes desaparecessem rapidamente. E, como se não bastasse, fez com que Salander ficasse sob tutoria semipermanente do estado, sem nem ao menos ter o controle sobre suas próprias finanças. A instituição agiu de forma abominável só para proteger um homem, cuja utilidade para o estado parecia não superar seus crimes. A Säpo também criou uma organização secreta, com o intuito de proteger a instituição, ao mesmo tempo em que operava fora de sua alçada.

Essa lógica, por meio da qual a instituição preserva a si mesma agindo ilegalmente e, então, justifica essa ação com o pretexto da

---
337. Aristotle, *Politics*, III.15 –16, trad. C. D. C. Reeve (Indianapolis, in: Hackett, 1998).
338. Rousseau, *The Social Contract*, p. 121.
339. Larsson, *The Girl Who Kicked the Hornet's Nest*, p. 82.

autodefesa, é um problema óbvio para as comunidades democráticas. As democracias devem pressupor a neutralidade e a igualdade das instituições para terem fé no estado de direito. Mesmo assim, quando as instituições se tornam tendenciosas, em favor de si mesmas e de sua própria existência, invariavelmente começam a subordinar os que não têm poder, que são justamente aqueles que deveriam ser protegidos. Ao disseminar a ideia de que os que são subordinados ou abertamente excluídos (como as mulheres, por exemplo) não merecem proteção, justificam seu fracasso em protegê-los. Larsson mostra como as mulheres são mostradas como desequilibradas, irracionais, anormais, histéricas e sexualmente exploráveis, tudo em prol dos homens que mantêm as instituições. O papel duplo que as instituições têm na proteção das mulheres, submetendo-as e retirando-lhes a proteção em benefício da sobrevivência da própria instituição, fica bastante claro no tratamento dispensado a Lisbeth, tanto no tribunal quanto no hospital psiquiátrico. De modo semelhante, o desejo do conselho tutelar de manter Salander sob sua guarda mostra como a autopreservação da instituição triunfa sobre o cuidado para com o indivíduo.

Ainda mais aterrador é o discurso dúbio do conselho com relação a essa tendência. Ulrika von Liebenstaahl, do conselho, diz no tribunal duas coisas demonstradas como falsas no caso de Salander. Primeiro ela diz: "Existe uma rigorosa supervisão nos casos de tutela".[340] Se assim fosse, então a agência estaria sabendo dos abusos cometidos por Bjurman e sobre seus relatórios falsos. Então ela diz: "Ninguém fica mais feliz do que nós, do conselho, quando a tutela é anulada".[341] Se fosse esse o caso, entretanto, o conselho ficaria bastante feliz se simplesmente parasse de funcionar. Com certeza, não parece ser da natureza da instituição trabalhar em prol do seu próprio fim. A instituição, como nos diz Rousseau, torna-se mais poderosa do que a vontade do povo. Portanto, o desejo dela em se manter vai contra a sua própria missão, concedida pela lei que ela institui.

Não se pode apenas varrer das instituições seus elementos corruptos; elas tendem à corrupção em essência. A injustiça da instituição parece necessária para que esta se mantenha. A Seção, por exemplo, justifica legalmente sua própria existência. Uma medida assinada pelo primeiro-ministro Erlander, para direcionar fundos para a "Seção para Análises Especiais", sancionou uma unidade responsável pelo "controle interno de pessoal". Ela podia ser compreendida como a aprovação

---
340. Larsson, *The Girl Who Kicked the Hornet's Nest*, p. 470.
341. Ibid., p. 471.

para o monitoramento interno de indivíduos externos à força policial que precisam de proteção, tais como o próprio primeiro-ministro. Assim, ele legaliza atividades que vão contra a lei e permite que a instituição se coloque tanto dentro como fora da lei, ao menos parcialmente, em prol de sua própria proteção e estabilidade.

Manter a ordem X obter a justiça

O filósofo contemporâneo francês Jacques Rancière faz uma diferenciação entre a atividade que preserva as instituições, a que ele denomina policiamento, e a atividade que contesta as instituições, a que ele chama de política.[342] Esse policiamento de que ele fala não é aquele realizado por homens e mulheres de uniforme e distintivo e sim um modo mais amplo de execução das leis que parece neutro e imparcial, mas só na aparência. Tal neutralidade de superfície é desafiada pela atividade política que atrapalha o policiamento. O esforço para manter as instituições como são resiste ao trabalho dos políticos que questionam se as instituições estão operando de acordo com padrões de qualidade.

Quando as instituições evitam a questão de estarem ou não aplicando de forma apropriada a lei, tendem à autoproteção, o que exige com frequência uma aplicação desigual da lei e a recusa de reconhecer certas partes envolvidas. É exatamente por essa razão que Hannah Arendt (1906-1975) critica o conceito inócuo dos "direitos humanos", explicando que o problema com as instituições é que seu poder só é efetivo se reconhecerem de antemão aqueles com direito à proteção.[343] Os que não são reconhecidos pela instituição não se beneficiam de sua proteção. Arendt argumenta que são essas pessoas necessitadas da ajuda e do apoio institucional que não são reconhecidas pela instituição. Embora esta afirme ser neutra, sua falta de neutralidade fica evidente na falha em reconhecer igualmente todos os que precisam de proteção e apoio. Para as instituições, aqueles que elas excluem (como Salander) não são aceitos como partes legítimas em um dado conflito.

A própria Salander desafia a noção de que a instituição possa ser redimida ao reconhecer que é inútil falar com as autoridades se estas são incapazes de ouvir a reclamação. As instituições contra as quais ela se vê lutando na juventude: a polícia e, por trás desta, a Säpo, e a instituição psiquiátrica e seu aterrorizante líder, Dr. Teleborian, não

---

342. Jacques Rancière, *Dis- Agreement:Politics and Philosophy*, trad. Julie Rose (Minneapolis, MN: University of Minneapolis, 1998), p. 28.
343. Hannah Arendt, "The Decline of the Nation- State and the End of the Rights of Man," in *Origins of Totalitarianism* (New York: Harcourt, Brace, Jovanovich, 1973), p. 267–302.

podiam ouvi-la, porque era parte do trabalho delas mostrar que Lisbeth não merecia ser ouvida. Ela foi tachada de doente mental pelas próprias instituições que criaram para ela uma vida em que ela precisou se tornar alguém capaz de se defender com uso da força. Ela não se defendia recorrendo a figuras de autoridade, e essa recusa foi vista como prova de que as autoridades tinham razão em tratá-la daquela forma.

Quando Lisbeth tenta explicar o que fizera com o pai ao Dr. Teleborian, especificamente designado pela Säpo para comprometer Salander e assim mantê-la, ele responde da seguinte forma, conforme ela relata no tribunal:

> Ele não queria me ouvir. Disse que eu estava imaginando coisas. Como punição, eu deveria ser amarrada até que parasse de fantasiar. E, então, ele tentou me fazer ingerir drogas psicotrópicas.[344]

O comportamento de Salander foi julgado insano por aqueles que haviam criado o padrão de sanidade, em termos de quais coisas protegem e apoiam a comunidade. Mesmo assim, aqueles que resistiam à comunidade não podiam reclamar justificadamente contra o sistema, porque seu comportamento mostrava que não desejavam apoiá-lo. Considere a forma como a corte que julga Salader era incapaz de enxergar até mesmo a competência da advogada dela. O promotor Ekström desafia a capacidade de Giannini para defender Salander, porque ela é uma advogada voltada para os direitos das mulheres e não advogada criminalista.

Lisbeth acreditava que falar com as autoridades era inútil, porque não poderiam ouvi-la. Então, por que, de repente, no tribunal, ela pensa que poderá ser ouvida? Será que a instituição tinha sido limpa de forma apropriada? Por que ela deveria pensar assim? É difícil não imaginar que Larsson possa ter sido exageradamente otimista aqui, de uma forma que se desvia da crítica oferecida por sua trilogia. Por que, de repente, o juiz lhe dá ouvidos, quando nenhuma outra autoridade em defesa da manutenção e estabilidade da ordem e da lei o fez? Uma história precisa de um bom final e é claro que é ótimo ver Salander finalmente entrar naquele armazém e resolver tudo, mas a questão ainda permanece. Como podem as instituições serem reformadas se tendem à corrupção em virtude de sua própria essência?

---

344. Larsson, *The Girl Who Kicked the Hornet's Nest*, p. 490.

Instituições e patriarcalismo: homens que odeiam mulheres

A ideia de que a estrutura institucional e a vida política em geral servem aos que estão no poder veio de Karl Marx (1818-1883). Marx pensava que as instituições serviam às classes abastadas, mas pensadoras feministas usaram a análise marxista das instituições políticas para argumentar que as instituições de fato servem àqueles que estão no poder e os homens são quem está no poder. Em contraste com aqueles que pensam que as instituições podem ser construídas de forma neutra, como se fôssemos todos cegos à posição que cada um ocupa no mundo, de acordo com John Rawls (1921-2002), muitas pensadoras feministas sustentam que as instituições são patriarcais, tanto por servirem aos interesses dos homens quanto por incorporarem certas características masculinas.[345] bell hooks, por exemplo, define o patriarcalismo da seguinte forma:

> Patriarcalismo é um sistema político-social que insiste que os homens são dominadores por excelência, superiores a tudo e todos considerados mais fracos, especialmente as mulheres, e dotados do direito de dominar e governar os fracos e manter essa dominância, por meio de várias formas de terrorismo psicológico e violência.[346]

Em toda a trilogia *Millenium*, é difícil ignorar o fato de que essa preservação das instituições, às custas das vidas alheias, é perpetrada principalmente pelos homens contra as mulheres. E essas instituições são também patriarcais, ao se guiarem por elementos que associamos à masculinidade e à autoridade dos homens. As instituições afirmam para si uma racionalidade que, no fim das contas, se resume a não reagir ao prazer nem à dor. Salander e sua feminilidade são um problema, porque ela responde com vigor à dor emocional de ver o pai cometer abusos contra a mãe. As instituições se orgulham de sua estabilidade, o que significa permanecerem as mesmas frente ao abuso. Assim, Salander precisa da tutela do estado porque resiste e retalia contra o abuso sexual (existe na imprensa e entre os policiais a ideia de que qualquer pessoa capaz de tatuar outra, como Salander fez com Bjurman, deve ser meio

---

345. John Rawls, *A Theory of Justice* (Cambridge, MA: Harvard University Press, 1971). Ver também Carole Pateman, *The Sexual Contract* (Palo Alto, CA: Stanford University Press, 1988); Catherine MacKinnon, *Feminism Unmodified: Discourses on Life and Law* (Cambridge, MA: Harvard University Press, 1988).
346. Bell hooks, *The Will to Change: Men, Masculinity and Love* (New York: Washington Square Press, 2004), p. 18.

maluca). E as instituições proferem poder, ao sugerir que você é subordinado porque você pode ser subordinado. Assim, Salander deveria estar sob tutela, porque está sob tutela.

Em cada caso, as instituições se apoiam na aparente sanidade e neutralidade das instituições para chegarem a seus próprios preconceitos radicais. Por esse motivo, o próprio Blomkvist apoia esse patriarcalismo, ao não acreditar que as instituições em si sejam o problema ("não acredito em culpa coletiva"), mas sim seus membros corruptos. Lisbeth reconhece os problemas das instituições, quando se recusa a falar com as autoridades, sabendo que estas não têm razão para ouvi-la. Em contraste com Mikael, que pensa que as coisas podem ser corrigidas, Lisbeth resiste à busca pela proteção institucional, após as instituições responsáveis pela proteção provarem ser patriarcais. Lisbeth sabe cuidar de si mesma. Entre um *spray* de pimenta, um *Taser* e o raciocínio rápido, ela derruba com facilidade dois membros de uma gangue de motocicleta. Sim, claro: ela é pequena, mas determinada. Sabemos que ela é esperta. Também é obviamente um gênio da informática. E, mais do que tudo isso, ela pensa à frente e é tenaz (pode também ser verdade que a independência de Salander tenha sido possibilitada por ela ter conseguido uma tonelada de dinheiro, o que torna claro que a independência pode ser uma questão não só de gênero, mas da riqueza de cada um). Perceba como todas essas coisas soam como sinais claros de racionalidade: ela tenta se defender quando atacada; ela raciocina para resolver problemas antes mesmo que estes apareçam; ela é capaz de usar de modos únicos as ferramentas à sua disposição. É óbvio que não precisa da proteção masculina, de "tutela", como faz parecer o estado sueco. Talvez seja por isso que ela resiste à ajuda de Blomkvist. Mesmo assim, quando suas forças são utilizadas contra as instituições predominantes, estas a julgam como insana, com o objetivo de manterem poder.

A história de Lisbeth retrata o quanto as instituições patriarcais pesam sobre os indivíduos que resistem a elas. Quando uma mulher mostra que não quer, ou que não precisa de homens para administrar suas finanças ou vida emocional, ou para dar lições de moral e regular sua vida social e intelectual, ela desloca os homens de um lugar que estes achavam ser deles por direito. O foco de toda a trilogia é sobre como o pai de Salander tentou vingar-se da filha, como fez Bjurman, trazendo a força do estado e suas poderosas instituições para cumprir esse objetivo. Se medirmos a reação que Salander obtém por suas ações, então ela representa uma ameaça à existência livre de consequências que seu pai tem. A intensidade e a força com as quais a imprensa e a Seção difamam Lisbeth mostram o vigor com que as instituições lutam para se preservar. Mas Lisbeth mostra, vezes sem conta, que não precisa da ajuda delas. Da mesma forma, ela precisa que as instituições sejam justas para conseguir viver a própria vida, livre de assédios e abusos. Mas será que isso é possível?

A distinção feita por Rancière entre "policiamento" e "política" indica uma solução. O policiamento é o esforço para preservar as instituições, esforço este que tende a privilegiar a manutenção das instituições, em detrimento da responsabilidade das instituições para com aqueles a quem deveriam servir. A política questiona a viabilidade da instituição ao dialogar com quem está excluído da proteção da instituição. Como a trilogia *Millenium* deixa claro, a solução não pode estar em criar novas e melhores instituições que não sejam vítimas desse problema. Em vez disso, a solução deve ser o encorajamento de uma política que coloque em questão o poder das instituições, para combater, com constância, suas tentativas de manter o *status quo*, e para resistir a essas mesmas tentativas.

Reuniões Secretas: a Verdade Está no Rumor

Karen C. Adkins

A palavra *rumor* tem uma conotação negativa e é definida, de modo convencional, como a ação de espalhar informações maliciosas (e muitas vezes falsas) sobre alguém, sem seu consentimento. De fato, classificar alguma informação como "rumor", ou uma pessoa como "fofoqueira", é uma forma rápida e eficiente de minar a autoridade já de cara. A análise ética comum do rumor, aquela feita por Sissela Bok, é devastadora em sua brevidade: a possibilidade do rumor está restrita à "trivialização" e ao "repreensível".[347]

Embora contenha exemplos das consequências negativas do rumor, a trilogia de Stieg Larsson defende, apesar de tudo, os usos positivos da prática. Conhecimento (especialmente por meio de rumores) é poder, para Larsson, tanto para o bem como para o mal. Nos romances, o rumor é usado como ferramenta para uma (má) administração da reputação, por parte daqueles que estão no poder, como forma de mantê-lo e como meio crucial para obter informações ou tirar conclusões sobre alguém, com base em informações limitadas.

Larsson com certeza defende o rumor como caminho legítimo (e até mesmo necessário) para o conhecimento. De um jeito parecido, alguns filósofos contemporâneos buscaram restaurar a credibilidade do rumor e defenderam a possibilidade de o bate-papo informal produzir conhecimentos reais. Maryann Ayim e Lorraine Code, por exemplo, argumentam que o rumor é produção de conhecimento, em parte *por causa*

---

[347]. Sissela Bok, *Secrets: On the Ethics of Concealment and Revelation* (New York: Vintage, 1984), p. 94–101.

de sua informalidade.³⁴⁸ No bate-papo podemos especular de forma livre, tal qual fazem Blomkvist e Salander, ao juntarem diferentes ideias de forma criativa.

Você promete não contar para ninguém?

O rumor se apoia no fundamento da confiança; devemos ser capazes de transmitir a alguém informações, confidências ou segredos para termos confiança nessa pessoa (se não pedimos de forma direta que ela guarde segredo, ao menos esperamos o anonimato quando contamos segredos). A maioria dos profissionais na trilogia *Millenium* são jornalistas e policiais que trabalham trocando informações e que só serão bem sucedidos se seus informantes forem confiáveis. Larsson enfatiza a necessidade de confiança, para tais profissionais, bem mais do que outros autores de romances criminais.

O início da trilogia (em que Blomkvist é condenado em um processo por calúnia e difamação) ressalta a importância da reputação e da confiabilidade profissional. Blomkvist não pode funcionar como jornalista, se seus leitores duvidarem de suas afirmações, ou se ficar simplesmente reproduzindo boatos, como se afirma no processo contra ele.³⁴⁹ Além disso, sua honestidade financeira pessoal é identificada, de forma correta por Salander, como sendo de extrema importância para seu sucesso profissional; ele não pode criticar as finanças alheias se for revelado que também é um hipócrita.³⁵⁰ No contexto legal americano, a reputação é valiosa, em parte por ser vista como propriedade.³⁵¹ As reputações podem ser destruídas ou consertadas por meio de processos legais, mas também destruídas e consertadas por meio dos rumores.

Em seus vilões, Larsson mostra essa preocupação pela reputação. Em parte, uma das razões pelas quais Gunnar Björck alista Bjurman como tutor de Salander deve-se à reputação deste de não ser inclinado

---

348. Maryann Ayim, "Knowledge through the Grapevine: Gossip as Inquiry," and Lorraine Code, "Gossip, or in Praise of Chaos," in Robert F. Goodman and Aaron Ben-Ze'ev, eds., *Good Gossip* (Lawrence: University of Kansas, 1994), pp. 85–105; Adkins, "The Real Dirt: Gossip and Feminist Epistemology," in *Social Epistemology* 16 (2002): p. 215-232.
349. Larsson, *The Girl with the Dragon Tattoo*, trad. Reg Keeland (New York: Vintage, 2008), p. 14-15. (N.T.: Preferimos manter as notas com referência às edições norte-americanas da trilogia *Millenium*.)
350. Ibid., p. 53.
351. Daniel J. Solove, *The Future of Reputation: Gossip, Rumor and Privacy on the Internet* (New Haven: Yale University Press, 2007), p. 34.

a boatos.³⁵² A falta de capital social ou de rumores pode também ser uma característica de dissonância. Evert Gullberg chama a atenção dos inspetores policiais como possível agente da Säpo, em parte por não ter qualquer reputação profissional ao longo de uma carreira executiva admiravelmente longa. Em *A Menina que Brincava com Fogo*, membros da Seção percebem que sua vigilância à *Millenium* fora descoberta, por causa da completa falta de conversas apavoradas da equipe sobre o que fazer com a edição supostamente vazia da revista. Durante as várias cenas de jornalistas discutindo tópicos com as fontes, são feitos acordos constantes relativos ao que é dito oficialmente e extraoficialmente.³⁵³ E, ao final da trilogia, as posições parecem completamente emaranhadas. Em uma reviravolta do que seria o curso normal dos acontecimentos, a polícia se transforma em fonte não oficial para os jornalistas engajados *contra* suas próprias agências governamentais.

É óbvio que altos níveis de confiança são necessários para que as redes de rumores funcionem. Isso faz sentido, ao considerar as origens linguísticas da palavra *gossip**, que vem do anglo-saxão *god sibbe*, algo como um amigo íntimo da família. Assim, no sentido original, *gossip* denota conhecimento íntimo. Não surpreende, portanto, que estudos recentes mostrem que o papel evolutivo do rumor seja o de confirmar ou reforçar as relações de intimidade.³⁵⁴ Podemos ver as formas como o rumor é percebido, seja por sua presença, seja pela ausência, como sinal de intimidade. Por exemplo, a amiga de Salander, Cilla Norén, lida de modo encantador com um interrogatório policial sobre a Evil Figers, ao observar que as reuniões "satânicas" da banda envolviam apenas cerveja e bate-papo.³⁵⁵ Considere também que, quando Harriet Vanger se retrai, após o início dos abusos sexuais por parte do pai e do irmão, seu retraimento é marcado pelo fato de que ela para de conversar e contar sobre sua vida aos amigos.³⁵⁶ Se você não pode conversar, então não tem amizades.

---

352. Stieg Larsson, *The Girl Who Played with Fire*, trad. Reg Keeland (New York: Vintage, 2010), p. 382.
353. Larsson, *The Girl with the Dragon Tattoo*, p. 28; *The Girl Who Kicked the Hornet's Nest*, trad. Reg Keeland (New York: Alfred A. Knopf, 2010), p. 66.
* N.T.: *Gossip*: "rumor" ou "fofoca", em inglês.
354. Robin Dunbar, *Grooming, Gossip, and the Evolution of Language* (Cambridge, MA: Harvard University Press, 1996), p. 115.
355. Larsson, *The Girl Who Played with Fire*, p. 441.
356. Larsson, *The Girl with the Dragon Tattoo*, p. 211.

O que é meu é meu (a menos que você tome o que é meu)

Rumores são algo quase sempre explosivo, pois transformam os atos privados em fatos (mais) públicos; compartilhamos informações, ideias ou observações que não são muito conhecidos. Grande parte dos textos filosóficos escritos sobre o tema tem a ver com dilemas éticos sobre a revelação de segredos e, portanto, faz sentido que a ética acerca de espalhar ou não rumores tenha destaque nos livros de Larsson. Salander toma várias decisões sobre incluir ou não informações dos clientes em seus relatórios para a Armansky. Pelo fato de ser *hacker*, ela tem acesso a informações que grande parte das pessoas acredita serem privadas, mas só inclui informações caso ache relevante ao assunto do relatório. Lisbeth diz: "Todo mundo tem segredos", e ela escolhe muito bem quais quer revelar.[357] Armansky tem pontos de vista similares no tocante à obtenção de informações. Ele se recusa a pegar casos de seus clientes empresariais se a informação que buscam não tiver a ver com os negócios deles. Para Armansky, se os filhos de um cliente são adultos, então suas vidas pessoais são assunto só deles.[358]

No fim das contas, esse tipo de visão sobre rumores e segredos tem alguns problemas. De fato, Blomkvist ressalta, de modo solícito, as questões de seu conflito inicial com Salander, nas quais compara o uso responsável que faz das informações pessoais com os princípios vigilantes de Salander. "Um canalha é sempre um canalha", ela diz.[359] Qualquer informação prejudicial, até a mais íntima delas, será útil se restringir o poder do canalha. A visão que Blomkvist tem da informação particular é compartilhada pela maioria das pessoas (mesmo as que leem sem parar a revista *People*, ou o *site* TMZ.com, atrás de fofocas sobre as celebridades). Mas existe uma defesa do rumor que se alinha com exatidão ao viés de Salander. De acordo com John Portmann, "*schadenfreude* moral", o prazer com o sofrimento alheio, é "(com frequência, mas nem sempre) um prazer apropriado se a punição for justa".[360] De modo semelhante, Salander não revela informações pessoais a torto e a direito, nem o faz pelo prazer da revelação. Seu objetivo é desumanizar alguém que abusa do próprio poder. Ela administra em doses homeopáticas o que acredita ser uma punição justa.

---

357. Ibid., p. 50.
358. Ibid., p. 36.
359. Ibid., p 344.
360. John Portmann, *When Bad Things Happen to Other People* (New York: Routledge, 2000), p.8.

Ainda assim, a visão de Salander sobre privacidade é problemática, pois transforma as pessoas em casos a serem desvendados, objetos a serem examinados, ou moeda a ser trocada (ou, como diria de forma mais direta Immanuel Kant, meros meios). Lisbeth fica chocada quando, de início, Blomkvist a confronta em seu apartamento. A pessoa que ela vira como "um jogo de computador complicado" estava agora em sua casa, em seu espaço privado, a desafiar suas práticas.[361] Larsson também sugere certa hipocrisia na visão de Salander: ela defende de forma intensa a própria privacidade, tanto que vê as discussões pessoais como "bisbilhotar assuntos que ela considerava particulares".[362]

Bisbilhotar a vida privada dos outros implica riscos e custos reais e nossa própria convicção do que é certo, às vezes, faz com que não pensemos nos riscos. *Os Homens que não Amavam as Mulheres* faz uma menção breve à forma como a vida do parente de uma vítima de assassinato foi arruinada, depois de ele ser acusado pelo crime.[363] E Portmann argumenta, de forma correta, que o *schadenfreude* é moralmente indefensável, quando nossos motivos não passam de entretenimento com o sofrimento pelo sofrimento, em vez de busca pela justiça. Da mesma forma, Lisbeth é imoral ao destruir reputações apenas por vingança. Considere a primeita vez em que tentou comprar um apartamento em Estocolmo. Quando a tratam com condescendência, Lisbeth passa horas na busca de provas de sonegação de impostos, por parte do corretor arrogante e depois o denuncia anonimamente.[364] Ela não é motivada pela busca de justiça, mas por um desejo de vingança.

Boato digital

Normalmente pensamos nos boatos e rumores em termos orais, quando cochichamos sobre comportamentos escandalosos a amigos e confidentes em quem confiamos. Mas os romances de Larsson mostram como essas práticas funcionam na era da informação, seja para o bem, seja para o mal. Nesses termos, Daniel Solove descreve o rumor eletrônico como semelhante à publicação de um diário, em vez de este ser guardado.[365] Assim, a atividade *hacker* de Lisbeth pode ser considerada uma forma de cavar informações em diários e compartilhá-las.

---

361. Larsson, *The Girl with the Dragon Tattoo*, p. 329.
362. Larsson, *The Girl Who Played with Fire*, p. 31.
363. Larsson, *The Girl with the Dragon Tattoo*, p. 359.
364. Larsson, *The Girl Who Played with Fire*, p. 77.
365. Solove, *The Future of Reputation*, p. 59.

Lisbeth conta bastante com os amigos para obter dados cruciais e gosta de interferir nos canais de rumor para subverter o controle oficial de reputação. Seu hackear é quase sempre uma versão de fofoca eletrônica, em que ela descobre e dissemina informações sobre as outras pessoas sem que elas saibam. Embora Lisbeth espalhe com frequência rumores para limpar o próprio nome, é comum que os espalhe também para defender os menos favorecidos contra aqueles que são poderosos.

O mundo *hacker* dos romances de Larsson e a disseminação eletrônica de rumores como resistência é um novo fenômeno histórico, mas somente no que tange à abrangência e à tecnologia. Há séculos a fofoca tem sido uma ferramenta importante das comunidades sem voz ativa. Uma das vantagens da fofoca e da criação de boatos é que estão disponíveis para todos, incluindo aqueles que não têm acesso a estruturas de poder ou canais de publicidade. Historicamente, houve vários exemplos de comunidades oprimidas que usaram a fofoca como meio de desafiar os que estavam no poder. Para os indígenas norte-americanos, do período colonial, a disseminação de rumores foi um jeito efetivo de organizar e estimular a resistência contra o domínio colonial.[366] Os parisienses pré-Revolução Francesa traficavam livretos proibidos cheios de *chroniques scandaleuses* e *libelles*, contando histórias de abusos privados de poder monárquico.[367] Os negros norte-americanos disseminaram rumores persistentes de que o vírus da AIDS era, na verdade, uma conspiração da CIA para controlar a população negra (o que lembrava o caso Tuskegee).[368] Esses exemplos que atravessaram continentes e séculos demonstram a disponibilidade e o poder persistentes dos rumores e boatos como resistência a narrativas mais arraigadas e oficiais sobre o poder.

Quando as publicações contendo boatos políticos se popularizam, o tom, o viés malicioso e os comentários extravagantes mostram-se semelhantes aos exemplos mais tradicionais de fofoca.[369] A única diferença relevante entre os rumores gerados por *hacker*s e esses exemplos anteriores é que não é necessária qualquer confiança para espalhar boatos na internet, ou seja, qualquer um pode clicar em um *site* e adicionar

---

366. Ranajit Guha, *Elementary Aspects of the Peasant Insurgency in Colonial India* (Oxford, UK: Oxford University Press, 1983), p. 250–251.
367. Robert Darnton, *The Forbidden Best-Sellers of Pre-Revolutionary France* (New York: Norton, 1996), p. 76, 80, 223–224.
368. Patricia Turner, *I Heard It through the Grapevine: Rumor in African-American Culture* (Berkeley: University of California Press, 1993), p. 154–163.
369. Gail Collins, *Scorpion Tongues: Gossip, Celebrity, and American Politics* (New York: William Morrow, 1998).

informações secretas ou enviar um *link* à sua própria lista de contatos. A fofoca e o rumor falados apoiam-se em uma confiança básica na honestidade do informante; o rumor jornalístico carrega consigo a reputação do jornalista. Em contraste, é bem fácil montar um *site* anônimo, e o envio de um *link* com fofocas traz consigo um peso ético menor do que aquele contido na ação de espalhar um boato.

Conforme o livro nos conta, a *Hacker Republic* é uma comunidade fechada. Nela é frequente que as identidades sejam propositalmente falsificadas, mas, em termos de caráter e valores essenciais, é um grupo bastante homogêneo. Larsson explicita esse fato, ao observar que os *hackers* nunca espalham vírus, pois não têm interesse em interromper o comércio; só desejam ter acesso às informações.[370] Plague (que criou um índice de avaliação para os serviços prestados por *hackers*) chega até a desempenhar um hackeamento *pro bono** para Salander, de modo que ela consiga descobrir quem estava assediando sexualmente Erika Berger.[371]

Um dos perigos óbvios de gerenciar reputações partindo do pressuposto de que todos deveriam ter acesso a todas as informações é que, quando uma reputação é criada, é muito difícil modificá-la. Daniel Solove fornece uma série de exemplos de pessoas cuja fama instantânea na internet, muitas vezes originada de momentos públicos completamente aleatórios (como a mulher que se recusa a limpar o cocô de seu cachorro em um metrô de Tóquio, ou o vídeo escolar de um garoto imitando um personagem de *Guerra nas Estrelas*), dissemina-se e as persegue por anos a fio.[372] Blomkvist é um exemplo relativamente benigno desse fenômeno: sente-se desconfortável ao ficar famoso por seu artigo sobre Wennerström, pois um dos resultados inevitáveis de sua fama é que ele vira alvo de rumores inconsequentes.[373] De modo bem mais pernicioso, após as avaliações psiquiátricas falsas que submetem Salander a anos de tutela, o estado propõe de início que ela passe por uma avaliação

---

370. Larsson, *The Girl Who Kicked the Hornet's Nest*, p. 242.
*N.T.: *Pro bono*: do latim "para o bem do povo".
371. Estou certo de que é embaraçoso admitir isso, mas achei a *Hacker Republic* da trilogia de Larsson quase que completamente implausível; não tenho nada contra acreditar em *hacker*s extremamente hábeis, mas foi difícil para mim imaginar uma comunidade autorreguladora de *hacker*s que pudesse estar interessada em realizar serviços para o bem comum. Obviamente, os recentes acontecimentos envolvendo o *site* Wikileaks, suas intermináveis revelações políticas em nome da transparência e até mesmo os rumores e contrarrumores subsequentes sobre a (má) conduta sexual de seu fundador Julian Assange, demonstram a completa ingenuidade do meu ponto de vista.
372. Solove, *The Future of Reputation*, p. 29–49.
373. Larsson, *The Girl Who Played with Fire*, p. 42.

psiquiátrica para provar a própria competência (algo em geral pressuposto até que haja indícios do contrário).

Quando se trata de controlar a própria reputação, existe uma trajetória tortuosa que leva da cultura oral à cultura impressa à cultura de internet. Conforme escreveu Walter Ong, uma das características marcantes da transição de uma cultura oral para uma cultura escrita é o desenvolvimento de um eu privado, com pensamentos interiores que, na maioria das vezes, são muito diferentes daqueles do eu público (como mostrado pelo desenvolvimento dos diários e dos romances epistolares).[374] O eu privado, em resumo, não é uma característica constante da existência ou da natureza humanas, pois ele se desenvolveu através da história. A fofoca, ao ser praticada por tradição entre pessoas íntimas, torna-se outro grande demarcador do espaço privado. Um dos perigos da disseminação da fofoca e do rumor de internet é que o eu privado vira moeda de troca, caso seus segredos sejam compartilháveis.[375]

Fofoca sobre os poderosos

A hipocrisia moderada de Blomkvist assenta-se em uma confortável autoimagem dos poderosos: aqueles que possuem credibilidade institucional sempre acreditam que o uso que fazem do poder é responsável (ou pelo menos acham que os usos e abusos que fazem do poder não têm como ser avaliados e descobertos). No fim, parte da diversão da história é que vemos Blomkvist aproximar-se do ponto de vista de Salander com relação aos rumores e à privacidade, quando a trilogia se aproxima do final. Em *A Rainha do Castelo de Ar*, ele e Erika Berger passam a depender abertamente desse viés. Blomkvist chega mesmo a dizer a Salander que revelar as partes mais dolorosas de sua vida privada é a única forma de ela recuperar o controle sobre a própria vida. Para a garota que defendeu com unhas e dentes a própria privacidade, ao mesmo tempo em que trata com arrogância o direito alheio à privacidade, o tiro sai pela culatra.

A trilogia habilmente mostra os meios pelos quais os poderosos se apoiam em rumores, ao mesmo tempo em que negam o uso e a legitimidade destes. Após Lisbeth ser acusada de assassinato, a disseminação de rumores (principalmente sobre a vida sexual dela) parece ser a principal

---

374. Walter Ong, *Orality and Literacy: The Technologizing of the Word* (New York: Routledge, 1982), p. 131. (N. T.: Preferimos manter as notas com referência às edições em inglês da obras de Goffman citadas neste livro.)
375. Solove, *The Future of Reputation*, p. 59.

forma de estabelecer a culpa dela, ou seja, uma anormal não confiável pertencente à contracultura. Alguns membros da Seção mostram-se em favor de usar a imprensa para construir o caso judicial, para danificar a reputação de Salander de forma que ela seja inegavelmente declarada culpada e os processos jurídicos sejam constituídos apenas como mera formalidade.

O uso dessa tática, obviamente, é bem antigo (para não dizer expressivo). A demonização das mulheres por meio de boatos tem sua origem na Idade Média. No *Malleus Maleficarum* (documento da igreja medieval sobre demonologia publicado em 1486), o rumor era a principal forma de designar uma mulher como bruxa.[376] O contexto em que Lisbeth é retratada em público como membro de uma seita lésbica satânica soa como uma caça-às-bruxas moderna, acentuada pela internet. A crítica de Larsson ao funcionamento das estruturas de poder, em particular as financeiras e jornalísticas, ressalta os métodos pelos quais os poderosos fazem uso dos rumores e boatos para manter afastado quem é de fora. Para quem tem acesso e habilidade para disseminar informações, o boato torna-se uma forma de propagar o indefensável como se este fosse justificável. O próprio anonimato do boato fornece proteção aos que estão no poder. Da mesma forma como os caçadores de bruxas na Idade Média e na Inglaterra colonial eram, na verdade, pertencentes ao topo do sistema social, os que espalhavam rumores sobre o comportamento de Lisbeth e sua participação em uma seita eram os de maior proeminência pública. Esse fenômeno do "boato oficial" é bastante comum.

O "capital de confiança" é algo necessário para a viabilidade profissional.[377] Por exemplo, a crítica de Blomkvist a William Borg, o escamoso jornalista financeiro, refere-se a seu hábito de destratar as mulheres e fazer piadas, e não apenas à incompetência jornalística dele.[378] E Hand-Erick Wenersttröm chama a atenção de Blomkvist, no início, porque um de seus antigos amigos suspeitava da reputação dele.[379] Fontes anônimas espalham rumores como forma de atacar a credibilidade da revista *Millenium* e sua viabilidade financeira.[380] Mesmo os indivíduos menos inseridos nas estruturas de poder utilizam boatos dessa forma. Niklas Hedström fica irritado quando Salander descobre

---

376. Jane Kamensky, *Governing the Tongue: The Politics of Speech in Early New England* (Oxford, UK: Oxford University Press, 1997), p. 151.
377. Larsson, *The Girl with the Dragon Tattoo*, p. 29, 53.
378. Ibid., p. 16.
379. Ibid., p. 28.
380. Ibid., p. 156.

sua tentativa de chantagear a celebridade que estava sob tutela dele e, para se vingar, a única alternativa em que ele pensa é "contribuir com os boatos sobre ela no refeitório".[381]

Os motivos de manter segredo

O rumor é sempre imbuído de poder, e Larsson se concentra na amizade como espaço ideal (em potencial) capaz de transcender conflitos de poder. Dessa forma, ele se alinha por completo ao tratamento que as feministas dão à questão da fofoca, ao fundamentar na intimidade a legitimidade da prática: fofocamos apenas com aqueles que conhecemos bem e em quem confiamos. A relação de Blomkvist com Salander inicia-se em tom adversário, e um tenta obter informações ilícitas sobre o outro para usá-las como moeda de troca. Blomkvist consegue fazer com que Salander fale com ele ao ressaltar que "ele conhece os segredos dela".[382] Nessa mesma cena, ela reage e afirma saber de tudo; "conhecimento é poder".[383]

Apesar do conflito inicial, Blomkvist e Salander se arriscam pessoalmente, várias vezes, um pelo outro e por seus amigos. Blomkvist, em particular, tem um forte código de ética para com os amigos; sua lealdade é infinita até que eles o traiam, quando então estarão acabados. É por isso que ele não fofoca sobre seus amigos.[384] Nem todo mundo pode ser merecedor de confiança. Considere que o desconforto de Berger, no tocante a seu relacionamento com Blomkvist, deva-se principalmente ao fato de ela virar objeto de fofoca entre seus amigos.[385]

De modo revelador, Larsson fecha a trilogia com um tom de igualdade entre Blomkvist e Salander. Salander permite que Blomkvist entre pela porta de sua casa, em parte porque "conhecia os segredos dela tanto quanto ela conhecia os dele", e por confiar nele.[386] Não é difícil imaginar que ela achara mais difícil ter essa confiança se os segredos fluíssem apenas dela para ele. Para confiar de modo pleno em alguém, e contar tudo a essa pessoa, é necessário o compartilhamento recíproco de segredos.

Psiu... Pode espalhar que é verdade.[387]

---

381. Larsson, *The Girl Who Played with Fire*, p. 324.
382. Larsson, *The Girl with the Dragon Tattoo*, p. 329.
383. Ibid., p. 331.
384. Larsson, *The Girl Who Played with Fire*, p. 553.
385. Ibid., p. 133.
386. Larsson, *The Girl Who Kicked the Hornet's Nest*, p. 562.
387. Agradeço a Eric Bronson por seus comentários muito úteis na revisão deste capítulo.

PARTE CINCO

UMA VINGANÇA DE 75 MIL VOLTS NÃO PODE ESTAR ERRADA, PODE?

"Os grandes navegadores devem sua reputação
aos temporais e tempestades."
– Platão

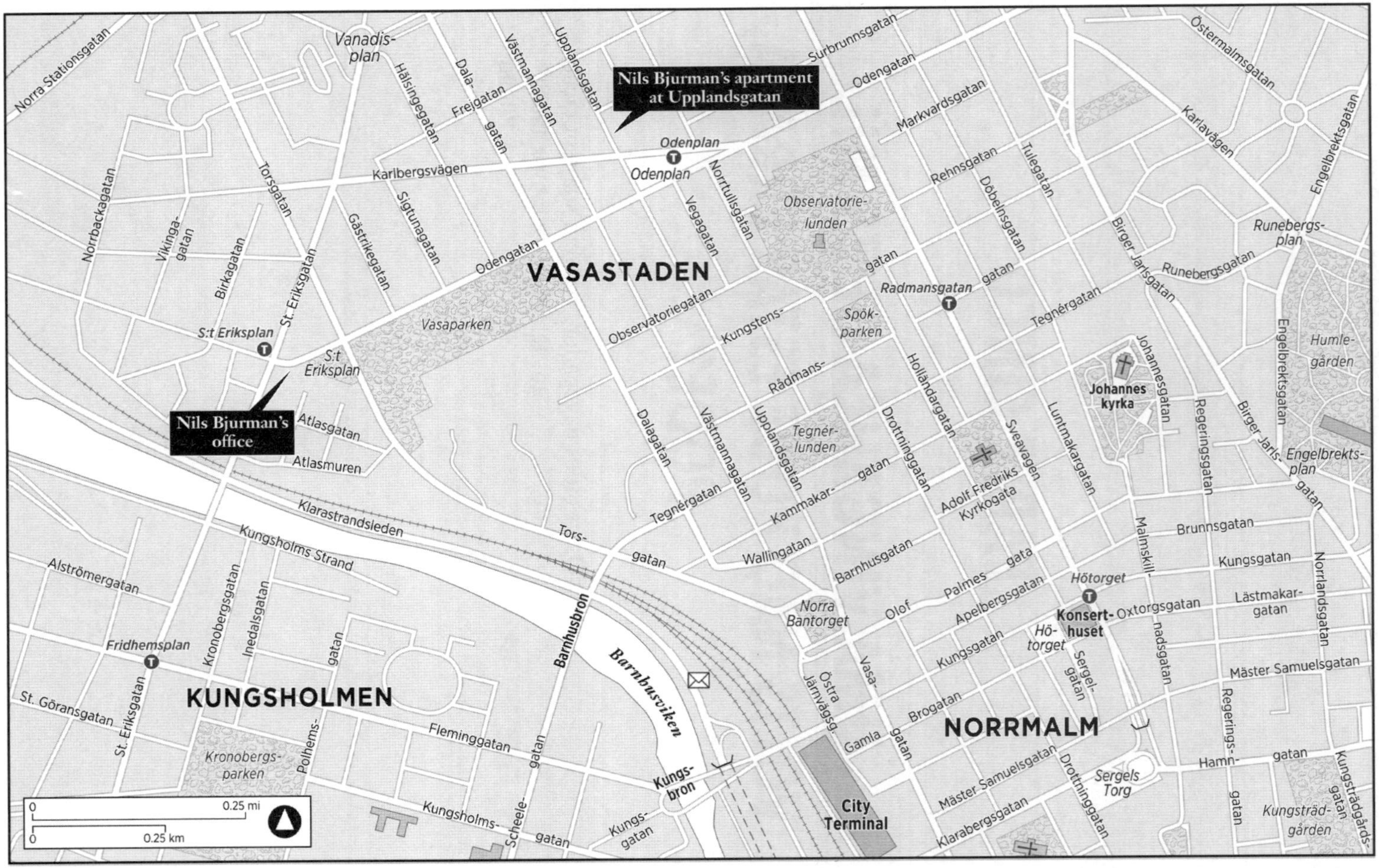
Nils Bjurman's apartment at Upplandsgatan
Nils Bjurman's office
VASASTADEN
NORRMALM
KUNGSHOLMEN
Odenplan
Radmansgatan
S:t Eriksplan
Fridhemsplan
Hötorget
Konsert-huset
Johannes kyrka
City Terminal
Observatorie-lunden
Vasaparken
Spök-parken
Tegnér-lunden
Kronobergs-parken
Humle-gården
Kungsträd-gården
Barnbusviken
Barnhusbron
Kungs-bron
Norra Bantorget
Sergels Torg
Hö-torget
Vanadis-plan
Runebergs-plan
Engelbrekts-plan
Norra Stationsgatan
Norrbackagatan
Vikinga-gatan
Birkagatan
Torsgatan
St. Eriksgatan
Gästrikegatan
Sigtunagatan
Karlbergsvägen
Hälsingegatan
Dala-gatan
Freigatan
Västmannagatan
Upplandsgatan
Surbrunnsgatan
Odengatan
Markvardsgatan
Rehnsgatan
Tulegatan
Döbelnsgatan
Östermalmsgatan
Karlavägen
Engelbrektsgatan
Birger Jarlsgatan
Runebergsgatan
Norrtullsgatan
Vegagatan
Observatoriegatan
Kungstens-gatan
Rådmans-gatan
Tegnérgatan
Holländargatan
Sveavägen
Luntmakargatan
Johannesgatan
Regeringsgatan
Dalagatan
Drottninggatan
Kammakar-gatan
Adolf Fredriks Kyrkogata
Wallingatan
Barnhusgatan
Olof Palmes gata
Apelbergsgatan
Kungsgatan
Brunnsgatan
Malmskill-nadsgatan
Oxtorgsgatan
Lästmakar-gatan
Norrlandsgatan
Mäster Samuelsgatan
Sergel-gatan
Vasa-gatan
Östra Järnvägsg.
Gamla Brogatan
Hamn-gatan
Kungsträdgårds-gatan
Klarabergsgatan
Atlasgatan
Atlasmuren
Klarastrandsleden
Kungsholms Strand
Alströmergatan
Kronobergsgatan
Inedalsgatan
Polhems-gatan
Fleminggatan
St. Göransgatan
Kungsholms-gatan
Scheele-gatan
Kungs-gatan
Tors-gatan
0.25 mi
0.25 km
0
0

14

O Prazer com Princípios: a Vingança Aristotélica de Lisbeth

Emma L. E. Rees

Ao considerar a brutal vingança de Lisbeth contra o Advokat Nils Bjurman em *Os Homens que não Amavam as Mulheres*, nosso apego a ela poderia gerar certa preocupação. Por que nós, como leitores, continuamos a nos aliar emocionalmente a alguém que comete tal atrocidade contra outra pessoa? Será que nossa bússola moral precisa ser zerada quando entramos no mundo de Lisbeth?

Voltar à Grécia do século IV a.C. nos ajudará a entender melhor o mundo fictício da Suécia do século XXI. De modo mais específico, com Aristóteles (384-322 a.C.) como nosso guia, poderemos falar das questões éticas espinhosas que cercam nossa "heroína". Consideradas de forma isolada, as ações de Lisbeth são, pelos parâmetros de uma sociedade civilizada, cruéis e imorais. Mas o contexto é tudo. O ato sistemático de vingança que ela comete contra Bjurman e que culmina com a tatuagem com os dizeres EU SOU UM PORCO SÁDICO, UM PERVERTIDO E UM ESTUPRADOR que ela faz no peito dele, quando compreendida como *consequência* de um ato brutal original, é aceitável, em um sentido aristotélico. Além do mais, o prazer que nós leitores sentimos com isso não nos transforma em cúmplices indiretos ou psicopatas em potencial. Em vez disso, nosso prazer nos torna conhecedores aristotélicos da vingança. "É correto perdoar as fraquezas humanas e olhar não para a lei, mas para o legislador", disse-nos Aristóteles, "não para o código de leis, mas para o legislador; não para a ação em si, mas para o propósito moral; não para a parte, mas para o todo".[388] O contexto é tudo na decisão do que é "certo" e "errado" no livro.

Pensemos em Bjurman, que substituiu o gentil, porém doente, Holger Palmgren como tutor de Lisbeth e, portanto, adquire controle sobre os assuntos dela. É recorrente no universo de Larsson que as instituições com obrigação de proteger os cidadãos sejam, na verdade, cúmplices de seu abuso.[389] Frente a tudo isso, Bjurman é um representante respeitável dessas instituições:

> Bjurman era aparentemente irrepreensível. Não havia nada em seu passado que ela pudesse usar. Ela sabia, sem sombra de dúvida, que ele era um verme e um porco, mas não conseguia achar nada que provasse isso.
>
> Era hora de considerar outra opção.
>
> (...) O jeito mais fácil seria que Bjurman simplesmente desaparecesse da vida dela. Um rápido ataque cardíaco. Fim do problema. A dificuldade é que nem mesmo os cinquentões nojentos tinham ataques cardíacos sempre que ela achava necessário.
>
> Mas esse tipo de coisa poderia ser providenciado.[390]

Em seu *Ética a Nicômaco*, Aristóteles oferece uma visão de mundo que pode nos ajudar a entender como a luta de Lisbeth por independência frente a seu tutor é definida: "Um homem é a origem de suas ações e (...) a competência da deliberação é descobrir ações que possam ser realizadas dentro da capacidade de cada um; e todas as nossas ações almejam fins outros que não elas mesmas. A isso segue que não deliberamos acerca de fins, mas acerca de meios".[391] As ações vingativas de Lisbeth contra Bjurman são bastante consistentes com o desejo que ela tem de afirmar sua independência face à manipulação da ordem de tutela. A vingança é um "fim", mas há um segundo "fim": obter a independência e produzir um sentido unificado do "eu".

---

388. Aristotle, *The "Art" of Rhetoric*, trad. John Henry Freese (London: Heinemann, 1926 (Loeb Classical Library)), I.xiii.17.
389. Ver o capítulo 12 deste livro, "Explodindo o Castelo de Ar: a 'Seção' oculta em cada instituição", por Adriel M. Trott.
390. Stieg Larsson, *The Girl with the Dragon Tattoo*, trad. Reg Keeland (New York: Vintage, 2009), p. 240.
391. *Aristotle, The Nicomachean Ethics*, trad. H. Rackham (London: Heinemann, 1926 (Loeb Classical Library)), III.iii.15–16, p. 139.

Punição e vingança

Lisbeth planeja de forma meticulosa sua visita a Bjurman. Nesse ponto, ao menos de acordo com Aristóteles, ela planeja a *punição*, e não a *vingança*. A identificação de uma diferença ética entre ambas essas coisas poderiam fazer com que nos sentíssemos menos culpados ao aplaudir as ações de Lisbeth, mesmo a ponto de gostarmos de vê-las serem postas em prática?

Para Aristóteles, "a paixão e a raiva são as causas dos atos de vingança. Mas existe uma diferença entre vingança e punição: esta é infligida por interesse de quem sofreu, enquanto a primeira é realizada por interesse daquele que a inflige, de modo que possa obter satisfação".[392] Essa ideia de *satisfação* é provocativa: se o ato de vingança tem como meta apaziguar os sentimentos daquele que castiga, então não seremos nós castigadores também? É possível que durante o dia sejamos professores, médicos, advogados, estudantes e executivos diligentes e respeitáveis; à noite, entretanto, será que nosso interesse pela trilogia *Millenium* não significa que nutrimos fantasias de retribuição e violência brutais? Ou que até gostemos delas? É normal ter prazer com as descrições de atividades macabras, se estas são criadas para serem interpretadas como moralmente justificáveis, ou moralmente *necessárias*?

Robin Hood, reza a lenda, fez algumas coisas problemáticas (e ilegais), sob a ótica ética, mas era aplaudido por roubar dos ricos para dar aos pobres. Nós o adoramos porque ele "mostra o dedo para os poderosos". A história de Lisbeth é similar. Sua intenção de ferir Bjurman não se compara à perversa satisfação que Bjurman teve ao estuprá-la. O ato de retribuição de Lisbeth é bem mais complexo. Ela se vinga *e também* protege outras mulheres (assim como Larsson esperava fazer ao escrever seus livros). Como nos diz Aristóteles: "Aquele que comete (...) violência é culpado de ter prejudicado um indivíduo definido (...) Ser prejudicado é sofrer injustiça nas mãos daquele que a inflige de modo voluntário".[393] Bjurman prejudicou Lisbeth de modo intensional e ela pode transformar essa injustiça ao vingar-se.

A vingança é um prato que se come frio

Lisbeth analisa várias opções para eliminar Bjurman: uma arma seria muito fácil de rastrear, uma faca faria muita sujeira e seria pouco eficiente, uma bomba, complicada demais e de precisão insuficiente; e

---
392. Aristotle, *The "Art" of Rhetoric*, I.x.17–18, p. 113.
393. Ibid., I.xiii.3, 5.

havia ainda vários venenos a considerar. Ela finalmente decide que precisa recuperar o controle sobre Bjurman (pois matá-lo provavelmente faria com que fosse substituído por um sucessor ainda pior) para poder controlar a própria vida. Então, ela decide usar-se como isca: "se ela conseguisse, venceria. Ou pelo menos era o que ela pensava".[394]

O plano dá errado quase que de imediato. Bjurman rapidamente domina e estupra Lisbeth. A intenção dela tinha sido filmá-lo admitindo tê-la atacado sexualmente e exigindo novamente uma atividade sexual (assim ela poderia usar o vídeo para chantageá-lo). Mas, à medida que a situação se desenrola, ela acaba filmando seu próprio estupro: "O que ela havia passado era bem diferente da primeira vez em que fora violentada no escritório dele; já não se tratava mais de coerção e degradação. Era brutalidade sistemática".[395] Lisbeth acaba percebendo que Bjurman a tinha escolhido a dedo como vítima: "Isso era uma indicação de como ela era vista pelas outras pessoas".[396]

A segunda visita de Lisbeth ao apartamento de Bjurman é absolutamente mais bem-sucedida. Ela o atordoa com os 75 mil volts de seu *Taser* e, assim que ele recobra a consciência, percebe que o jogo tinha virado contra ele: "Bjurman sentiu um terror frio espetando-lhe o peito e perdeu a compostura. Deu alguns puxões nas algemas. *Ela havia tomado o controle. Impossível*".[397] Pelo fato de o estupro ser um ato de sadismo, por que a violação que Lisbeth comete contra o corpo de Bjurman não seria também categoricamente sádica?

De acordo com Aristóteles, para que um ato se torne *vingança* (em vez de *punição*), o indivíduo alvo da vingança precisa saber quem é seu algoz: "os homens ficam mais moderados se pensam que os que são punidos nunca saberão que o *castigo* vem *deles*, como vingança por seus próprios atos errados".[398] A parte culpada deve estar consciente do que motivou a vingança, razão pela qual "devemos infligir um castigo verbal preliminar".[399] Lisbeth poderia ter tatuado Bjurman quando ele ainda estava desmaiado, mas isso teria reduzido o impacto. A vingança aristotélica deve satisfazer os sentimentos daquele que pune e os nossos também. Como leitores, tornamo-nos algozes indiretos e enfurecidos, porque compartilhamos da consciência de Lisbeth. Isso não significa que "odiemos" Bjurman, entretanto. Como disse Aristóteles, "O tempo

---

394. Larsson, *The Girl with the Dragon Tattoo*, p. 244.
395. Ibid., p. 252.
396. Ibid., p. 253.
397. Ibid., p. 258.
398. Aristotle, *The "Art" of Rhetoric*, II.iii.16, p. 191.
399. Ibid., II.iii.15, p.191.

pode curar a raiva, mas não o ódio; o objetivo da raiva é a dor; o do ódio, o mal; pois o homem raivoso deseja ver o que acontece; mas, para aquele que odeia, isso não importa".[400]

O objetivo de Lisbeth ao infligir a violência contra Bjurman é, obviamente, a vingança, mas a situação vista por um viés aristotélico vai mais fundo: o ato brutal de vingança é a *única* escolha racional e lógica que ela podia fazer em prol de sua alegria futura. Essa felicidade é impossível, em um sentido aristotélico, enquanto ela está submetida ao conselho tutelar, pois a independência é essencial para a segurança emocional e o bem-estar.

A retórica da vingança

Tanto em *Ética a Nicômaco* quanto em sua *Retórica*, Aristóteles ligou dois fenômenos que, para nós, podem não parecer relacionados: retórica e vingança. Ele sabia que uma retórica convincente era capaz de emocionar e persuadir a audiência. Como leitores de livros e espectadores de filmes, somos a audiência de Larsson, e ele nosso retoricador: depositamos nossa confiança nele enquanto nos conduz pela trama rebuscada de suas histórias. Para *continuarmos* a ler ou para que permaneçamos em nossos assentos no cinema, é preciso que confiemos nele, que acreditemos não ser desperdício a energia emocional que despendemos com um personagem; e que nossas esperanças pelo bem-estar de um personagem não serão traídas.

Em termos aristotélicos, se Larsson não fosse consistente em sua caracterização, se ele tentasse nos convencer que um personagem merece nossa simpatia e, então, fazer com que esse personagem cometesse um ato absolutamente desmerecedor de nossa simpatia, então ele seria um retoricador injusto. Somos levados por nossa identificação com aqueles protagonistas do romance que nos causam simpatia, pela estrutura da trama e por estarmos mentalmente receptivos para que a persuasão "funcione". Se fôssemos neonazistas lendo um dos romances (situação improvável, eu sei, mas é só para explicar), então não seríamos persuadidos pela retórica liberal de Larsson e a narrativa não *funcionaria* sobre nós.

Como juízes, podemos aplaudir as ações de Lisbeth. Num tribunal, dizia Aristóteles, "o orador [Larsson] deve se mostrar dotado de um certo caráter e deve saber como colocar o juiz [nós, seus leitores] em determinada disposição mental".[401] Além disso, "quando um homem

---
400. Ibid., II.iv.31, p. 201.
401. Ibid., II.i.3, p. 169.

[no século XXI, podemos incluir as mulheres aqui também] é favorável àquele a quem está julgando [Larsson/Lisbeth], ele acredita que o acusado não cometeu qualquer injustiça, ou que a ofensa cometida não foi importante; mas se ele odiar o acusado, acontece justamente o contrário".[402]

O objetivo final de Lisbeth é sair da humilhação em direção a um estado de *eudaimonia* aristotélica (felicidade; uma vida que vale a pena viver). "A própria existência do estado depende de reciprocidade proporcional", disse Aristóteles, "pois os homens exigem serem capazes de pagar o mal com o mal; se não puderem fazê-lo, sentem-se em uma posição de escravidão." [403] Vista nesses termos, a vingança é uma obrigação moral e social; seremos condenados à servidão se *não* nos vingarmos.

Compartilhamos a dor de Lisbeth com a degradação horrível a que ela foi submetida e aplaudimos a vingança que ela realizou, com efeito, em nosso benefício. "Louvamos um homem que sente raiva pelos motivos certos e contra as pessoas certas", argumentava Aristóteles, "e também da forma certa e no momento certo e pela duração certa de tempo." [404] Nessa interpretação, Lisbeth não é uma misantropa maluca e violenta. A vingança atroz dela assegura o prazer tanto para ela quanto para seus fãs. Segundo Aristóteles, quando alguém retalia, "é dado um fim ao problema; a dor do ressentimento é substituída pelo *prazer* de se obter a compensação, de modo que a raiva cessa." [405]

Enquanto os leitores de Lisbeth e Larsson vivenciam esse prazer, é de um tipo estranho, uma vez que, ao ser alcançado, a dor inicial tem que ser revivida. Para Aristóteles, a dor e o prazer coexistem momentaneamente:

> Definamos, portanto, a raiva como o anseio, acompanhado pela dor, por uma vingança real ou aparente como reação a um desrespeito real ou aparente, que afeta um homem ou um de seus amigos, quando tal desrespeito é imerecido (...) e, por fim, a raiva é sempre acompanhada de certo prazer, devido à esperança de que a vingança sobrevenha. Pois é agradável pensar que uma pessoa obterá o que almeja.[406]

---

402. Ibid., II.i.4, p. 171.
403. Aristotle, *The Nicomachean Ethics*, V.v.6, p. 281.
404. Ibid., IV.v.3, p. 231.
405. Aristotle, *The Nicomachean Ethics*, IV.v.10, p. 233 (itálicos meus).
406. Aristotle, *The "Art" of Rhetoric*, II.ii.1, p. 173.

Larsson retrata o encontro de vingança como ritualmente catártico para Lisbeth: "Então ela foi ao banheiro e tomou banho. Sentia-se muito melhor quando voltou para o quarto".[407]

A cena também é uma *limpeza* para os leitores de Larsson, que se identificam com Lisbeth. O que ela faz a Bjurman só pode ser minimamente aceitável para nós leitores (e, com isso, quero dizer que passaremos mais 1.250 páginas envolvidos com ela), se tivermos o ponto de vista de Aristóteles, para assim mitigar nosso desconforto conspiratório. Nosso retoricador, Larsson, inspirou-nos a confiança. Em seu relato persuasivo, a emoção tanto ditou quanto moldou nossa ideia de justiça. Ao distinguir entre raiva e ódio, entre vingança e punição, Aristóteles nos deu meios para argumentar que a justiça foi feita. As ações de Lisbeth são decisivas para a autopreservação e, no fim das contas, para a felicidade dela. Assim, faz-se justiça tanto a ela quanto a nós.

---

407. Larsson, *The Girl with the Dragon Tattoo*, p. 263.

Agindo por Dever ou Só Fingindo?: Salander e Kant

Tanja Barazon

Lisbeth Salander tem parâmetros morais peculiares. Seu amigo fiel Mikael Blomkvist acha que ela tem "o ponto de vista de uma criança acerca da moral e da ética".[408] É espantoso, então, que ela compartilhe um pouco da filosofia moral tradicional de Immanuel Kant (1724-1804) quando se trata de lidar com os vilões.

    Na primeira formulação de seu imperativo categórico, Kant escreveu: "Age como se a máxima de tua ação *devesse tornar-se, por tua vontade, lei universal da natureza*".[409] Ou seja, eu não devo seguir uma regra de comportamento que eu não possa desejar de forma racional que todas as outras pessoas sigam. De acordo com Kant, a hipocrisia do criminoso ainda mostra um certo nível de pensamento racional. O criminoso compreende que não se deve desobedecer às leis e, com certeza, ele mesmo também não deseja viver num mundo em que tema com constância ser atacado. Mesmo assim, o problema é que o criminoso tem uma opinião tão elevada sobre suas próprias aptidões racionais que acredita firmemente que suas próprias ações deveriam ser consideradas exceções. Ele deseja exercer seu poder pessoal, mas não quer que suas ações sejam transformadas em lei universal. Assim como Lisbeth, Kant detestava a hipocrisia do criminoso.

---

408. Stieg Larsson, *The Girl with the Dragon Tattoo*, trad. Reg Keeland (New York: Vintage, 2009), p. 384. (N.T.: Preferimos manter as notas com referência às edições norte-americanas da trilogia *Millenium*.)
409. Immanuel Kant, *Groundwork of the Metaphysic of Morals*, trad. H. J. Patton (New York: Harper & Row, 1956), p. 70. (N.T.: Preferimos manter as notas com referência às edições em inglês da obras de Kant citadas neste livro.)

Intenção criminal

Os principais vilões da trilogia *Millenium* são pessoas com opinião elevada das próprias habilidades racionais. Martin Vanger, por exemplo, pode ser o mais perturbado em termos morais de todos os vilões da trilogia, mas ele também é capaz de raciocínios complexos e detém grande variedade de aptidões práticas. Como presidente executivo de um outrora poderoso conglomerado industrial, Vanger é obrigado a fazer *lobby* continuamente para obter apoio à sua visão de mudança interna. "É uma colcha de retalhos feita de alianças, facções e intrigas", e requer uma mente sutil para manter tudo coeso.[410] É também por essa razão que Vanger convida Blomkvist para uma refeição de carne de alce regada a vodka. Mas, mesmo nesse diálogo inicial, Vanger revela uma pista importante para a investigação de Blomkvist; este nota que Vanger "discutia os problemas internos da empresa de maneira tão aberta que parecia descuidado".[411]

Quando Blomkvist é convidado a visitar a câmara de torturas no porão de Vanger, é possível examinarmos mais de perto a racionalidade de Vanger. Do pai, ele aprendera a ser cuidadoso e sempre acobertar seus passos. Os assassinatos que cometia, assim como suas decisões nos negócios, "não eram por impulso; esse tipo de sequestrador acabava sempre sendo pego. É uma ciência com milhares de detalhes que preciso pesar".[412] Não é o talento de Vanger para o pensamento lógico que está em questão, e sim seu excesso de confiança. Os Martin Vanger do mundo se veem como exceções e, portanto, não sujeitos às leis que valem para as pessoas comuns. Eles acreditam ter direito ao "sentimento divino de ter controle absoluto sobre a vida e a morte de alguém".[413] É o ego inflado de Vanger com relação a seu lugar na sociedade sueca que causa sua queda. Por "variar entre a racionalidade e a pura insanidade", ele é incapaz de aderir ao imperativo categórico de Kant.[414]

Assim como Vanger, Hans-Erik Wennerström guarda uma tremenda quantidade de informações na cabeça. Todo dia ele precisa tomar decisões cruciais para expandir seu império, que "consistia de ações, títulos, contas bancárias, transferências de pagamento e milhares de outros elementos".[415] Ao investigar as transações de Wennerström, Sa-

---
410. Larsson, *The Girl with the Dragon Tattoo*, p. 170.
411. Ibid., p. 186.
412. Larsson, *The Girl with the Dragon Tattoo*, p. 449.
413. Ibid., p. 448.
414. Ibid., p. 440.
415. Ibid., p. 555.

lander é forçada a admitir que grande parte do trabalho dele tinha substância. Uma vez mais vemos um homem que alcança o topo por causa de sua racionalidade e habilidades sociais. E é novamente o seu orgulho que o torna descuidado e acaba com ele. Wennerström acha que pode jogar de acordo com suas próprias regras. Blomkvist fica espantado em ver que esse "Banqueiro Mafioso" deixa várias pistas de documentos em seu disco rígido; já Salander e Kant compreendem melhor a mente criminosa. Os criminosos de colarinho branco, bem como o mais comum dos ladrões, não acham que suas ações deveriam ser universalizadas: acreditam merecer tratamento especial. Em épocas críticas, pessoas como Wennerström "não são muito racionais". Pelo fato de que Wennerström se gaba tanto da própria racionalidade, ele se ilude ao pensar que "a polícia nunca pensaria em confiscar seu computador".[416]

Ao contrário de Vanger ou Wennerström, o tutor de Lisbeth Nils Bjurman não tem um domínio impressionante do pensamento racional. Quando Zalachenko, o pai-espião favorito de todo mundo, aparece na delegacia de polícia, Bjurman é jogado para escanteio. Como observa seu colega Björck: "Para falar a verdade, Bjurman era um peso morto. Nunca fora particularmente esperto".[417] Mesmo assim, negociar com a burocracia tutelar sueca e, ao mesmo tempo, fazer bicos ocasionais em trabalhos rasteiros para a Säpo, exige certa aptidão analítica, tanto quanto planejar o assassinato de Lisbeth. Embora a desajeitada trama de assassinato só traga sua própria destruição, Bjurman "tinha começado a pensar de modo racional, de novo", e sabia que "teria de colocar a cabeça em ordem", se quisesse sair da confusão em que se metera.[418] No fim das contas, a visão que Bjurman tem de ser uma exceção envenena um código de ética já bastante dúbio.

Heróis e *hackers*

As ações de Lisbeth são, em geral, reações ao mal, mas uma característica importante da teoria de Kant é que o dever, e não o prazer ou o interesse próprio, deve ser a motivação para agir. Pode ser que não haja nada errado em fazer algo puramente por diversão; para Kant, entretanto, algo assim também não é necessariamente ético. Lisbeth comete atos imorais, vezes sem conta, para seu próprio prazer. Não é o dever moral que a faz invadir computadores alheios; ela age como *hacker* porque gosta.

---

416. Ibid., p. 527.
417. Stieg Larsson, *The Girl Who Played with Fire*, trad. Reg Keeland (New York: Vintage, 2010), p. 528.
418. Ibid., p. 40.

"A verdade é que ela gostava de bisbilhotar a vida das outras pessoas e expor os segredos que elas tentavam esconder (...) Dava um barato." [419]

Quando teve escolha, em vez de sair para salvar o mundo, Lisbeth preferiu se esconder e ser deixada em paz. Ela, normalmente, só pensa em corrigir uma injustiça após um aparente insulto. Quando um corretor de imóveis arrogante lhe diz para voltar quando o cofre de porquinho estivesse mais cheio, ela considera jogar um coquetel Molotov na vitrine dele. Porém, em vez disso, ela entra no computador dele e envia as transações escusas do corretor às autoridades tributárias, "a partir de uma conta de email anônima com servidor nos Estados Unidos".[420] Kant, por outro lado, preferia responder de forma mais sensata e emocionalmente distante, às pessoas, mesmo quando estas agiam como imbecis. O policial Bublanski tem mais consideração pela ética kantiana:

> Bublanski sentia um desejo intenso de estender a mão e agarrar o exemplar do Código de Leis do Reino Sueco, que ficava na escrivaninha de Ekström e enfiá-lo pela goela do promotor. Ele se perguntava o que aconteceria se agisse por esse impulso. Certamente haveria manchetes nos jornais e, provavelmente, resultaria em um processo por agressão física. Ele afastou o pensamento. Todo o propósito do ser humano socializado não era ceder àquele tipo de impulso, independentemente da forma beligerante com que um oponente pudesse agir.[421]

Salander quase sempre fica aquém desse ideal kantiano, mas também se esforça para ser uma pessoa melhor. Esse é um ponto importante em que ela difere dos malfeitores que caça. Ela treina mente e corpo para estar preparada para tudo. Kant disse, em sua Doutrina da Virtude: "Cultive mente e corpo de modo que estejam aptos a realizar quaisquer fins com que você se depare".[422] Lisbeth não só talha seus talentos, como também luta pela perfeição em todos os campos. Mesmo recusando-se a terminar o colegial, ela desenvolve seus talentos e aptidões intelectuais. Diz ela a Armanski: "Dou conta de qualquer coisa ou

---

419. Larsson, *The Girl with the Dragon Tattoo*, p. 332.
420. Larsson, *The Girl Who Played with Fire*, p. 77.
421. Stieg Larsson, *The Girl Who Kicked the Hornet's Nest*, trad. Reg Keeland (New York: Alfred A. Knopf, 2010), p. 202–203.
422. Immanuel Kant, *Metaphysics of Morals*, trad. Mary Gregor (Cambridge, UK: Cambridge University Press, 1996), p. 155.

pessoa que você quiser, e se você não tem alguma outra utilidade para mim, além de separar cartas, então você é um idiota".[423]

Ao contrário dos vilões que ela persegue, Salander às vezes põe de lado seus interesses particulares, para agir em prol de um propósito moral maior. Blomkvist compreende que "ela é uma pessoa de vontade forte. Ela tem moral".[424] Salander concorda em pesquisar para ele, porque tirar um assassino de circulação é mais importante do que o trabalho que ela estava fazendo para Armansky. Assim que ela se interessa por algo, não há jeito de impedir sua incessante cruzada contra injustiças. É por isso que Harriet Vanger a enoja. Vanger saiu da Suécia para cuidar da própria vida e deixou Martin livre para continuar matando mulheres por 37 anos. Salander pensa que Harriet deveria ter posto de lado seus interesses particulares. É também por isso que Salander recusa a oferta de Blomkvist de lhe dar metade do dinheiro que receberia de Hanrik Vanger. "Não quero nenhum *krona* de você", ela diz a Blomkvist, "a menos que venha na forma de presentes no meu aniversário." [425]

Ajuda prática

A segunda formulação de Kant do imperativo categórico nos diz: "Age de tal modo que possas considerar a humanidade, tanto em tua pessoa como na pessoa de qualquer outro, não meramente como meio, mas sempre, e ao mesmo tempo, como um fim".[426] Considerar a humanidade de outra pessoa "não meramente como meio, mas sempre, e ao mesmo tempo, como um fim" significa que você não deve submeter os outros em benefício próprio, usando-os ou humilhando-os, mentindo para eles ou roubando deles.

Devemos considerar a humanidade como um fim em si mesma, em nossas ações direcionadas aos outros. Lisbeth é obrigada, é óbvio, a lidar com uma série de indivíduos que de forma alguma agem assim. Zalachenko sempre trata as pessoas como meios para um fim. Ele usa a mãe de Salander para seu próprio prazer e abusa dela quando o prazer diminui. Ele então usa o filho Ronald Niederman para se proteger, quando os inspetores Modig e Erlander o questionam no hospital. Para Zalachenko, Niederman é apenas uma ferramenta ou instrumento. E é claro que Zala também é usado com constância em benefício da Sapo, graças às informações secretas que detém sobre a Rússia. Evert Gullberg

---

423. Larsson, *The Girl with the Dragon Tattoo*, p. 40.
424. Larsson, *The Girl Who Played with Fire*, p. 269.
425. Larsson, *The Girl with the Dragon Tattoo*, p. 559.
426. Kant, *Groundwork of the Metaphysic of Morals*, p. 96.

mata Zala em benefício da Seção (e pelo bem da Suécia, ao seguir seu próprio raciocínio deturpado). No fim, ao se suicidar, Gullberg incorre no pecado kantiano de tratar a própria vida como meio para um fim, em vez de respeitar seu próprio corpo e humanidade deteriorados.

Salander parece ter dificuldade em respeitar a humanidade alheia. Em várias ocasiões Armansky fica desconcertado pelas longas, injustificadas e inesperadas ausências dela no trabalho.

> "Vou explicar por quê: porque você não está nem aí para as outras pessoas", disse Armansky em tom casual.
> Salander mordeu o lábio inferior. "Normalmente são as outras pessoas que não estão nem aí comigo."
> "Que besteira", respondeu Armansky. "Seu problema é arrogância, e você trata os outros como poeira, quando estão tentando ser seus amigos. É simples assim." [427]

Mas é claro que Armansky está errado. Não é assim tão simples. Salander de fato se importa com pessoas decentes como Armansky e Blomkvist, mesmo que não consiga demonstrar isso da melhor forma. Ela também se importa com a humanidade em geral, embora o tratamento recebido a tenha deixado relutante em se abrir com os outros. Mesmo assim, Blomkvist sabe que uma promessa de Salander é juramento sagrado. Ele assegura a Harriet Vanger que Salander "deu a palavra de que manteria a boca fechada. Eu acredito que ela irá manter essa promessa pelo resto da vida. Tudo o que sei dela me indica que ela é extremamente ética".[428]

O sistema de injustiça

No sistema de Kant, o estado deveria se responsabilizar pela justiça e, portanto, pelo castigo pelos crimes. Mas, e se sabemos perfeitamente bem que o sistema nos deixa na mão? O desejo de justiça é bastante forte em Lisbeth. "Ao contrário da maioria das outras pessoas que a conheceram, Palmgren estava certo de que Salander era uma pessoa genuinamente moral. O problema é que sua noção de moralidade nem sempre coincide com aquela do sistema de justiça." [429]

Os seres humanos são interdependentes. Como disse Kant, todos deveriam ajudar a todos, porque precisamos que os outros nos ajudem, às vezes. Mas sabemos que essa lógica nem sempre se sustenta. Lisbeth

---

427. Larsson, *The Girl Who Played with Fire*, p. 140.
428. Ibid., p. 335.
429. Ibid., p. 150.

crê que ninguém irá ajudá-la. Quando Blomkvist prova que, de fato, se dedica a ajudá-la, supostamente porque ela lhe salvara a vida no primeiro livro, ela nunca conta com isso e reluta em agradecer.

O livre-arbítrio e a responsabilidade são dois elementos essenciais da teoria moral de Kant. Se um indivíduo é forçado a fazer algo, então suas ações não podem ser chamadas morais ou imorais. Kant era contra os sistemas de bem-estar social porque limitam a autonomia pessoal e tratam as pessoas como se fossem crianças incapazes de cuidar de si mesmas. Quando as pessoas são obrigadas a depender de um poder externo, para manter a saúde e as finanças, então não são autônomas. Assim como Kant, Lisbeth é um exemplo de autonomia.

Entretanto, Lisbeth vai além da autonomia. As falhas do sistema fazem com que ela resolva fazer justiça com as próprias mãos, de modos que Kant não condenaria. Ela faz a tatuagem em Bjurman, porque sabe que a polícia não irá ouvi-la (embora ela considere a opção e logo depois a descarte). O mesmo vale para Wennerström. Ela não só rouba milhões dele, como também é secretamente responsável por seu assassinato. A vingança pessoal com certeza não é nada kantiana, mas Salander a vê como a única forma de restaurar a justiça a uma situação por demais injusta. Lisbeth não se preocupa com leis. Pelo contrário, ela age a partir de um imperativo moral diferente. No famoso ensaio "Sobre o suposto direito de mentir por filantropia", Kant afirmava que devemos falar a verdade até mesmo para um assassino. Agir por dever significa não mentir e não roubar, nem mesmo para proteger um ser amado, nem mesmo para salvar a própria vida. Em resposta à regra estrita de Kant, Benjamin Constant (1767-1830), filósofo francês liberal, afirmou que temos a obrigação de dizer a verdade somente a alguém digno de confiança. Isso soa mais como o código moral de Salander, que inclui o princípio de que "um canalha é sempre um canalha, e se eu puder ferrar com ele, vasculhando sua ficha suja, então ele merece".[430] Pode ser até que Lisbeth não nos inspire à busca pela perfeição moral, mas existe algo de muito humano e cativante nela. Ela não se oferece como modelo de moralidade. Assim como todos nós, Salander é uma obra em andamento.

---

430. Larsson, *The Girl with the Dragon Tattoo*, p. 344.

16
Pegando o Ladrão: a Ética de Enganar Pessoas Más

James Edwin Mahon

Em entrevista sobre a trilogia *Millenium*, em outubro de 2009, Eva Gabrielsson, que foi companheira de Larsson por 32 anos, comentou: "Os livros afirmam, de modo claro, que os indivíduos importam e não devem ser alvo de abusos, mentiras, manipulações e enganações por dinheiro, poder e prestígio, seja de quem for".[431] Essa pode ser uma das lições morais dos romances, mas não significa que mentiras e enganações não possam ser praticadas por *outras* razões. De fato, é possível ler os livros, como se dissessem que é possível *mentir* para as pessoas e *enganá-las*, desde que pelos motivos certos.

    Tanto Mikael Blomkvist quanto Lisbeth Salander lutam contra aqueles que têm poder e dinheiro e que mentem e enganam os outros. Contudo, tanto Blomkvist quanto Salander mentem e enganam repetidas vezes. Blomkvist mente para obter informações, esconde informações das autoridades e engana os que tentam espioná-lo e vigiá-lo (ilegalmente). Salander sempre viola a privacidade dos outros, ao bisbilhotar registros financeiros e comunicações privadas. Ela comete fraudes, roubos e violência física e mente sobre essas coisas para as autoridades, mesmo quando os criminosos são levados à justiça. O raciocínio dela é o de que "*Ninguém é inocente*".[432]

---

[431]. Eva Gabrielsson, citada no livro de Barry Forshaw, *The Man Who Left Too Soon: The Biography of Stieg Larsson* (London: John Blake, 2010), p. 25.
[432]. Stieg Larsson, *The Girl Who Played with Fire*, trad. Reg Keeland (New York: Vintage, 2010), p. 403.

Blomkvist é retratado como uma boa pessoa e Salander, com certeza, não deve ser vista como pessoa má. Será que Larsson acreditava ser justificável para Salander e Blomkvist mentirem para as pessoas más que cometem crimes e enganá-las? Ou, se não fosse justificável, ao menos desculpável?

O filósofo britânico J. L. Austin (1911-1960) dizia que, quando alguém é acusado por algo errado, ruim ou inepto, essa pessoas têm duas formas de defender a própria conduta.[433] A primeira é aceitar total responsabilidade pela ação, mas negar que ela tenha sido errada, ruim ou inepta. Fazer isso é *justificar* a ação e sustentar que ela foi, na verdade, a coisa *certa* a fazer. Segundo esse ponto de vista, a ação foi *permissível* ou até mesmo *obrigatória*. A segunda forma de defender a conduta é concordar que a ação tenha sido errada, ruim ou inepta, mas aceitar apenas parte da responsabilidade pela ação, ou simplesmente não aceitar qualquer responsabilidade. Isso seria *desculpar* a ação, sustentar que uma pessoa *não é culpada* (total ou parcialmente) pela forma como agiu. Considere um exemplo: se eu grito com uma criança, então minha ação pode ser justificada (a criança estava prestes a botar a mão no forno quente) ou desculpável (há dias não durmo direito e a criança está fazendo o maior barulho).

A questão, portanto, é se as mentiras e enganações de Blomkvist e Salander são justificáveis ou desculpáveis, ou nenhuma das duas alternativas.

O jornalista que combate fogo com fogo

Em *A Menina que Brincava com Fogo*, Blomkvist deseja ajudar Dag Svensson com seu livro, que seria publicado pela *Millenium*, sobre o tráfico sexual na Suécia. Svensson vinha tentando rastrear Gunnar Björck, oficialmente assistente chefe da divisão de imigração da Polícia de Segurança (a Säkerhetspolisen, ou Säpo), que manteve relações sexuais com uma série de garotas sequestradas menores de idade. Svensson não consegue achar Björck. Tudo o que ele tem é uma caixa postal. Blomkvist pergunta a Svensson se este já havia tentado "o velho truque da loteria".

> "Pense em um nome, escreva uma carta dizendo que ele ganhou um celular com GPS, ou algo do tipo. Imprima de forma que pareça oficial e envie ao endereço dele, no caso, a caixa postal. Ele já ganhou o celular, um Nokia novinho.

---

433. J. L. Austin, "A Plea for Excuses", *Proceedings of the Aristotelian Society*, New Series, Vol. LVII, 1956–57 (London: Harrison & Sons, Ltd., 1957), p. 1–30.

Mas, mais do que isso: poderá ser uma das 20 pessoas a ganhar 100 mil *kronor*. Tudo o que ele tem de fazer é participar de uma pesquisa de mercado de vários produtos. A sessão irá durar 1 hora e será feita por um entrevistador profissional."

"Você é doido. Isso não é ilegal?"

"Não sei como poderia ser ilegal dar um número de celular."[434]

Ao considerar os crimes de Björck, ao considerar que há provas irrefutáveis de que ele destruiu "a vida de meninas contra as quais cometeu crimes"[435] e ao considerar que Svensson "já tentou de tudo",[436] parece que enganar Björck é permitido, para que se possa pegá-lo. Uma enganação desse tipo soa justificada.

Ao se encontrarem, Björck faz um acordo com Blomkvist: em troca de não ter seu nome publicado na revista *Millenium*, ele forneceria a Blomkvist as informações de que este precisava sobre Zalachenko, o soviético desertor, assassino e espancador de mulheres, um indivíduo que parece ser perverso a maior parte do tempo. Pode-se pensar que o acordo de Blomkvist foi imoral. Certamente devido aos crimes de Björck, este não deveria se livrar da denúncia e das acusações criminais apenas por fornecer informações. Mas Blomkvist não tem intenção de manter a palavra: "Ele também não tinha intenção de fazer um acordo com Björck; não importa o que acontecesse, iria ferrar com a vida dele. Mas percebeu que era inescrupuloso a ponto de fazer o acordo com Björck e depois traí-lo. Não sentia culpa. Björck era um policial que tinha cometido crimes".[437]

Após prometer a Björck que "não mencionarei o seu nome na *Millenium*", apesar de saber que Björck cometera crimes e que, com certeza, seria denunciado à polícia, Blomkvist defende seu modo de agir com certa racionalização moral: "Ele havia acabado de prometer ajudá-lo a acobertar um crime, mas isso não o perturbou sequer por um segundo. Tudo o que ele tinha prometido era que ele próprio e a revista *Millenium* não escreveriam sobre Björck. Svensson já havia escrito toda a história sobre Björck em seu livro. E o livro seria publicado".[438] Blomkvist é capaz de manter sua promessa e não seria errado fazê-lo,

---

434. Larsson, *The Girl Who Played with Fire*, p. 165.
435. Ibid., p. 353.
436. Ibid., p. 165.
437. Ibid., p. 354.
438. Ibid., p. 515.

pois afinal Björck seria denunciado, de qualquer forma, no livro escrito por Svensson e publicado pela *Millenium* (mas não no artigo escrito por Blomkvist para a revista *Millenium*).

A maioria das pessoas provavelmente condenaria o comportamento de Blomkvist, aqui. Poderia ser argumentado que há coisas sérias demais em jogo que justificassem esse tipo de enganação. Além do mais, Blomkvist é capaz de cumprir o acordo com Björck, sem proteger um criminoso e um estuprador da polícia (no desenrolar da trama, Björck é assassinado pela "Seção de Análises Especiais", ou S.A.A., sua antiga organização, antes de ter a chance de confrontar Blomkvist com relação a suas distinções morais). De fato, algumas pessoas poderiam não se preocupar com a capacidade de Blomkvist em manter a palavra. Poderiam simpatizar com o sentimento original dele: ninguém deveria se sentir culpado por trair um homem como Björck. O jogo duplo de Blomkvist, se é que se pode chamar de jogo duplo, não é só meramente desculpável, poderiam dizer. Ao considerar os crimes de Björck, o jogo duplo é justificado. Alguns iriam mais longe. Se um estratagema assim é necessário para se obter informações sobre Zalachenko, então ele pode até ser obrigatório.

A maioria das pessoas provavelmente acharia justificável o "jogo duplo" que Blomkvist convence a todos os outros jornalistas da *Millenium* jogarem em *Os Homens que não Amavam as Mulheres*.[439] A equipe finge que a revista está na pior para enganar o diretor editorial (que trabalha em segredo para o corrupto industrial Wennerström), de modo que ele acredite que não irão escrever uma matéria denunciando Wennerström. Como diz Blomkvist: "Estou jogando com as mesmas regras sujas que Wennerström utiliza".[440] As pessoas, com certeza, acham aceitável enganar a S.A.A. com sua bisbilhotice ilegal em *A Rainha do Castelo de Ar*. Aqui, Blomkvist transmite desinformações,* por meio de seu telefone grampeado e a equipe inteira escreve uma edição falsa da *Millenium* para fazer com que a Seção acredite que não irão escrever uma edição dedicada a destruir a Seção e a defender Salander. Os pensamentos particulares de Blomkvist sobre essa trama, que não chega a ser mentira, pois ele não fala diretamente com os seus bisbilhoteiros, são dignos de nota: "No mínimo, Blomkvist aprendera, a partir do estudo da noite anterior, sobre a história da Polícia de Segurança, que a

---

439. Stieg Larsson, *The Girl with the Dragon Tattoo*, trad. Reg Keeland (New York: Vintage, 200), p. 530.
440. Ibid., p. 534.
*N.T.: Desinformações: informações falsas.

desinformação era a base de todas as atividades de espionagem. E ele acabara de plantar uma desinformação que, a longo prazo, poderia se mostrar valiosíssima".[441] Ele agora praticava espionagem. Comporta-se como espião. Faz igual à polícia secreta. Esse comportamento, entretanto, é precisamente o tipo de comportamento ao qual ele se dedica a denunciar no jornalismo. A diferença entre ambos, obviamente, é que Blomkvist mente, engana e confunde, não as pessoas inocentes, mas sim pessoas obcecadas pelo poder, muito perigosas, envolvidas em uma conspiração assassina contra inocentes, e ele o faz para evitar futuros assassinatos e levar os responsáveis à justiça. Por causa disso, muitas pessoas considerariam essa trapaça completamente justificada, senão indispensável.

Princípios de Salander

O trabalho de Salander na Milton Security é investigar, para os clientes, o passado das pessoas. Ela o faz por meio de invasão ilegal e domínio de computador alheio, o que lhe permite ler cada documento e email (ela é "provavelmente a melhor da Suécia").[442] É irônico que uma pessoa que tenta proteger tão intensamente sua própria privacidade, para quem a vida pessoal é assunto só seu e de mais ninguém, não hesite em invadir a privacidade dos outros:

> "A verdade é que ela gostava de bisbilhotar a vida das outras pessoas e expor os segredos que tentavam esconder. Fazia isso, de uma forma ou de outra, havia mais tempo do que era capaz de lembrar. E ainda fazia isso, não só quando Armansky lhe passava algum trabalho, mas às vezes pela pura diversão que proporcionava. Dava um barato. Era como um programa de computador complicado, a não ser pelo fato de que lidava com pessoas de verdade".[443]

Embora Salander goste de justificar sua bisbilhotice na vida privada dos outros, com o fato de ser tão bem-sucedida ao expor a vida de criminosos, nem sempre os alvos dela são pessoas que fizeram algo errado ou ilegal. Blomkvist, objeto de uma de suas investigações, é um exemplo. Quando ele a confronta acerca da "ética de xeretar a vida

---

441. Para saber mais sobre como não se pode mentir a bisbilhoteiros, ver meu artigo "The Definition of Lying and Deception" para a *Stanford Encyclopedia of Philosophy*, <http://plato.stanford.edu/entries/lying-definition/>. Ver também Stieg Larsson, *The Girl Who Kicked the Hornet's Nest*, trad. Reg Keeland (New York: Alfred A. Knopf, 2010), p. 144.
442. Larsson, *The Girl with the Dragon Tattoo*, p. 395.
443. Ibid., p. 332.

alheia", ela responde: "Mas é exatamente o que você faz como jornalista", ao que ele, por sua vez, diz: "E é por isso que nós jornalistas temos um comitê de ética que atenta para as questões morais. Quando escrevo um artigo sobre algum banqueiro patife, deixo de fora, por exemplo, a vida privada dele. Eu não digo que uma falsificadora é lésbica ou se excita transando com o cachorro, nem nada do tipo, mesmo se for verdade. Os canalhas também têm direito à vida privada (...) você invadiu a minha integridade".[444]

A distinção de Blomkvist, entre escrever sobre a atividade corrupta de alguém e a vida particular da pessoa, parece ter mérito, ao menos nos casos em que a vida privada da pessoa não envolve atividades criminais. Entretanto, em resposta a esse discurso, Salander delineia sua própria ética investigativa: "Nesse caso, você vai gostar de saber que também tenho princípios comparáveis aos do seu comitê de ética. Eu os chamo de *Princípios de Salander*. Um deles é que um canalha é sempre um canalha, e se eu puder ferrar com ele, vasculhando sua ficha suja, então ele merece".[445]

Um dos problemas com as afirmações de Salander é que ela não tem como saber se alguém é culpado de algo a não ser que o investigue. Ela também não sabe como serão usadas as informações obtidas. Como diz Blomkvist sobre a investigação que ela faz dele: "Diga-me uma coisa: quando você estava fazendo sua pesquisa sobre mim, para Herr Frode, fazia ideia de como ela seria usada?"[446]

Mesmo que Salander não consiga justificar ou desculpar suas invasões de privacidade por meio de "invasão ilegal de dados", ou hackeamento (que não deve ser confundido com o tipo de sabotagem que consiste em enviar vírus aos computadores), pode ser que as outras pessoas a perdoem por suas outras invasões, considerando tudo o que ela já sofreu.[447] Ela mente a seu novo tutor, Nils Erik Bjurman, dizendo-lhe que apenas fazia café e separava as cartas no emprego e inventa um namorado para si: "'Magnus' (...) um programador nerd, da mesma idade dela, que a tratava como um cavalheiro deveria fazer".[448] As pessoas

---

444. Larsson, *The Girl with the Dragon Tattoo*, p. 344.
445. Ibid., p. 344.
446. Ibid., p. 333.
447. Ibid. p. 394. Salander é perspicaz ao fazer a distinção: "Não era comum para os cidadãos da *Hacker Republic* espalharem vírus. Pelo contrário: eram *hacker*s e, portanto, adversários implacáveis daqueles idiotas que criam vírus, cujo único propósito é sabotar a rede e causar dano aos computadores. Os cidadãos eram tão viciados em informação, que queriam uma internet que funcionasse para que pudessem hackear" (Larsson, *The Girl Who Kicked the Hornet's Nest*, p. 242).
448. Larsson, *The Girl with the Dragon Tattoo*, p. 200.

irão provavelmente considerar tais mentiras desculpáveis, ao considerar a forma como as autoridades a trancafiaram de forma ilegal no passado (nesse ponto, Bjurman ainda não a tinha atacado sexualmente, embora suas perguntas sobre a vida sexual dela pudessem ser consideradas uma indicação de suas verdadeiras intenções e que bastavam para justificar a resposta enganosa dela). Sua outra mentira sobre ser uma estudante que escrevia sua tese, sobre a "criminologia da violência contra as mulheres no século XXI", com o objetivo de obter acesso a arquivos policiais, poderia ser vista como justificada, dada a importância de reunir informações para a investigação deles.[449]

Entretanto, a aplicação mais preocupante dos princípios dela no primeiro livro tem a ver com o acobertamento dos assassinatos horríveis de Martin Vanger, o assassino serial de jovens mulheres:

> "Se Martin Vanger estivesse vivo neste momento, eu teria acabado com a vida dele", ela disse em seguida. "Fosse qual fosse o acordo feito por Mikael, eu teria enviado cada detalhe sobre Martin ao jornal mais próximo (...) Infelizmente, ele está morto". Ela se virou para Blomkvist (...) "Nada do que fizermos pode consertar o mal que Martin Vanger fez a suas vítimas. Mas surgiu uma situação interessante. Você está em uma posição em que pode continuar a prejudicar mulheres inocentes, especialmente aquela Harriet que você tão calorosamente defendeu no carro a caminho daqui. Então, pergunto a você o que é pior: o fato de que Martin Vanger a violentou no chalé ou o fato de que você vai fazer isso no jornal? Aí está um belo dilema. Talvez o comitê de ética da Associação de Jornalistas possa dar alguma orientação (...) Mas eu não sou jornalista", ela disse por fim.[450]

Blomkvist olha para essa supressão da verdade como um "acobertamento macabro" que o persegue depois: "O acobertamento do qual ela havia participado, em Hedestad, era imperdoável do ponto de vista profissional".[451]

É possível compreender por que Salander acredita ser justificado um acobertamento de tal crime monstruoso. Ela sustenta que os "canalhas" devem "ser machucados". No caso do "canalha" Martin Vanger, não há

---

449. Larsson, *The Girl with the Dragon Tattoo*, p. 362.
450. Ibid., p. 513–514.
451. Ibid., p. 514, 534.

como lhe causar qualquer mal, porque ele está morto. A publicação de uma reportagem sobre as décadas em que ele torturou e assassinou mulheres não ajudará nenhuma de suas vítimas. Ao mesmo tempo, uma reportagem sobre ele e seu pai, Gottfried, e a irmã Harriet, que foi estuprada sistematicamente por ambos (até que ela matou o pai e fugiu do irmão) só irá causar mal a uma de suas vítimas, a saber: Harriet. Salander acredita que as pessoas inocentes, em especial as mulheres inocentes, não devem sofrer qualquer mal. Em vez disso, ela instrui a Corporação Vanger a "identificar tantas quanto possível" das vítimas de Martin Vanger e "a certificar-se de que a família de cada uma delas seja adequadamente compensada", bem como "a doar, perpetuamente, 2 milhões de *kronor* por ano, à Organização Nacional de Centros de Apoio às Mulheres e Meninas da Suécia".[452]

Há pelo menos dois problemas com essa aplicação dos princípios de Salander, em particular. O primeiro é que ela não consegue ver qualquer valor na publicação da verdade sobre os assassinatos de Martin Vanger. O segundo é que ela valoriza prejudicar os que são "canalhas".

O dano que Salander causa aos outros, em especial aos homens que odeiam mulheres, os "canalhas", é uma questão dela que enraivece seu antigo tutor, o compreensivo Holger Palmgren: "A única vez com a qual Palmgren ficou realmente bravo foi quando ela foi acusada por agressão física e espancamento, depois que aquele cafajeste passara a mão nela, em Gamla Stan. *Você entende o que fez? Você feriu outro ser humano, Lisbeth*". [453] Mario Vargas Llosa classificou Blomkvist e Salander como "dois justiceiros".[454] Salander parece de fato ser uma justiceira, em especial em defesa das mulheres e contra os homens que as odeiam.[455]

---

452. Ibid., p. 514.
453. Ibid., p. 163.
454. Mario Vargas Llosa, "Lisbeth Salander debe vivir," *El Pais*, 6 de setembro de 2009, acessado em 15 de janeiro de 2011, <http://www.elpais.com/articulo/opinion/Lisbeth/Salander/debe/vivir/elpepiopi/20090906elpepiopi_11/Tes>.
455. O título que Larsson deu aos romances de sua trilogia era *Os Homens que Odeiam as Mulheres*. Seus editores suecos (da Nosterdts Förlag) mudaram o nome da trilogia para trilogia *Millenium*, mas ele insistiu que o primeiro livro mantivesse o nome *Os Homens que Odeiam as Mulheres*. [N.T.: no Brasil, *Os Homens que não Amavam as Mulheres*] (*Män some hatar kvinnor*.) Ele nunca teve a chance de aprovar a retitulação das traduções para o inglês, que, por razões comerciais, contêm a palavra "garota" no título. Com relação aos macabros assassinatos de mulheres cometidos pelo *serial killer* Martin Vanger, no primeiro livro, e o estupro de Salander por Bjurman, Larsson escreveu: "No primeiro livro criei um *serial killer*, mesclando três casos reais. Tudo o que foi descrito ali pode ser encontrado em inquéritos policiais reais. A descrição do estupro de Lisbeth é baseado em um caso ocorrido

Muitos poderiam considerar desculpável a agressão dela contra os "canalhas", ao considerar como Salander e outras mulheres foram tratadas por eles. Mesmo que as pessoas desculpem tal agressão, entretanto, não é possível saber se as pessoas desculpariam o acobertamento dos assassinatos de Vanger. Embora uma reportagem sobre esses crimes horríveis não pudesse ajudar nenhuma das vítimas, poderia ajudar outras mulheres, além de dificultar a ação de outros assassinos em série, ao alertar tanto a polícia quanto o público. Esse possível benefício, o de salvar a vida de mulheres, com certeza compensa o sofrimento que a reportagem causaria a Harriet. Aqui, parece, está correto o julgamento de Blomkvist afirmando que a supressão é "imperdoável". Ela não se justifica nem é desculpável.

Os princípios de Salander também deveriam isentá-la da culpa por mentir para a polícia, sobre o que aconteceu a Richard Forbes, durante a noite de tempestade em Granada. Forbes, que também espancava a mulher, planeja assassinar a esposa na ilha. Porém, durante uma violenta tempestade, Lisbeth o atinge pouco antes de ele abrir a cabeça da mulher a pauladas e o deixa na praia. Mais tarde ele morre. É outro "canalha" que merece ser "ferido", e cuja verdadeira história é escondida da polícia. Muitos considerariam uma metira assim desculpável, senão justificada. E também se justifica a mentira que ela conta a Zalachenko (e Niedermann), no momento em que estão prestes a matá-la e atirar seu corpo numa cova rasa: "Todas as palavras que você pronunciou na última hora foram transmitidas por uma rádio na internet"; afinal, ambos são "canalhas" que estão tentando assassiná-la.[456]

O romance final da trilogia, entretanto, mostra mentiras que são mais difíceis de avaliar. Ao se preparar para seu próprio julgamento, Lisbeth diz à advogada Giannini que "Se é para sobreviver, tenho que lutar com todas as armas".[457] Ela se refere, aqui, ao uso ilegal que fez de um computador, enquanto estava no hospital e à invasão dos computadores de outras pessoas, incluindo o do promotor. Salander diz: "Se você for encrencar comigo, pelo fato de que usarei métodos antiéticos, então já perdemos o julgamento".[458] A maioria das pessoas aprovaria as ações ilegais de Salander, ao considerar a vasta conspiração criminosa que age contra ela e ao considerar que ela está nessa situação, em primeiro lugar, por causa das várias violações contra seus direitos cometidas

---

em Östermalm há três anos" (Barry Forshaw, *The Man Who Left Too Soon: The Biography of Stieg Larsson* [London: John Blake, 2010], p. 61).
456. Larsson, *The Girl Who Played with Fire*, p. 607.
457. Larsson, *The Girl Who Kicked the Hornet's Nest*, p. 321.
458. Ibid., p. 322.

por agentes do estado. As ações ilegais de Salander poderiam parecer justificáveis.

O que, no entanto, poderia não ser aprovado são as mentiras finais de Lisbeth: mentir sob juramento no tribunal e ao responder a questões posteriores de policiais. Ao comentar sobre sua autobiografia, Lisbeth diz que "Ela tomou o cuidado de se expressar com precisão. Deixou de fora todos os detalhes que pudessem ser usados contra si".[459] Em especial, ela não inclui detalhes sobre ter atirado no pé de um de seus agressores, "Magge" Lundin, com uma arma tirada de outro membro da gangue, Nieminen. Tampouco admite ter ido a Gosseberga matar o pai. Conforme ela diz: "Ela não queria facilitar em nada o trabalho deles, ao confessar algo que resultaria numa condenação à prisão".[460] Lisbeth mente durante o julgamento e para a polícia posteriormente: "Ela mentiu de modo consistente sobre dois pontos. Na descrição do que acontecera em Stallarholmen, ela manteve a versão de que Nieminen, e não ela, é que acidentalmente atirara no pé de "Magge" Lundin, no instante em que ela o imobilizou com o *Taser* (...) No tocante à sua viagem a Gosseberga, ela afirmou que seu único objetivo tinha sido convencer o pai a se entregar para a polícia".[461]

Ambas essas mentiras são contadas a policiais que, por fim, agiram para protegê-la contra criminosos. Ambas são ditas a homens e mulheres que, ao que parece, não odeiam mulheres nem são "canalhas". O único motivo para Salander continuar a mentir sobre ter atirado em Lundin e sobre não ter tido a intenção de matar o pai foi seu próprio benefício. Ela deseja evitar ser condenada por um crime.

Parece improvável que, em ambos os casos, ela fosse de fato condenada. O tiro em Magge Lundin poderia ser considerado um ato de autodefesa e, portanto, justificável. Porém, se ela tinha intenção de matar seu pai (assassino), não o fez. Quando ela o agrediu, mais tarde, após ter levado tiros dele e ser enterrada por ele, somente o feriu e foi para se defender.

Mesmo que as pessoas aprovem os princípios de Salander, isso não significa que aprovarão essas mentiras finais à polícia. Assim como o roubo de 2,4 bilhões de *kronors* de Hans-Erik Wennerström, antes de revelar a localização dele aos que o caçavam com itenções assassinas, essas mentiras podem não ser justificáveis, nem desculpáveis. O melhor que se pode dizer delas é que Salander ainda não considera a

---

459. Ibid., p. 318.
460. Larsson, *The Girl Who Kicked the Hornet's Nest*, p. 319.
461. Ibid., p. 518.

polícia digna de confiança. Pode ser uma opinião severa, ao considerar que a polícia por fim prendeu todos os "canalhas". Entretanto, se ainda for cedo demais para ela confiar nas autoridades, se ainda as considera indignas de confiança, então essas mentiras finais também podem ser desculpadas.[462]

---

462. Gostaria de agradecer ao meu pai Joseph Mahon, por me apresentar aos romances de Stieg Larsson e pelas muitas conversas que tivemos sobre eles e sobre Larsson. Também gostaria de agradecer meu incansável amigo Don Fallis, por seus comentários sobre o primeiro esboço desse ensaio. Li parte da trilogia *Millenium,* ou melhor, da trilogia *Os Homens que Odeiam as Mulheres*, enquanto voltava de uma viagem a Cannes, que, é claro, foi cenário do filme *Ladrão de Casaca* [N.T.: filme de Alfred Hitchcock]. Gostaria de agradecer a meu amigo e colega Duke alumunus Dara Sharifi, por sua hospitalidade, uma vez mais.

Colaboradores
Os Cavaleiros da Távola Filosófica

Karen C. Adkins é reitora e professora associada de filosofia do Regis College, em Denver, Colorado. Sua dissertação e publicações recentes concentram-se nas contribuições que o rumor dá para o conhecimento; seu extenso trabalho de campo sobre rumores, enquanto ainda era estudante da faculdade, foi crucial para este trabalho. Ela se identifica com o mundo de Larsson, principalmente por meio da fofoca e do vício em café.

Tanja Barazon é doutora pela Universidade de Sorbonne, em Paris (Paris IV), e já traduziu Hegel e Bloch. Ela criou um novo método filosófico chamado "pensamento 'soglitude'-limiar" e atualmente mora em Boston. Trabalha em uma narrativa filosófica para crianças sobre ursos e telescópios chamada: "O mistério do Planeta Alas-K". Tanja é conhecida por chutar as pessoas no estômago, quando estas comentam que ela tem memória fotográfica.

Eric Bronson é professor visitante do Departamento de Humanidades da York University, em Toronto. Ele editou *Baseball and Philosophy*, *Poker and Philosophy* e *O Senhor dos Anéis e a Filosofia* (com Gregory Bassham). O próximo a sair será *The Hobbit and Philosophy*. SixOfOne, membro da *Hacker Republic* e também morador de Toronto, recentemente hackeou o computador de Eric e achou um banco de dados ultrassecreto repleto de antigas fotografias comprometedoras, que mostram homens sérios de camisa quadriculada tocando banjo.

Sven Ove Hanson é professor e diretor do Departamento de Filosofia no Instituto Real de Tecnologia, em Estocolmo, Suécia. É também editor-chefe da revista *Theoria* e presidente da Sociedade Internacional de Filosofia e Tecnologia. Já publicou aproximadamente 250 artigos, em revistas científicas do mudo inteiro, sobre uma variedade de tópicos, que incluem ética, teoria das decisões, lógica, epistemologia e teoria da ciência. É também crítico ativo da pseudociência e pode nos explicar por que Larsson não acreditava em óvnis, médiuns, piramidologia, astrologia e nem mesmo (pasmem!) no Papai Noel.

Andrew Zimmerman Jones é autor de *String Theory for Dummies* e do Guia de Física do *site* About.com, bem como membro da Associação Americana de Escritores de Ciência, da Mensa americana e da Toastmasters International. Tem um *site* oficial, <http://www.azjones.info/>. Quando não está ocupado com seu trabalho de publicações educativas, Andrew tenta hackear a vida com a esposa e seus dois filhos, os quais ele espera que, quando adultos, sejam mais espertos que Lisbeth e mais leais que Blomkvist (embora ele também ficasse satisfeito se fosse o contrário).

Dennis Knepp é professor de filosofia e estudo das religiões na Big Bend Comunity College, em Moses Lake, Washington. Seu trabalho apareceu em *Crepúsculo e a Filosofia* e *Alice no País das Maravilhas e a Filosofia**. Serão publicados capítulos seus em *Avatar and Philosophy* e *The Hobbit and Philosophy*. Uma dia, sua mulher o amarrou e tatuou no peito dele a mensagem: TENHO UM CASAMENTO FELIZ E DOIS FILHOS MARAVILHOSOS.

James Edwin Mahon é professor associado de filosofia, além de diretor do Departamento de Filosofia na Washington and Lee University, onde ele também dá aulas na faculdade de direito. Em 2011-2012, será um dos palestrantes no Programa de Ética, Política e Economia, na Universidade de Yale. Suas principais áreas de pesquisa são a filosofia moral e sua história. Filho de acadêmicos marxistas, que ainda dão aulas na Irlanda, James admira a política de Stieg Larsson, mas não tem interesse em morrer antes de ficar mundialmente famoso.

Aryn Martin é professora associada da York University (Toronto). Dá aulas sobre estudo da ciência, sexo e gênero e interacionismo em sociologia. Sua pesquisa sobre a produção do conhecimento biomédico e sua incorporação na experiência vivida foi publicada na *Social Studies of Science*, *Social Problems* e na *Body & Society*. Usuária fiel do Mac, bebedora de café e maluca, vê em Lisbeth uma aliada natural.

---

*N.T.: Ambos publicados no Brasil pela Madras Editora.
*N.E. Sugerimos a leitura de *Crepúsculo e a Filosofia*, de Rebecca House e J. Jereany Wineswki, e de *Alice no País das Maravilhas e a Filosofia*, ambos publicados pela Madras Editora.

Ester Pollack é professora associada na Universidade de Estocolmo e diretora do Programa de Mestrado e Doutorado do Departamento de Jornalismo, Mídia e Estudos da Comunicação. Seu campo de pesquisa é a comunicação política e estudos em jornalismo. Ela se especializou em imprensa e crimes e nos estudos sociológicos e históricos dos meios de comunicação suecos. Já foi chefe do departamento (entre 2002 a 2005) da Organização Sueca de Estudiosos dos Meios de Comunicação, participou do conselho desse mesmo órgão (entre 2004 e 2007) e é membro da diretoria da Faculdade de Humanas desde 2006. Ester participa ativamente dos debates públicos, na Suécia, sobre o papel dos meios de comunicação na sociedade, escreve colunas diárias num jornal e é consultada com frequência pela imprensa, como fonte especializada. Seu mais recente projeto é um livro sobre escândalos políticos nórdicos e a imprensa, editado em conjunto com um colega. Ela mora no distrito de Söder, em Estocolmo, por onde sempre andam Blomkvist e Salander. Vive num prédio em estilo Art Nuveau de cem anos, visto como área livre de influências da IKEA.

Emma L. E. Rees é professora sênior de inglês da Universidade de Chester, Reino Unido. É autora de *Margaret Cavendish* e, atualmente, escreve seu segundo livro *Can't: Revealing the Vagina in Literature and the Arts* (Routledge, 2012). Contribuiu com ensaios para quatro livros recentes: *Rhetorics of Bodily Disease and Health in Medieval and Early Modern England*, *The Female Body in Medicine and*, *Studying Literature* e, em coautoria com Richard E. Wilson, *Led Zeppelin and Philosophy*. Emma passa o pouco de tempo livre que tem com o marido, a filha, três gatos e um cachorro. Gasta o dinheiro que sobra com shows de rock, teatro e cinema; comprando livros e itens de papelaria e fazendo a manutenção de um carro lindo, mas nem um pouco prático. Tem tatuagens (nenhum dragão), *piercings* e, assim como Lisbeth, é visivelmente contra os padrões tradicionais de "beleza" feminina. Ao contrário de Lisbeth, para ela "apple" é nome de fruta, e "*hacker*" é o som que ela faz quando tosse.

Tyler Shores é mestre em inglês pela Universidade de Oxford e bacherel em Artes pela Universidade da Califórnia, Berkeley, onde criou e ensinou por seis meses um curso sobre *Os Simpsons e a Filosofia** (inspirado no livro de William Irvin de mesmo nome). Dentre os assuntos que ele pesquisa estão filosofia, literatura e o impacto da tecnologia digital sobre a experiência da leitura. Tyler contribuiu com outros

---

*N.E.: *Os Simpsons e a Filosofia*, coletânea de William Irvin, Madras Editora.

volumes desta série, como *Alice no País das Maravilhas e a Filosofia*, *30 Rock and Philosophy* e *Inception and Philosophy*. Ele também já trabalhou no Google e contribuiu para a série de palestras Authors@ Google. Tyler passa seus verões cuidando de ovelhas em Cochran Farm, na Austrália.

Kim Surkan é palestrante sobre mulheres e gênero no MIT, com interesses de pesquisa em teoria de transgênero e LGTB, cibercultura, novos meios de comunicação e filosofia feminista. Sobrevivente de vários invernos do tipo escandinavo, enquanto pesquisava para o doutorado em inglês, para Universidade de Minnesotta, com estudos secundários sobre o feminismo, Kim agora tem um companheiro e vive com o filho e a filha em em uma casa completamente mobiliada com muitos móveis da IKEA.

Mary Simms ganhou permissão para advogar em Ontário, no Canadá, em 2002. Desde então, praticou direito civil e administrativo. Mary tem experiência no direito ligado à saúde mental, representando sobreviventes de abusos nas instituições psiquiátricas perante o Conselho de Consenso e Capacidade de Ontário e o Conselho de Revisão de Ontário. Defensora virulenta da banda ABBA, o maior sucesso legal de Mary foi conseguir que o "Fernando", da música, fosse inocentado pelo porte de um rifle (em "aquela noite tenebrosa em que atravessamos o Rio Grande").

Andrew Terjesen obteve doutorado em filosofia pela Duke University. Deu aulas no Rhodes College, na Washington and Lee University e no Austin College. Já publicou artigos acadêmicos sobre ética nos negócios, empatia e história da filosofia. É também um ávido consumidor de cultura pop, e suas meditações sobre aspectos filosóficos podem ser lidas em vários volumes, incluindo: *Mad Men and Philosophy*, *Avatar and Philosophy*, *Inception and Philosophy* e *True Blood e a Filosofia*.* Adrew tem esperanças de se aposentar, vivendo dos lucros com sua nova colônia, à qual ele chamou de "Descomplicado", que reproduz o sex appeal de Blomkvist.

Jenny Terjesen é gerente de recursos humanos e vive em Memphis, Tennessee. Suas explorações dos aspectos filosóficos da cultura popular podem ser encontrados em *Crepúsculo e a Filosofia* e *True Blood e a Filosofia*. Jenny adora café e sanduíches, quase tanto quanto Mikael Blomkvist adora as mulheres. Mas vai só até aí.

---

*N.T.: Publicado no Brasil pela Madras Editora.

Chad William Timm é professor assistente de educação na Grand View University, em Des Moines, Iowa. Fez seu doutorado em educação pela Universidade Estadual de Iowa, e suas áreas de pesquisa incluem o uso de filosofia pós-moderna para questionar a forma como os alunos negociam as relações de poder, em escolas públicas do ensino fundamental e colegial. Chad sonha com o dia em que sua classe transbordará de alunos brilhantes, sofisticados e associais rotulados como "sob risco de fracassar", como o foi Lisbeth.

Adriel M. Trott é professora assistente de filosofia na Universidade do Texas, Pan American. Ela trabalha com filosofia grega na Antiguidade, feminismo e filosofia política contemporânea e, recentemente, passou a se concentrar na teoria de fronteiras. Ela já publicou artigos sobre Platão, Aristóteles, Luce Irigaray e Alain Badiou. Adriel foge das tatuagens, mas não dos dragões ou dos castelos de ar.

Jaime Chris Weida é instrutora do Departamento de Inglês, na Community College/CUNY do distrito de Manhattan. Atualmente, vem finalizando a dissertação de doutorado sobre ciências e mitologia na literatura moderna, no centro de pós-graduação da CUNY; detém mestrado em física pela Universidade de Massachusetts, além de ser bacharel em astrofísica pela Universidade de Boston. Seus campos de interesse incluem literatura modernista britânica e americana, teoria feminista, teoria LGBT, ficção gótica e de terror, cultura popular e, em geral, literatura não-tradicional e/ou especializada. Ela mora em Parkchester, no Bronx, com o companheiro. Apesar de não ter tatuagens (nem mesmo uma de dragão!), é dona de vários *piercings* e, normalmente, se veste de preto.

Nota do Editor

A Madras Editora não participa, endossa ou tem qualquer autoridade ou responsabilidade no que diz respeito a transações particulares de negócio entre o autor e o público.

Quaisquer referências de internet contidas neste trabalho são as atuais, no momento de sua publicação, mas o editor não pode garantir que a localização específica será mantida.

Impresso por :

gráfica e editora
Tel.:11 2769-9056